高职高专
旅游类专业
精品教材

旅游学概论

（第2版）

金丽娟　主编

卢丽蓉　柳旭　张再勇　副主编

清华大学出版社
北京

内 容 简 介

本书根据旅游教育和旅游业发展的实际需要,以旅游业从业人员及管理人员应具备的旅游基础知识为出发点,阐述了旅游现象及旅游业发展的基本理论和规律。全书共分十个项目,主要阐述了旅游学认知、旅游的产生和发展、旅游者、旅游资源、旅游业、旅游市场、旅游活动的影响、旅游行业管理、旅游组织及旅游的可持续发展等方面的内容。书中概念阐述深入浅出、理论通俗易懂、方法灵活实用,为其他课程的深入学习打下基础。

本书既可以作为高职高专旅游管理专业学生学习用书,也可以用作旅游从业人员岗位培训和旅游行业职业资格考试教材。

图书在版编目(CIP)数据

旅游学概论/金丽娟主编. —2版. —北京:清华大学出版社,2020.8(2022.9重印)
高职高专旅游类专业精品教材
ISBN 978-7-302-54463-0

Ⅰ.①旅… Ⅱ.①金… Ⅲ.①旅游学－高等职业教育－教材 Ⅳ.①F590

中国版本图书馆 CIP 数据核字(2019)第 265426 号

责任编辑:吴梦佳
封面设计:傅瑞学
责任校对:李 梅
责任印制:丛怀宇

出版发行:清华大学出版社
      网　　　址:http://www.tup.com.cn,http://www.wqbook.com
      地　　　址:北京清华大学学研大厦 A 座　　　　邮　　编:100084
      社 总 机:010-83470000　　　　　　　　　　邮　　购:010-62786544
      投稿与读者服务:010-62776969,c-service@tup.tsinghua.edu.cn
      质量反馈:010-62772015,zhiliang@tup.tsinghua.edu.cn
      课件下载:http://www.tup.com.cn,010-83470410
印 装 者:北京国马印刷厂
经　　销:全国新华书店
开　　本:185mm×260mm　　　印　张:14.25　　　字　数:324 千字
版　　次:2016 年 8 月第 1 版　　2020 年 8 月第 2 版　　印　次:2022 年 9 月第 3 次印刷
定　　价:45.00 元

产品编号:086523-01

　　旅游活动及旅游业的迅速发展，决定了在旅游学层面上的信息更新速度也非常快。"旅游学概论"作为高职高专旅游管理大类的专业基础课，是旅游管理专业学生的必修课程之一，课程性质要求学生掌握旅游学的基本理论及旅游、旅游业的最新动态。为让学生全面掌握本课程的基础理论、基本知识和实践技能，我们在编写过程中坚持"工学结合、岗位对接"的指导思想，确立"能力本位、就业导向、全面发展"的基本理念，采取"项目设计＋任务驱动"的体系架构，通过项目练习和拓展训练等多种形式，实现理论知识、实践能力以及职业素养的有机结合。本书具有以下特色。

　　（1）实用性、可操作性强。新时期的职业教育注重综合职业能力和综合素质的培养，学生需掌握更多技能、增强就业适应能力，因此在教材编写中力争适应高职高专教学改革与发展的需要，在内容和体例的编排上，既注重理论知识的阐述，又重视情境实训的设计，强化学生技能训练，培养学生的综合实践能力，使学生对旅游、旅游业、旅游业管理等一般规律有更全面的了解和掌握。

　　（2）坚持"以能力为本位，以就业为导向，以全面发展为目标"的基本理念，把"工学结合、岗位对接"作为人才培养改革的切入点。为了培养学生的实践能力，扩展学生的知识面，提高学习兴趣，帮助学生自主学习，每个项目都设计了针对该内容的引导案例、知识链接和课后习题，推动学生职业能力的提高。

　　（3）精选案例，与时俱进。本书遵循理论与实践相结合的原则进行编写，站在旅游业发展的前沿，秉承与时俱进的理念，在阐述旅游学基本理论的同时，把握最新旅游发展动态。因此，在坚持具有普遍意义的基础上，选择一些能体现行业发展的新现象、新问题进行分析，引导学生关注行业热点，提高职业素养。

　　本书由金丽娟担任主编，卢丽蓉、柳旭、张再勇担任副主编，具体编写分工如下：金丽娟（鄂州职业大学）负责拟定提纲和全书的统稿工作，同时编写项目一、项目六；卢丽蓉（湖北大学职业技术学院）编写项目二；柳旭（辽宁轻工职业学院）编写项目八、项目十；张再勇（长春职业技术学院）编写项目五；孙彦逢（长春职业技术学院）编写项目四、项目七；张颖新（长春职业技术学院）编写项目三、项目九。

　　本书在编写过程中参考并引用了相关文献与资料,在此谨向相关作者致以真诚的谢意。

　　由于编者水平有限,编写时间仓促,书中不足之处在所难免,恳请各位专家及广大读者批评指正。

编　者

2020 年 2 月

知识目标

了解国内、国外主要学者对旅游的定义;掌握旅游活动的特点;熟悉旅游活动的类型;掌握旅游学的研究对象和研究内容。

能力目标

能结合国内外专家、学者对旅游的定义,谈谈自己对旅游定义的认知;能判断旅游活动的类型。

引导案例

全 域 旅 游

全域旅游是在 2017 年政府工作报告中提出的。它是产业观光旅游的全景化、全覆盖,是资源优化、空间有序、产品丰富、产业发达的科学的系统旅游。全域旅游要求全社会、全民参与旅游业,通过消除城乡二元结构实现城乡一体化,全面推动产业建设和经济提升,是以旅游发展带动区域经济发展和美丽乡村建设的一套有效的模式与方法。

发展全域旅游旨在不断提升旅游业的现代化、集约化、品质化、国际化水平,更好地满足旅游市场的消费需求,满足人民日益增长的美好生活需要。

全域旅游是一种积极有效的保护性开发模式,通过全面优化旅游资源、基础设施、旅游功能、旅游要素和产业布局,更好地疏解和减轻核心景点景区的承载压力,更好地保护核心资源和生态环境,实现设施、要素、功能在空间上的合理布局和优化配置。

全域旅游是近年来我国旅游业发展的一条主线,围绕这条主线,串起了旅游业发展的诸多亮点。在各地全域旅游示范区创建过程中,文旅融合成为重要趋势。随着国民素质的提升,文化旅游的吸引力与日俱增,深化文旅融合、发展全域旅游,正成为满足人民美好生活需要的重要途径。

学习导航

旅游学的研究对象是旅游活动的内在矛盾及其表现,旅游学的任务是研究这种矛盾的性质及其发生原因、形态结构、运动规律和它所产生的各种外部影响。为此,认识旅游及旅游类型和特点,分清旅游与旅行有何区别是我们学习的逻辑起点。

任务一　认 识 旅 游

我国是世界上最早出现旅游活动的国家之一。在中国古代文献中,"旅"和"游"是两个独立的词。"旅"是指商务往来、商人、客馆、帝王的祭山活动、旅客;"游"是指以娱乐身心为目的的活动。传统旅游着眼于"游",如《诗经·国风·泉水》中说:"驾言出游,以写(泻)我忧。"把"旅"和"游"合成"旅游"一词,始见于我国古代南朝梁代诗人沈约的《悲哉行》:"旅游媚年春,年春媚游人。"

在国外,"旅游"一词来源于法文中的 tour。在法文中,tour 的原意是指旋转、兜圈、环行。而其英文 tourism 首次出现在 1811 年版的《牛津词典》中。

一、旅游的基本概念

1. 国内关于"旅游"的界定

关于"旅游"一词,最接近现代旅游意义的表述始见于唐代孔颖达在《周易正义》中所提出的:"旅者,客寄之名,羁旅之称,失其本居而寄他方,谓之为旅";游,"息焉,游焉","谓闲暇无事于之游"。至于"观光"和"旅行"这两个词更早出现于两千多年前的《易经》和《左传》。

《中国百科大辞典》从旅游种类角度界定旅游:"旅游是观赏自然风景和人文景观的旅行游览活动,包括人们旅行游览、观赏风物、增长知识、体育锻炼、度假疗养、消遣娱乐、探亲猎奇、考察研究、宗教朝觐、购物留念、品尝佳肴以及探亲访友等暂时性移居活动。从经济学观点看,它是一种新型的高级消费形式。"

国内一些学者从不同角度也对旅游作了界定。

谢彦君认为"旅游是个人以前往异地寻求审美和愉悦为主要目的而度过的一种具有社会、休闲和消费属性的短暂经历"[①]。本观点强调旅游是一种享受异地愉悦和体验的短暂经历。

李天元和王连义认为:"旅游是非定居者出于和平目的的旅行和逗留而引起的现象和关系的总和。这些人不会导致在旅游地定居和就业。"[②]本观点强调旅游目的。

沈祖祥认为:"旅游是旅游者这一旅游主体借助旅游媒介等外部条件,通过对旅游客

---

① 谢彦君.基础旅游学[M].4 版.北京:商务印书馆,2015.
② 李天元,王连义.旅游学概论[M].天津:南开大学出版社,1994.

体的能动的活动,为实现自身某种需要的非定居的旅行的一个动态过程的文化复合体。"①本观点强调旅游过程。

魏向东认为:"旅游是旅游者在自己可自由支配的时间内,为了满足一定的文化享受目的,如游憩、娱乐、求知、增加阅历等,通过异地游览的方式所进行的一项文化体验和文化交流活动,并由之而导致的一系列社会反映和社会关系。"②本观点强调旅游的属性、方式和目的。

2. 国际学术界对旅游的定义

"旅游是非定居者的旅行和暂时居留而引起的现象和关系的总和。这些人不会引起永久居留,并且不从事赚钱的活动。"本定义是1942年瑞士学者汉泽克尔和克拉普夫提出的,并于20世纪70年代为"旅游科学专家国际联合会"(AIEST)所采用,俗称"艾斯特定义"。该定义强调旅游的本质特征,指出旅游活动中必将产生经济关系和社会关系。

"旅游是为了消遣而进行的旅行,在某一个国家逗留的时间至少超过24小时。"这一概念是于1979年由美国通用大西洋有限公司的马丁·普雷博士提出的。它强调了各国在统计国际入境旅游人数的时间标准。联合国"官方旅行机构国际联合会"(AIGTO)就采用了这一定义,并指出旅游目的一是悠逸(包括娱乐、度假、保健、研究、宗教或体育运动);二是业务、家庭娱乐、开会等。

"旅游是人们为了休闲、商务和其他目的,离开他们惯常的环境,到某些地方去以及在那些地方停留的活动,停留的时间不超过一年,且访问的主要目的不应是通过所从事的活动从访问地获取报酬。"本观点由世界旅游组织于1991年提出,出于统计性和操作性目的而制定。这一定义已被大多数国家的官方统计所采用。

3. 本书的观点

通过以上分析,我们可以得出以下结论。

(1) 旅游是人们出于移民与就业以外的原因离开其定居地,前往异地的旅行访问,这体现了旅游的异地性。

(2) 旅游者到旅游目的地的旅行访问是一种短期行为,这体现了旅游活动的暂时性。

(3) 旅游会引起各种社会现象、产生各种关系,这体现了旅游的综合性。

为此,我们可以说,旅游是人们并非因移民和就业任职而离开自己的常驻地到异地去从事休闲、娱乐、度假、亲访、疗养、探险或出访、商洽、购物、考察等活动,并且滞留时间不超过一年以及由此引起的各种现象和关系的总和。

二、旅游的属性

从表象来看,旅游表现为旅游者利用闲暇为愉悦自己而离开惯常居住地到其他地方进行一段时间的活动,在这些活动中,从事购物和各种交流也是必然的,因此本质上也是一种社会经济和文化活动。旅游具有以下属性。

---

① 沈祖祥.旅游文化概论[M].福州:福建人民出版社,1999.

② 魏向东.旅游概论[M].北京:中国林业出版社,2000.

1. 审美属性

审美是旅游的本质属性。旅游在根本上是一种以追求愉快和美好事物为目的的审美过程，体现在旅游中的吃、住、行、游、购、娱六大要素之间。

旅游审美活动的内容是丰富多彩的，不仅有秀丽的自然景观，还有文物古迹、园林建筑、戏剧、舞蹈、音乐、雕塑、绘画、风俗等人文景观。它集自然美、生活美、艺术美之大成，融优美、崇高、喜悦、悲壮、秀丽、雄奇为一体，能够满足旅游者不同层次的各种审美需求。

2. 消费属性

对个人而言，旅游是一种较高层次的消费活动，且正在发展成为现代社会人们生活中的一种基本需要。旅游者利用非生产时间，动用自己的积蓄，去异地旅游，实现各项旅游活动，享受旅游服务并购买产品。随着人们基本生活需要的相对满足，拿出部分收入和时间进行这种较高层次消费的活动是社会发展的必然趋势。

3. 休闲属性

随着工业化水平的提高、生活节奏的加快、城市化程度的加速和人口的密集，人们自由生活的空间越来越小，加上都市的喧嚣与污染，人们迫切需要在紧张的工作之余放松身心，呼吸新鲜空气，以消除日复一日的紧张与疲劳。在旅游中，人们或走向大自然，领略秀丽的风光和名胜古迹，或参加体育娱乐活动，饱尝工作之余的乐趣，不仅实现了全身心的放松，有益于消除疲劳和紧张，增强了体魄，而且通过旅游可以了解和学习到新的知识，使精神更加充实和饱满，更好地投入工作。所以，旅游作为一种积极、健康的休闲活动，受到了各个年龄层的不同性别、职业和社会人士的欢迎。

4. 社会属性

旅游活动加快了人员、信息、物质和资本的流动，在流动过程中，会不可避免地促进不同地区人们之间的相互接触和了解，增进各地人们之间的社会交往活动。在旅游中，人们还会接触到不同地域，甚至不同国度的游客，实现同当地居民以外更大范围的交往活动。这种接触和交往是自由自在的，既不受地域、种族和信仰的限制，又不存有固定的偏见，因而这种交往是自然的、大方的、纯真的，气氛也比较轻松愉快，易于沟通彼此的思想感情，达到相互了解、增进友谊的目的。

任务二　旅游活动的特点与类型

随着社会的发展和时代的进步，参加旅游活动的人数越来越多，旅游活动的地域范围越来越广，旅游活动的形式、内容和规模也不断地表现出新的特点。

一、旅游活动的特点

1. 综合性

旅游活动包括吃、住、行、游、购、娱六要素。旅游业的产品和服务是众多部门共同作用的产物，是以多种服务表现出来的综合性"产品"。旅游业既包括物质资料生产部门，如轻工业、建筑业等,又包括一些非物质资料生产部门,如文化、教育、科技、卫生、金融、海关、邮电、园林、宗教等,同时还包括一系列旅游企业,如旅行社、旅游饭店、旅游交通、旅游纪念品销售单位等。旅游业向旅游者提供的产品既有自然物,又有社会中一些物质资料生产部门生产的劳动产品,以及旅游部门和社会向旅游者提供的各种服务,满足了旅游者吃、住、行、游、购、娱的综合需要。

2. 大众性

随着社会劳动生产率的不断提高,国民经济的持续增长,家庭收入和闲暇时间的逐渐增多,旅游活动开始成为普通大众的社会基本需求之一。现代旅游活动的参与者已不仅仅局限在少数特权阶层的范围之内,而是扩展到了各个阶层的普通大众。现代旅游活动的大众性还体现在旅游形式上,有组织的团体或旅行社包价旅游为代表的规范化旅游模式,成为占主导地位的旅游形式。旅游正发展成为人们生活的重要组成部分,成为现代人的一种生活常态和重要的休闲方式。

3. 季节性

旅游行为的产生受多种因素的影响。其中,旅游者的闲暇时间、旅游地气候条件的变化、重大节事活动的时间安排等是影响人们作出出游时间决策的重要因素。自然季节性影响是一方面,另一方面国家规定的假期带来了旅游旺季。这种变化不仅在一年内十分明显,即使在一个月或者一周内也是十分明显的,尤其是近几年我国每年实施的假期制度,为人们出游提供了时间上的保证,使各地旅游的旺季表现得更为显著,不少旅游地的游客量变化均出现了这种波动性。

4. 异地性

首先,旅游活动的异地性是由旅游产品和服务的不可转移性决定的。在旅游活动中,发生空间转移的只能是购买旅游产品的主体——旅游者。其次,旅游活动的异地性还受到人们探新求异心理的影响。旅游地的异地性越强,文化差异越大,它对旅游者产生的吸引力就越大。

5. 暂时性

旅游是人们必须离开其惯常环境到其他地方的旅行。这里的惯常环境从概念上说是指一个人的(主要)居住地区及其所有常住地。它包括两个方面:一方面是指人们常去的地方,即使这个地方离他居住的地方很远,如某人每到周末便去其郊外或海滨的度假别墅或第二住处,其度假别墅或第二住处也属其惯常环境;另一方面是指距离,即离一个人的居住地很近的地方,即使他很少去,也属其惯常环境。居住地或常住地是指一个人在一年的大部分时间生活的地方,或者仅在那个地方生活了一个较短的时期,但打算在 12 个月中还回去生活的地方。为了统计的需要,有关组织对"暂时"的时间长短做了规定,如世界旅游组织规定不超过一年。

二、旅游活动的类型

随着社会经济和科技的发展,旅游内容和形式越来越多样化。因此,无论是在旅游理论研究方面还是在旅游业的经营方面,都需要对人们的旅游活动进行必要的类型划分,以便根据需要去分析和认识不同类型旅游活动的特点。

根据人们在旅游调研、旅游统计以及旅游理论研究中常常会用到的关于旅游活动类型进行归纳,可发现以下一些较为常见的划分标准。

(一)按旅游活动的地域范围划分

按旅游活动的地域范围划分,旅游活动可分为国内旅游和国际旅游两个基本类型。

1. 国内旅游

国内旅游是指人们在居住国境内开展的旅游活动,通常是指一个国家的居民离开他们的惯常环境,到国内某些地方去以及在该地停留不超过一年的活动。按照世界旅游组织(WTO)的解释,并不属于所在国居民的长驻外国人在所在国境内进行的旅游活动也属国内旅游。这里所谓的长驻,是指该外国人在所在国的连续驻留时间已达一年或更久。

2. 国际旅游

国际旅游是指人们为了休闲、商务和其他目的,离开他们的常住国到其他国家或地区,停留时间不超过一年的活动。按出入境的方向划分,国际旅游通常可分为出境旅游和入境旅游;按旅游者旅游活动范围的大小划分,国际旅游可分为跨国旅游、洲际旅游以及环球旅游等形式。

3. 国内旅游与国际旅游的区别

世界旅游的发展历史证明,旅游活动总是呈现出由近及远、渐进发展、国内旅游先于国际旅游的普遍规律。两者的区别见表1-1。

表1-1　国内旅游与国际旅游的区别

区别类型	国内旅游	国际旅游
地域范围	居住国境内	跨国界
消费程度	消费层次一般较低	消费水平通常较高
逗留时间	一般较短	通常比国内旅游长
便利程度	一般很少存在语言障碍,而且不需要办理什么手续	大多会遇到语言障碍问题,而且必须办理各种规定的旅行手续
经济作用	只是促使国内财富在地区间的重新分配,并不直接带来国家财富总量的增加	直接造成国家之间的财富转移,国际旅游者到访期间的消费直接构成一种外来的经济"注入"

(二)按旅游活动的目的划分

按旅游活动的目的划分,可以将旅游活动划分为三种,即消遣性旅游、差务性旅游和家庭及个人事务性旅游。若详细划分,则可以按照1963年联合国国际旅游会议(罗马会议)对游客访问目的的分类,将人们的旅游活动划分为度假旅游、医疗保健旅游、求学旅游、宗教旅游、体育活动旅游、商务旅游、公务旅游、会议旅游、探亲访友旅游等。

（三）按旅行距离划分

按旅行距离划分,人们常将旅游活动划分为远程旅游和近程旅游。

远程旅游是指旅行路程比较遥远的旅游活动,在国际旅游中一般是指洲际旅游和环球旅游。近程旅游是指旅行路程相对较短的旅游活动,在国际旅游中一般是指前往邻国或周边国家的旅游活动。与远程旅游相比,近程旅游由于耗时较少和开支较少而更为普及。

（四）按组织形式划分

按组织形式划分,人们常将旅游活动划分为团体旅游和散客旅游。

（五）按费用来源划分

按费用来源划分,人们常将旅游活动划分为自费旅游、公费旅游、社会旅游和奖励旅游等类型。

（六）按旅行方式划分

按旅行方式划分,可将旅游活动划分为航空旅游、铁路旅游、汽车旅游、水上旅行等。

（七）按享受程度划分

按享受程度划分,可将旅游活动划分为豪华旅游和经济旅游（廉价旅游）。这种划分既反映了有关旅游产品的价格,也反映了旅游者所能得到的享受程度。

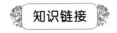 知识链接

21世纪最受欢迎的八种旅游项目排行榜

上山——人们对人烟稀少的山川更有兴趣,在登山组织的参与下,人们会组成自由的团体攀登高峰,以领略大自然的无穷魅力。

下乡——长期生活在大都市的人们,开始重视身体的健康,于是就有为锻炼身体、呼吸新鲜空气而去乡村垂钓、散步的,有的还三五成群顺便提着菜篮子去乡下赶集。

飞天——能像鸟儿那样飞翔,是很多人的梦想。如今,飞伞运动能让你如愿以偿。在上千米的高空俯瞰大地,使人心胸豁然开朗,增添无比的豪迈气概。

入海——海底世界充满着新鲜、神秘感。随着海底公园以及透明潜水船的普及,人们已能欣赏到海底世界如梦似幻的美景。更有先进的潜水设备供游人在海底漫步,尝试新鲜体验。

观异域——在世界各地文化交流更普及的时代,到欧洲、中东、亚洲等地的特色文化旅游,成为人们了解世界历史的最好场所,传统文化受到高度重视。

走沙漠——21世纪,条件恶劣的沙漠也会受到人们的青睐,优良的物品供应和救援设备使沙漠不再有太大的危险,人们可以从容地感受大自然的魅力。

游森林——集探险、求知、求异、健身、治疗等多种功能于一体的森林旅游,将成为人

们生活的新时尚,特别是热带雨林更受欢迎。森林将成为人们定期享受自然气息的最佳旅游地。

进工厂——现代化的企业不再有环境污染之患,且随着生产自动化程度的提高,人们可以到自己喜爱的工厂参观旅游,还能亲自操作生产出自己喜欢的产品。工厂旅游将成为 21 世纪的旅游热点。

(资料来源:排行榜网)

任务三　旅游学的发展历程及研究对象

一、旅游学的发展历程

旅游学是一门以全球为整体,研究人类旅游的产生、基础、结构、性质和运行手段及其发展变化规律的学科。旅游学的产生有其曲折的孕育过程,其中包括对旅游实践经验的积累和对系统认知的深化。

(一)国外旅游学的发展

从 19 世纪中叶起,随着以托马斯·库克旅行社为代表的一批旅行社和类似旅游经营机构的出现,西方国家旅游活动迅速地发展起来,引起了人们的关注和重视,一些学者和政府机构人士开始了对旅游的探索与研究。概括起来,西方国家理论界、学术界和专业人士对旅游的研究可分为三个时期。

1. 第一个时期——从 19 世纪末至 20 世纪 30 年代

这个时期由于产业革命的推动,英、美等国经济发展较快,社会中涌现出一批富有者;以蒸汽机为动力的交通运输发展起来,火车、汽车和客轮已成为主要交通工具;新型的旅馆取代了传统的客栈,服务水平提高了。这一切使得人们的出游条件大为改善,从而使得国内、欧洲大陆国家之间以及欧美两洲之间的游客数量大增,支出在不断扩大,对社会经济的作用开始显现,一些学者和政府人士便从获取经济利益的角度对旅游进行了研究。如 1927 年罗马大学讲师马里奥蒂出版的《旅游经济讲义》在对旅游活动的形态、结构和活动要素的研究中,提出旅游活动是属于经济性质的一种社会现象。1933 年,奥格威尔出版的《旅游活动》,运用数学统计方法研究了游客的流动规律。总之,这一时期的研究侧重于从经济的角度来认知游客的移动,认为旅游是一种经济现象,旅游活动是一种旅游业的经营活动。

2. 第二个时期——从 20 世纪 30 年代中期至第二次世界大战结束

1929 年至 1933 年,西方主要工业国家发生了波及全世界的经济大危机,不但工业生产大幅度下降,而且对人们的旅游活动产生了较大影响,出游人数大为减少。第二次世界大战期间,运输工具和旅馆均被军队征用,旅游基本陷于停顿。在这一时期,研究人员不再从经济性质的角度,而是以新的视野,在更为广泛的领域中对旅游活动进行研究和探讨。其主要代表有德国的葛留克斯曼、瑞士的亨泽克尔和克雷夫。1935 年,柏林大学教授葛留克斯曼出版了《旅游总论》,在该书中系统地论证了旅游活动的发生、基础、性质和社会影响,认为旅游活动是"在旅居地短时间旅居的人同当地人之间各种关系的总和",提出对旅游的研究需从不同学科去考察,而不仅是从经济学的角度去认知。1942年,圣加伦大学教授亨泽克尔与伯尔尼大学教授克雷夫出版了《旅游总论概要》,在该书中,他们认为,旅游现象的本质是国民、保健、经济、政治、社会、文化、技术等社会中的各种要素和方面相互作用的复合体,提出对旅游需通过多种学科进行综合研究。由此可见,在第二个时期,人们对旅游的研究开拓了新的思路,比第一个时期又深入了一步。

3. 第三个时期——20 世纪 50 年代至今的半个世纪

这个时期可以说是旅游研究比较兴旺和活跃的时期。因为在这半个世纪中,旅游获得了前所未有的发展。第二次世界大战后,特别是 20 世纪 50 年代以来,在日新月异的科学技术成就的推动下,世界各国的经济取得了迅速发展,人们的收入不断增加;经济的发展和劳动生产率的提高,又为带薪假日扩大实施的范围创造了条件;科学技术的进步,使交通运输更加快捷便利,汽车的普及、大型宽体喷气客机投入商用,加上快速发展的信息技术,这一切对旅游产生了巨大的推动作用,从而形成了 20 世纪 60 年代以来大众旅游的繁荣局面。

在这一时期,各国不同学科的学者和专家分别从经济学、社会学、人类学、地理学、心理学、环境和生态学的角度对现代旅游展开了研究,提出了许多很有价值的见解。例如,20 世纪 50 年代有的学者提出在大学中开设旅游地理学的建议;60 年代一些学者展开了旅游对目的地尤其是发展中国家影响的研究,涉及经济、社会文化和环境生态等诸多领域;70 年代出现了旅游人类学的理论构想和框架;80 年代又前进了一步,一些学者把旅游作为一个与社会诸多方面存在交叉、重叠关系的社会综合体来研究,提出了跨学科和多层面研究的观点;90 年代以来,一些国际和地区的旅游组织根据联合国召开的由各国政府首脑参加的环境与发展大会精神,举办了多次会议,对旅游可持续发展问题进行了研讨,与此同时,不少专家、学者分别从社会科学和自然科学的范围探讨了经济、社会与环境、生态同旅游可持续发展的关系。

(二)中国旅游学的发展

我国旅游实践已有几千年历史,但现代旅游业的发展始于改革开放之后。1980 年前后,在国家旅游局的支持和直接指导下,上海旅游高等专科学校、北京旅游学院、杭州大学旅游经济系、南开大学旅游系纷纷建立。旅游学科研究发展快、变化大,研究队伍成倍地扩大,旅游院校和旅游研究机构迅速增加,博士、硕士、本科、专科(含高职)、中等专业教育等多层次的学历教育体系也粗具规模,专门的旅游学研究刊物和出版机构陆续出现,旅游研究成果数量与日俱增,国家和地方政府资助旅游研究项目的力度不断增大,跨学科、跨行业关注旅游的人也越来越多。与之相应,国家旅游局成立了政策研究室,先后出台了中国旅游业在各个时期发展的方针政策和法规,也先后出版了一批既有理论又对业务工作有指导意义的专著,如《中国旅游经济研究》《中国旅游业:产业政策与协调发展》《中国旅游企业管理大全》《中国旅游服务质量等级管理全书》等。除国家旅游局外,中国社会科学院、上海社会科学院成立了旅游研究中心,聚集了一些专家和专业人才对旅游开展了多方面的研究,发表了不少研究成果。此外,为了扩大旅游研究成果的影响,更好地指导旅游实践,国家旅游局、部分旅游院校和一些省市旅游部门还创办了许多旅游期刊,如《旅游学刊》《旅游调研》《旅游论坛》《旅游管理》《旅游科学》等,为旅游科学的研究和传播提供了园地。

总之,近40年来,我国旅游科学研究虽然起步较晚,但在结合实际工作方面取得了重大进展,理论研究领域也在不断扩大。时下的研究方向是旅游定量研究、区位研究和新形式新法规等。

二、旅游学的学科性质

对于旅游学的学科性质问题,学术界一直以来多有探讨。一般认为,作为学科必须具备以下条件:首先要有专业的组织从事有关的研究工作;其次是在学科研究中使用独特的语言系统;再次是采取特殊的研究策略;最后要遵从特有的规则。这些规则具有潜在性、公共性、层次性和相对稳定性等基本特征。

目前,普遍认为旅游学具有跨学科的性质,并具备了成为一个独立学科所应有的形态、结构和特征。

1. 社会学科

旅游学是一门社会学科。第一,旅游学的研究对象是旅游,而旅游是一种社会现象,是社会经济发展到一定阶段的产物。离开社会经济的发展,旅游就不可能产生和发展。所以,社会经济的发展既是旅游产生和发展的前提,又是其不断发展的基础。第二,旅游是人们到异地进行消闲享乐性的消费活动,这种个人消费实际上是社会消费的一个组成部分。第三,旅游主要是一种以个人或家庭行为表现出来的社会经济文化活动,个人或家庭进行的旅游活动在内容上包括社会、经济、文化领域,同社会诸多方面有着密切的联系。因此,研究这种联系的学科自然属于社会科学范畴。

2. 边缘学科

旅游学是一门具有多学科交叉性质的边缘学科。其原因主要有以下三个方面。

第一,人们要进行旅游活动,除了主观意愿外,还需具备一定的经济条件和社会条件。这些经济条件、社会条件和人们出游需求动机以及对促成这些条件形成因素的分析,都需要运用经济学、社会学和心理学等相关学科的知识。

第二,在人们旅游的过程中,旅游主体与旅游目的地及旅游经营者之间存在必然的联系,这其中不仅有合作,彼此也相互制约和影响,因此需要运用人类学、环境和生态学、市场学等学科的知识。

第三,旅游结束后,旅游主体当场或回家后会自然而然地对其旅游经历有所感受和反应,甚至产生矛盾,不管这些感受和反应的客观性如何,都会对其本人、他人和旅游目的地与经营者产生影响。这也需要运用管理学、法学等学科的知识。

总之,从旅游的全过程看,旅游涉及多种学科的知识,除了社会科学中有关学科的知识之外,甚至还涉及自然科学的知识。由此可见,旅游学是一门多学科交叉的边缘学科。

3. 应用学科

旅游学是一门应用性较强的学科。旅游学作为一门学科,是旅游实践经验的总结,它同旅游活动与旅游实际工作的联系非常密切。其主要理由有以下两点。

第一,在旅游过程中,人们的吃、住、行、游、购、娱等方面的消费活动是日常社会生活的基本内容,以人们出游中的日常消费活动以及由此引起的各种社会关系为基础的旅游学的研究就更加贴近实际、更为具体,同旅游与旅游工作实际的联系也更为密切。

第二,在旅游中,人们消费的不是实物产品,而是主要为各种形式的服务。服务消费的特点是服务的供给者与消费者是面对面的,即服务的生产与消费是同时发生的,因而消费者对服务的期望和满意度能较快地反映出来。以旅游服务的供给与需求为主要内容的旅游学的研究就更具有针对性,更能适应旅游实际工作的需要。

4. 经济学科

从经济学的观点看,旅游活动必须建立在"可随意支配的收入"上。同时,旅游者的消费心理、消费水平及不同季节性的旅游价格确立都需要运用经济学、市场学的理论和方法。

知识链接

低 碳 旅 游

1. 含义

顾名思义,低碳旅游是一种降低"碳"的旅游,也就是在旅游活动中,旅游者尽量降低二氧化碳排放量,即以低能耗、低污染为基础的绿色旅行,倡导在旅行中尽量减少碳足迹与二氧化碳的排放,也是环保旅游的深层次表现。其中包含了政府与旅行机构推出的相关环保低碳政策与低碳旅游线路、个人出行中携带环保行李、住环保旅馆、选择二氧化碳排放较低的交通工具甚至是自行车与徒步等方式出行。

低能耗、低污染的"低碳旅游"概念已被不少景区和游客所接受,它虽然略显艰苦,却点滴中透着环保,虽然"小众",却十分时尚。

"低碳旅游"概念的正式提出,最早见于 2009 年 5 月世界经济论坛《走向低碳的旅行及旅游业》的报告。该报告根据世界旅游业以及航空、海运和陆路运输业的联合调查写成。报告显示,旅游业(包括与旅游业相关的运输业)碳排放占世界总量的 5%,其中运输业占 2%,纯旅游业占 3%。

2. 行业现状

事实上,在实践层面,民间的低碳旅游早已进行。多年前,九寨沟等旅游景区禁止机动车进入,改以电瓶车代替,以减少二氧化碳排放量。九寨沟能够多年一直保持清澈见底的水,与其采用统一的环保大巴不无关系。

不过,对于正在摸索低碳旅游可行性措施的旅游业界来说,要将现有的整体上比较粗放的旅游发展方式,彻底扭转到低碳、环保的发展道路上来,需要做的事情还有很多。

而作为旅游主体的广大旅游者,要为低碳旅游出把力,则相对容易得多。假日去郊外的旅游者,只要稍稍改变一下习惯,在汽车后备厢中放上一辆折叠自行车,开车至郊外,改骑自行车(图 1-1),去体验野外的自然风光,便能在回归自然的同时,切实为低碳作点贡献。骑单车和徒步这两种以人工为动力的旅游,是最简约的低碳旅游方式。

国务院通过的《国务院关于加快发展旅游业的意见》,就是在减排的大背景下,国家为

图 1-1 低碳旅游——骑自行车

配合低碳经济发展而进行产业结构调整的一个信号，而旅游业将成为最大的受益行业。和其他行业相比，旅游业很早就有了"无烟工业"的美称，本身属于服务行业，占用资源少，卖的又是环境和文化，而这恰恰与节能减排的目标相吻合。

越来越多的城市居民开始不自觉地把低碳作为旅游的新内涵，出行时多采用公共交通工具；自驾外出时，尽可能多地采取拼车的方式；在旅游目的地，多采取步行和骑自行车的游玩方式；在旅途中，自带必备生活物品，选择最简约的低碳旅游方式，住的时候选择不提供一次性用品的酒店。

低碳旅游是一种低碳生活方式，应当成为我国新时期经济社会可持续发展的重要经济战略之一，其中包括以下三个重点。

一是转变现有旅游模式，倡导公共交通和混合动力汽车、电动车、自行车等低碳或无碳方式，同时也丰富旅游生活，增加旅游项目。

二是扭转奢华浪费之风，强化清洁、方便、舒适的功能性，提升文化的品牌性。

三是加强旅游智能化发展，提高运行效率，同时及时全面引进节能减排技术，降低碳消耗，最终形成全产业链的循环经济模式。

3. 旅游减碳五要素

吃：不用一次性餐具，自备水具，不喝瓶装水。尽量食用本地应季蔬果，最好做个素食者。

住：住酒店不用每天更换床单被罩，不使用酒店的一次性用品。

行：提倡步行和骑自行车。能坐火车的不坐飞机，能跟团不自驾。必须乘飞机的，就要选择正确、合理的航空线，最大限度地减少行李；实在要自驾，最好拼满一车人，实现能效最大化。

游：合理安排路线，回收废弃物，做好生活垃圾分类，尽量不在景区留下自己的痕迹。

购：尝试以货易货。尽量选用本地产品、应季产品及包装简单的产品。

（资料来源：百度百科）

讨论：除了以上资料列举的低碳旅游方式外，你认为在旅游活动中还有哪些方式是较"低碳"的？

三、旅游学的主要研究对象

纵观旅游从萌芽、产生到不断变化和发展的历程,可以看出旅游是因人类文化意识作用和经济条件成熟而选择的一种生活方式;对异域的自然和文化的探索精神以及对异地情调的向往与获得身心愉悦感受、体验的欲望,是驱使人们外出旅游的主要动力;旅游活动可以促使人类超越血缘、地域、种族和不同意识形态的界限,走到一起进行跨文化交流,促进不同价值观的了解和融合。因此,旅游是一个世界性概念。

关于旅游学的研究对象,我国旅游学者从不同的角度作了概括。

(1)南开大学国际商学院旅游管理系林南枝认为:旅游学是研究旅游最一般的规律的科学,是旅游活动的综合概括,包括了旅游史、旅游业、旅游文化、旅游经济等。

(2)湖北大学马勇认为:旅游学是研究旅游者、旅游管理者、旅游资源、旅游设施的基本特征与相互之间的关联及其运行规律的科学。

(3)南开大学国际商学院旅游管理系李天元认为:旅游学是研究旅游者、旅游业以及双方活动对旅游接待地区社会文化、经济、环境的影响的科学。

(4)东北财经大学谢彦君认为:旅游学要以旅游现象的基本矛盾为核心,研究其发生的基础、原因、性质、形态和结构特征,探究其运动规律及其形成的复杂影响因素。

综上所述,旅游学就是以各种旅游活动为背景,将旅游作为一种综合的社会现象,研究旅游活动过程中的各种内在矛盾,揭示这种矛盾运动的规律性的一门科学。

课后习题

一、思考题

1. 什么是旅游?旅游有哪些属性?
2. 旅游活动有哪些特点?试举例说明。
3. 简述中国现代旅游业的发展历程。
4. 旅游学的研究对象是什么?

二、分析题

1. 古人云:"父母在,不远游。"而如今的中国社会,越来越多的人已乐于将旅游作为业余生活的首选。这种现象说明旅游具有什么属性?
2. 试比较团队旅游与散客旅游,并分析散客旅游快速发展的原因。
3. 分组,在每周最后一次课前进行"一周旅游新闻播报"。播报要求:新、准。播报时间为每次 10 分钟,每周由一个小组播报。

项目二

旅游的产生和发展

学习目标

知识目标

了解人类古代旅行的历史；掌握古代旅行的特点；掌握工业革命对近代旅游的影响；熟悉托马斯·库克组织的旅游活动；理解并掌握现代旅游迅速发展的原因、现代旅游的特征及发展趋势；熟悉中国古代旅行的主要形式；了解中国旅游的发展。

能力目标

能够根据现代旅游发展的特征分析现代旅游迅速发展的原因及发展趋势；能够认知中国旅游的发展情况以及中国旅游业面临的机遇和挑战。

学习重点

托马斯·库克组织的旅游活动；现代旅游迅速发展的原因、现代旅游的特征及发展趋势。

学习导航

人类的旅游活动始于人类历史上最早的旅行活动。在数千年的漫长历史中，旅游活动大体经历了三个阶段：19世纪40年代以前为古代旅行阶段；1840年至第二次世界大战前为近代旅游阶段；第二次世界大战后为现代旅游阶段。

任务一　古代的旅行

旅游的基本特征之一就是人口在空间上的流动，没有人口的流动，旅游就无从谈起。从历史上看，人口的流动现象归纳起来分为三种：迁徙、旅行和旅游。迁徙虽然与旅行、旅游有着本质上的不同,但从其产生与发展的进程来看,三者存在着密切的联系。从某种意义上讲,旅游萌芽于原始人类的迁徙活动。

古代旅行的产生以阶级的出现为标志。在工业革命前的旅行活动的内容和方式表现出一些较为落后的特点:交通工具主要依靠以自然力、人力、畜力为主的船、车等;旅行的活动范围很小;参加旅行的人数较少,多半是皇室、贵族、僧侣等特权阶层。

一、人类社会旅行活动的产生

人类的旅行活动产生于何时,目前还没有定论。现在人们已经达成的一个基本共识便是,人类现今意义上的旅游活动是从早期的旅行活动发展和演变而来的。

1. 原始社会的迁徙活动

原始社会早期,由于生产力水平低下,人类缺乏外出旅行的物质条件,也缺乏外出旅行的主观愿望。在这一阶段,人类所有的活动都是围绕着求生存这一核心目的进行的。由于生产工具的落后和生产能力的低下,其劳动所获数量稀少,人类的生存无时不处在饥饿、自然灾难侵袭的威胁之中。因此,在新石器时代中期以前,人类尚无自觉外出旅行的需要,迁徙活动完全是生存所迫。当时的这类活动都是因某种自然因素(如气候的变化或天灾对生存环境的破坏)或特定因素(如战争杀戮)的威胁而被迫进行的,是出于生存的目的。如非洲原始人类向亚洲、欧洲的迁徙;亚洲东北部的因纽特人、印第安人通过白令海峡向美洲大陆迁移,成为当地的原始居民。换言之,其性质都属于不得已而为之的求生活动。这都说明它们根本不属于现今意义上的旅行或旅游活动。因此,我们可以认为,这一时期人类既无客观上旅行的物质基础,也无主观上外出旅行的愿望。当时人类迁移活动的被迫性和求生性都说明他们不属于现今意义上的旅行或旅游。

2. 人类旅行活动的产生

人类历史上三次社会大分工的结果,首先使人类从流动性生活走向定居化;其次,由于物质资料生产方式的改进,促使社会生产力水平的提高和剩余劳动产品的增多而产生了手工业,并从家庭劳动中分离出来;再次,商业从农、牧、手工业中分离出来,出现了专门从事商品交换的商人阶级。商品的发展促使商人四处奔走,去了解其他地区的生产和需求状况,由此便产生了对外旅行的需求。所以,人类最初的旅行活动远远不是什么消遣或度假活动,而是出于现实主义目的,特别是出于经商贸易、扩大对其他地区的了解和接触的需要而促发的一种经济活动。因而在最初的年代主要是商人开创了旅行的通路。

所以,就整个世界而言,人类有意识的外出旅行活动应始于原始社会末期,并在奴隶制社会时期得到迅速的发展。但这种活动主要不是消遣和度假活动,而是由产品或商品交换促发的一种经济活动。

二、人类社会早期的旅行活动

根据旅行和旅游活动发展的阶段性特征,这里所讲的早期,是指自旅行活动产生到19 世纪以前的这一段时期。

（一）古代奴隶主阶级的享乐旅行

国家的安定与强大,语言及币制的统一,造船和航海技术的提高,官道和商路的发达,宗教和祭祀的发展及各种商贸的来往,这一切都是古代奴隶制国家产生旅行活动的前提和基础。

古埃及确立以法老为主的中央专制政体,大规模地修建金字塔和神庙,宗教旅行很发达,每年都要举行几次重大的宗教集会,并成为地中海区域著名的旅行地。埃及与邻国的交往也十分密切。据记载,公元前1490年荷赛特女王访问蓬特地区(Punt,今索马里),是世界上第一次出于和平目的而进行的国际性旅行活动。

公元前8世纪以后的古希腊,城邦通货交换非常频繁。提洛岛、特尔斐和奥林匹斯山是著名的宗教圣地。每次集会,人们都来此朝拜宙斯神庙并观看角斗、赛车、赛跑等各种竞技活动。公元前5世纪,古希腊的公务、经商、宗教考察旅行者络绎不绝。古希腊著名历史学家希罗多德曾游历中近东、南欧、北非的广大地区,广泛收集各时代、各民族有关古代旅游和旅行的情况,被称为"旅游文学之父"。

古罗马帝国表现得最为典型。帝国海上运输十分发达,全国境内修建了许多宽阔的大道,为人们沿路旅行提供了方便。早在公元前4世纪,古罗马人就已经有了导游手册,其中主要介绍的是雅典、斯巴达和特洛伊等地。古罗马帝国后期,基督教取得合法地位,朝拜圣地的宗教旅行随之兴起。

知识链接

宗教盛会——奥林匹亚节

古希腊是一个神话王国,优美动人的神话故事和曲折离奇的民间传说,为古奥运会的起源蒙上一层神秘的色彩。有关古代奥运会的起源的传说有很多,最主要的有以下两种。一种传说是古代奥林匹克运动会是为祭祀宙斯而定期举行的体育竞技活动,古代奥林匹克运动会是一种运动性和宗教性的庆典,从公元前776年至公元393年它一直在古希腊城市奥林匹亚举行,在那里曾举行了292届古代奥林匹克运动会;另一种传说与宙斯的儿子赫拉克勒斯有关,赫拉克勒斯因力大无比获得"大力神"的美称。

古代奥运会的产生与古希腊当时社会的政治、经济、文化和宗教有着密切的关系。奴隶社会的古希腊,战争连年不断,为了取胜,各个城邦都利用体育锻炼来培养身强力壮的武士,体育运动就在这种情况下发展起来,逐渐形成了有组织的运动竞赛,为奥运会的产生打下了基础。

古希腊人信奉多神教,每逢重大的祭祀节日,各城邦都举行盛大的宗教集会,以唱歌、舞蹈和竞技等方式来表达对诸神的敬意。古希腊人认为宙斯神是众神之首,所以对他格外崇敬,对他的祭祀也格外隆重,促进了奥运会的产生。

古希腊人民厌恶连年不断的城邦战争,渴望和平,希望在奥运会举办期间,以神的名义实行休战,以达到减少战争、摆脱灾难的目的。

由此可见,奥运会是在战争背景和祭礼形式中产生的,但它又表达了人民对和平的美好愿望,这种互相矛盾又互相制约的关系,使奥运会产生并发展下去。

宗教盛会——奥林匹亚节吸引着数以万计的参与者,对促进古代旅行的发展进程具有重要的意义。

(资料来源:豆丁网)

中国奴隶制时期旅行发展的情况同西方奴隶社会旅行发展的情况基本相同,但中国奴隶社会的形成要比西方国家早得多。在奴隶制社会鼎盛时期的商代,剩余劳动产品的增加和以交换为目的的商品生产的扩大,加上商人对生产和流通的促进,使得这一时期的贸易活动得到很大的发展。发明于夏朝的舟车到了商代更加普及和先进,牛、马等大牲畜也普遍用于交通运输。商代商人的足迹"从东北到渤海沿岸乃至朝鲜半岛。东南达今日浙江,西南达到今日之皖鄂乃至四川,西北达到了今日之陕甘宁甚至远及新疆"……他们以经商为目的,负货贩运,周游天下。

总之,在奴隶制社会时期,促发人们外出旅行的主要原因是产品交换和经商贸易,但这并不意味着当时没有以消遣为目的的旅行。在中国的奴隶制社会中,这种消遣目的的旅行活动集中表现为奴隶主阶级的享乐旅行。西方奴隶制社会情况略有不同,除了奴隶主的享乐旅行外,一些自由民也加入消遣旅行的行列中来。在古罗马帝国时期,由于交通上的便利,人们经常在夏季沿大路旅行。当时,这种旅行一般是离开城市到沿海地区游览。一些富有者甚至远程旅行到埃及金字塔去刻上他们的名字。当然,他们在当时人口中也只是为数很少的一部分。

(二)欧洲封建社会时期古代旅行的发展

封建城市的兴起,交通工具和航海技术的进步,商贸的繁荣和扩大,对宗教及朝圣的追求,以及追求财富与冒险,这是欧洲中世纪旅行的前提和条件。值得一提的是,其间处于中西文明媒介的阿拉伯帝国,对于欧洲中世纪人们的视野开阔、文化复兴和科技发展具有深远的影响。

11世纪起,西欧的封建社会有了明显的发展,日渐形成工商业城市。如威尼斯、热那亚已成为从事国际贸易的商业城市。客栈、旅馆也随之兴起。13世纪,外交、贸易旅行发展起来,中世纪的城市开始复兴,中产阶级迅速成长,马可·波罗(1254—1324年)就是其中典型的代表。1275年,马可·波罗随父亲、叔叔经两河流域,越过伊朗高原和帕米尔高原来到东方,至上都,得到了元世祖忽必烈的信任。他在朝中任职17年,先后到过今天的新疆、甘肃、浙江、福建等十几个地区,出使印度、菲律宾等国。回国后,他以在中国的所见所闻为主要素材,口述并由他人代笔写成了《马可·波罗游记》。此书对研究中世纪时期的中西交通及中意友好关系史等方面具有重要的历史价值,而且对新航线的开辟和航海事业的发展有很大的影响。

15世纪后期,资本主义生产关系的萌芽刺激人们进行探险旅行和考察,迎来了地理大发现时代。探险旅行开阔了中世纪人们的狭隘眼界,冲破了中世纪的漫长黑夜,激发了那些不知疲倦的、富有进取精神的文艺复兴时期的先进人物,他们纷纷前往法国、德国、意大利等国考察。

从1558年英国女王伊丽莎白一世继位起到西欧封建社会结束这段时期内,旅行活动又有了新的发展。1562年,有一位名叫威廉·特纳的医生发表了一本著作,介绍英格兰、德国和意大利的天然温泉对各种体痛病症都有疗效,这掀起了温泉旅行的潮流。用来治疗疾病的矿泉浴场成了开展游艺、跳舞、赌博等社交活动的场所。这一潮流一直延续了近两个世纪才开始向海水浴转移。除了这种以保健为目的的旅行外,以教育为目的的旅行也在这一时期开始发展。

18 世纪中叶,欧洲启蒙运动兴起,在卢梭、歌德、海涅等的影响下,人们掀起了"回归大自然"的热潮。一些大文豪、画家、音乐家酷爱大自然,用文学作品、画卷和音乐鼓励人们到大自然中去。这种酷爱自然、崇尚自然、回归自然的浪漫主义时代精神,后来成为旅游业大发展的思想基础。这一时期,还出现了带有掠夺性的探险旅游。如英国为掠夺殖民地,在通商的幌子下,多次组织侦察性的探险队,仅库克船长为首的探险队就曾先后三次进行了环球旅行。1831—1835 年,达尔文在参加"贝格尔"号军舰的环球旅行中,通过实地考察,提出了进化论。这一时期具有科学意义的旅行,对人类的进步产生了重要的影响。

(三) 中国封建社会时期古代旅行的发展

中国的封建社会长达 2 000 多年。在各统一朝代期间,社会稳定,经济繁荣,水、陆交通便利,这些都为中国境内的旅行游览活动提供了必要的经济基础和物质条件。因此,中国封建社会的旅行活动具有形式多样、专业性强和人文色彩浓厚的特点。如果以旅游目的来分类,可以将中国古代旅游活动分为以下几种类型。

1. 帝王巡游

历代帝王大都有巡游活动,有的是出于政治、军事等目的,有的纯粹是游览性的。据史书记载,秦始皇曾率文武百官五次出巡,周游全国,南至洞庭,北到碣石,东到芝罘、蓬莱,最后在第五次巡游中死去。封建帝王的巡游活动,每个朝代都有记载,其中,隋炀帝、清康熙和清乾隆是最有代表性的。他们的巡游除了政治上的因素外,对当时交通、建筑、园林、游览对象等方面都产生了深刻的影响。

2. 官吏宦游

官吏宦游也称外交旅行,是指中国古代封建官吏,常受帝王派遣,为完成某项任务而出使各地,其中以张骞出使西域和郑和七下西洋影响最大。

张骞是西汉时期著名的外交家、探险家和旅行家。公元前 139 年至前 119 年,他两次接受汉武帝的派遣出使西域,开辟中国通往西方的经商道路。他两次西行,了解到西域的山川、地理和风土民情,打开了长安通往西域(中亚、西亚)的道路,将中国的丝绸、陶瓷等手工产品运往西方,将西方的土特产运往中国。这就是历史上著名的"丝绸之路"。

🏵 **知识链接**

海 上 丝 绸 之 路

海上丝绸之路是指古代中国与世界其他地区进行经济文化交流交往的海上通道。海上丝绸之路是由当时东西海洋间一系列港口网点组成的国际贸易网。海上丝绸之路最早可追溯至汉代,在唐、宋、元的繁盛期,中国境内海上丝绸之路主要由广州、泉州、宁波三个主港和其他支线港组成。其中,广州从 3 世纪 30 年代起成为海上丝绸之路的主港,唐宋时期成为中国第一大港,是世界著名的东方港市。明清两代,广州成为中国唯一的对外贸易大港,可以称为"历久不衰的海上丝绸之路东方发祥地"。宋末至元代时,泉州成为中国第一大港,并与埃及的亚历山大港并称为"世界第一大港",后因明清海禁政策而衰落,联合国教科文组织所承认的海上丝绸之路的起点便是泉州。

3. 商务旅行

我国的古代旅行,往往发端于经商贸易,商务旅行是我国古代旅行的一个重要形式。在中国封建社会,各地漕运水路四通八达,驿道陆路遍及各地,而且西南各省有栈道,沿海地区有海运。张骞开辟的"丝绸之路"是历史上横贯欧亚大陆的贸易交通线,各国商人沿着这条道路往来,络绎不绝。秦汉时期,海上交通已相当发达。我国沿海经商贸易旅行已很频繁,与日本、朝鲜、越南、印度的海上往来也越来越多。

4. 士人漫游

士人漫游主要是指中国古代文人学士以消遣排忧和游览观光为目的的旅游活动,兴盛于魏晋南北朝,唐、宋时期又有所发展。中国古代参加漫游的士人之多之广,影响之深远,在世界各国发展历史上绝无仅有。魏晋间嵇康、阮籍、刘伶等七人,因不满时政,纵酒悠游于竹林之中,文学史上称为"竹林七贤"。东晋陶渊明不愿为五斗米折腰,辞去彭泽令而退隐山林,"采菊东篱下,悠然见南山",悠闲的隐居生活成为他田园诗创作的源泉。唐宋游客如云、游道如海,既有西子湖畔的城郊游乐,也有豪放壮阔的边塞之旅。著名的文学家李白、杜甫、欧阳修、柳宗元、陆游无不都是士人漫游的代表,他们创作了大量脍炙人口、流传千古的旅游诗词、散文、游记和山水画等艺术作品,为秀丽山川增光添彩。

5. 学术考察

学术考察主要是古代科学家、学者为自己的事业或追求,将治学与旅游相结合的一种实践活动。

中国古代学术考察旅游的早期代表是司马迁和郦道元。司马迁从青年时期起就开始漫游大江南北,做郎中官后,又因公事到西南、洛阳、辽西等地旅游,足迹遍布于当时西汉版图疆域。他"纵观山川形势,考察风光,访问古迹,采集传说",撰成《史记》。其中《货殖列传篇》含有丰富的旅游地理内容。北魏郦道元为确认山川形势,几乎走遍今河北、山东、山西、河南等地,他所著的《水经注》是我国 15 世纪以前最著名的地理学专著。

中国古代学术考察在明清达到高潮,其中以李时珍、徐霞客和顾炎武为代表。李时珍在 10 多年中多次远行,踏遍青山尝百草,写成药学经典《本草纲目》。地理学家徐霞客,19 岁起外出游历,踏遍全国名山大川。北到天津蓟县盘山、山西五台山和恒山,南到广东罗浮山,东到海滨,西到云南大理鸡足山、腾冲。他所著《徐霞客游记》共 20 卷,记录了所到之地的地质、地貌、水文、气候、物产及民俗,被誉为"古今游记第一杰作"。顾炎武是明清之际的学者,他遍游了华北,十谒明陵,又周游西北达 20 年,有胜地必访,有名士必交,写成了《天下郡国利病书》和《肇域志》两部地理著作。

6. 宗教旅行

宗教旅行是以朝觐、求法为目的的一种古老的旅游活动形式,至今仍有很大的吸引力,其代表人物主要有法显、玄奘、义净和鉴真等。

由于佛教宗派庞杂,教义分歧,为探明教理,解决争端,不少僧人西去印度求取真经。

东晋法显是我国顺利到达目的地而回来的极少数人之一。399年,他从长安出发,经河西走廊、新疆,涉流沙、越葱岭,经过千辛万苦,到达天竺(今印度)。他在印度留学15年后,取海路返国,途经狮子国(今斯里兰卡)、爪哇等国。法显把旅途见闻写成《佛国记》,这是中国与东南亚交通的最早记录,也是研究东南亚古代史的重要资料,受到中外学术界的极大重视。

知识链接

唐代著名高僧——玄奘

玄奘是我国唐代最著名的僧人旅行家,法相宗创始人,俗家名为"陈祎(yī)","玄奘"是其法名,被尊称为"三藏法师",后世俗称"唐僧",与鸠摩罗什、真谛并称为中国佛教三大翻译家。

玄奘于贞观三年(629年)从凉州出玉门关西行,历经艰难抵达天竺。645年,他从印度回国,带回657部佛教书籍,并长期从事翻译佛经的工作。玄奘及其弟子共译出佛典75部1 335卷。玄奘的译典著作有《大般若经》《心经》《解深密经》《瑜伽师地论》等。他还著有《大唐西域记》,详细记述了他经历110国和传闻的28国地理、交通、城邑、关防、气候、物产、风俗、文化等情况。

玄奘被世界人民誉为"中外文化交流的杰出使者",因其爱国及护持佛法的精神和巨大贡献,被誉为"中华民族的脊梁""世界和平使者"。

在史书和文学作品中,几乎总是将"旅"与"商"连到一起。"商旅"一词在这一时期的文学作品和史料记载中几乎随处可见,说明真正在规模上占支配地位的始终是以贸易经商为代表的经济目的的旅行。而以上所介绍的有关反映我国封建社会时期旅行发展情况的诸多名人和事件中,如以大诗人李白、杜甫为代表的士人漫游,以张骞、郑和为代表的官吏宦游,以玄奘、鉴真为代表的宗教旅行,以徐霞客、李时珍为代表的学术考察等,都属于非经济目的的旅行活动,这说明古代旅行的形式呈现出向多样化发展的趋势,非经济目的的旅行活动不断扩大。

任务二　近代旅游的兴起

近代旅游是指产业革命到第二次世界大战这一时期从旅行到旅游的发展。就整个世界而言,到了19世纪初期,旅行在很多方面都已开始具有今天意义上的旅游的特点,"旅游"(tourism)一词也于此时开始出现。专门经营旅游活动的旅行社开始问世并迅猛发展,极大地促进了旅游业的发展。

近代旅游的兴起在很大程度上是与产业革命的影响分不开的。这场产业革命既是生产技术的伟大革命,又是生产关系的深刻改革。它给人类社会带来了一系列的变化,对近代旅游活动的产生和发展也具有积极而深远的影响。

一、产业革命对旅游的影响

在古代,虽然世界各国都存在旅游活动,但那时的旅游只局限于少数人和狭小的范围,旅游还未成为一个产业。直至 19 世纪中叶,旅游才真正作为一个产业开始出现,这主要归功于产业革命的影响。18 世纪 60 年代,英国首先爆发产业革命,之后很快向欧洲大陆和北美传播。这场产业革命既是生产技术的伟大革命,又是生产关系的深刻改革。它给人类社会带来了一系列的变化,对近代旅游活动的产生和发展也具有积极而深远的影响,主要表现如下。

第一,产业革命带来了阶级关系的新变化,扩大了有财力外出旅游的人群。过去只有地主与贵族才有时间和金钱从事非经济目的的消遣旅游活动,而产业革命却造就了新的阶级关系——资产阶级与工人阶级。这两大阶级都有可能加入旅游的行列中来,因为资产阶级有一定的财力和闲暇时间,他们及其家人对旅游和度假的要求已成为当时社会消费的一种特定需要;而工人阶级的不懈斗争,使得他们的工资得以提高,普遍获得带薪假期。

第二,产业革命加速了城市化进程,促发了人们的旅游动机。产业革命后,大量的农村人口流向城市成为产业工人,先进的机械工业生产取代了简单劳累的农业生产,城市迅速发展,紧张、拥挤、嘈杂的城市工作和高度的生活压力,促使人们产生了返回宁静、自由的大自然,放松身心、恢复体力的需要。城市化进程诱发了人们的旅游动机。

第三,产业革命推动了交通工具的革新,使大规模、大区域的人员流动成为可能。进入 19 世纪后,蒸汽机和轮船迅速普及和发展。1807 年,美国人罗伯特·高尔顿将蒸汽机安装在"克莱蒙特"号内河船上,在哈德逊河上开始运营定期航班载人运货;1820 年,英吉利海峡正式开办渡轮定期航班服务。1838 年,英国蒸汽轮船"西留斯"号首次横渡大西洋成功,缩小了欧美之间的时间距离。1825 年,被誉为"铁路之父"的史蒂文森建造的世界上第一条铁路正式投入运营,开创了陆路运输的新纪元。此后,铁路公司相继开办客运业务,1835—1865 年,全英的铁路总长从 471 英里发展到 21 382 英里,30 年中增长了 45 倍,到 1875 年全英铁路运输年旅客周转量已超过 6 亿人次。在铁路客运问世之前的近两个世纪中,欧美人外出旅行以公共马车为主要交通工具,铁路时代的到来使人们逐渐抛弃这一陈旧的旅行方式,越来越多的人开始乘轮船或火车外出旅行和旅游。新式交通工具不仅速度快、运载量大,还具有票价相对低廉的优势。这使得远距离大规模的人员流动第一次成为可能。

二、旅游业的开端及其表现

20 世纪上半叶,由于欧美一些经济发达国家带薪假日的法律化、世界性旅游组织的成立等多种因素的推动,近代旅游活动开始有了一定的普遍性,旅游业作为一个产业已初见端倪,近代旅游活动开始走向成熟,走向现代旅游。

（一）世界近代旅游活动与旅游业（18 世纪中叶至 1945 年）

旅行游览活动在历史上一直是以个人为单位的个体消费活动,而世界上第一次以一个组织的形式出现,并与运输业直接挂钩而开旅游业先河的人是英国的托马斯·库克。

1841 年 7 月 5 日,托马斯·库克利用包租火车的方式组织了 570 人从莱斯特前往拉夫巴勒参加禁酒大会。托马斯·库克同米德兰县铁路公司签订了合同,以 1 先令的低廉票价发售了来回车票。一路上,托马斯·库克随车热情照料,使参加禁酒大会的人们非常满意。这是世界上第一次集体打折和包租列车的旅行,也是托马斯·库克发展旅游业的起点,标志着近代旅游及旅游业的开端。

1845 年,托马斯·库克决定开办商业性的旅游业务,成立了世界上第一家旅行社——托马斯·库克旅行社,并于当年夏季首次出于商业性目的组织了一次真正意义上的消遣性团体观光旅游。旅程从莱斯特到利物浦,共有 350 人参加活动。出于商业经营目的的考虑,托马斯·库克为这次旅游制订了周密的计划,并进行了前期实地线路考察,确定旅游活动的内容以及食宿安排,回来后编写了《利物浦之行手册》。整个旅游活动中,他不仅担任陪同和导游,还首创了沿途聘雇地方导游的做法。

托马斯·库克后来在旅游业中的影响之广泛在很大程度上同他的开创性工作有关。1851 年,他组织了 16.5 万多人参加在伦敦"水晶宫"举行的第一次世界博览会。4 年后,世界博览会在法国巴黎举办,他安排了从英国莱斯特到法国的加莱再到巴黎的 5 日游,这是首次采用全包价的旅游形式。事实上,人们一般都认为这也是世界上组织出国包价旅游的开端。1865 年,托马斯·库克父子旅行社正式成立,并很快成为当时欧洲最大的旅游代理公司,业务范围扩展到全世界。1872 年,托马斯·库克首次组织由 9 人参加的为时 222 天的环球旅游。同年,他创办了最早的旅行支票,可在世界各大城市通用。由于托马斯·库克在旅行业方面所作出的杰出贡献,他被称为"近代旅游业之父"。

（二）我国近代旅游活动与旅游业（1840—1949 年）

近代中国的旅游是指 1840 年鸦片战争以后到新中国诞生以前这段时期的旅游。这个时期,中国由独立的封建社会逐步沦为半殖民地半封建社会。社会各个领域、各个方面都发生了深刻变化,旅游也不例外。

1. 我国近代旅游活动概况

鸦片战争后,中国被迫与外国签订一系列不平等条约,国门大开,国际旅游骤然频繁。在来华旅游者中,西方的使节、商人、传教士、学者和形形色色的冒险家尤为活跃,他们有的肩负使命,奔走于朝野之间;有的经商办厂,往来于沿海内地;有的传教收徒,漫游于穷乡僻壤;有的考察交流,传播西方文化;有的探险猎奇,深入险境绝地;有的还在我国一些著名风景区建造别墅,长期居住。这一时期的来华旅游者虽不乏正直之士,但大多配合外国的政治、经济、文化侵略,带有浓厚的殖民色彩。

2. 我国近代旅游业的兴起

同欧美国家相比,中国近代旅游业起步很晚。鸦片战争后,西方的商人、传教士、学者和一些冒险家来到中国,在一些通商口岸和风景名胜地区巧取豪夺,建造房舍,供其经商、传教、游览和休憩之用。与此同时,为学习西方的科技知识,不少青少年漂洋过海出国留学,尤其是 19 世纪 70 年代洋务运动时期,出现"留学热潮",得以游学欧美。在这种情况下,英国的通济隆旅游公司(其前身即托马斯·库克父子旅行社)、美国运通旅游公司于 20 世纪初先后来中国建立旅游代办机构,为来华的外国人和中国的出境人员办理各种旅行业务。随着中国近代旅游活动的兴起,中国近代旅游业也逐渐形成。

(1)晚清时期旅游业的发展。中国近代旅游业最早产生于我国上海。上海租界早就已经形成了专门为外国游客服务的民间旅游组织,随着帝国主义对中国的经济、文化侵略,20 世纪初,西方一些旅游企业如英国通济隆公司、美国运通旅游公司也陆续占领中国市场。这样,不仅外国人来华,就是中国人出国,也必须仰仗外国旅行社。因此,有血气的中国人都期望有自己国家的旅行社。

1923 年,主持上海商业储蓄银行的银行家陈光甫等人便在该行内部率先设立"旅行部",专门为中国人办理出国手续和代订车船票,组织国内和出国旅游活动。1925 年,又组织第一批"观樱团"赴日本参观。为了扩大影响及经营规模,1927 年,该旅行部从银行独立出来,成立了中国旅行社,并于同年将旅行部更名为"中国旅行社",其分支遍布华东、华北、华南 15 个城市。

(2)近代中国交通的发展。1872 年,李鸿章成立了轮船招商局。1881 年,中国人自筑了第一条铁路,这是中国近代交通业的开端。

(3)近代中国饭店业的发展。中国近代饭店的类型主要包括外资经营的西式饭店、民族资本经营的中西式饭店、铁路沿线的招商饭店以及公寓等。

知识链接

中国旅游业创始人——陈光甫

陈光甫(1881—1976 年)(图 2-1),江苏镇江人;1909 年,毕业于美国宾夕法尼亚大学,同年回国;1915 年 6 月,创办上海商业储蓄银行。

19 世纪 20 年代初期,中国的旅游业还处于空白状态,其时旅游业务皆由外国在中国的金融机构包揽,如英国人经营的"通济隆公司"、美国的"运通银行"等都设有旅行部,这些银行在上海、香港等各地的分行也设有旅行部,包办中外旅客一切旅行业务。当时政府对旅游业素不注意,更无人想到收回此项外溢利权。

1923 年夏,颇负盛名的金融家陈光甫在香港拟往云南旅行考察,便到一外商经营的旅行社购买船票,见该社售票处的外籍职员与一女子谈笑风生,陈光浦静立良久也无人理睬,遂怫然而

图 2-1　陈光甫

退,转往运通银行购票。途中他思潮起伏,遂毅然决定创办中国人自己的旅行社,并立即收集有关书籍资料带至船上阅读。上海商业储蓄银行于当年 8 月设立旅行部,并呈请交通部准许代售铁路车票。上海商业储蓄银行旅行部最初仅在上海代售沪宁、沪杭的火车票,后陆续与长江航运、南北海运及外国各轮船公司订立代办客票合同,不久便推广至京绥、京汉、津浦各铁路,并在各地分行添设了若干旅行社分社。随着旅游业务的扩大,1927 年

陈光甫决定将旅行部从银行中分离出来,"旅行部"独立挂牌注册,并易名为"中国旅行社",这是中国近代旅游企业化的标志。

（三）近代旅游业的表现

与古代旅游活动不同,近代旅游行为自兴起之时就开始了同社会化大生产的紧密结合,使旅游具有类似商品的消费趋势,从此,世界上开始逐步形成一个新的行业——旅游业。纵观近代的旅游活动,具体表现如下。

1. 旅行社或类似专业机构纷纷成立

自1845年托马斯·库克开办世界上第一家商业性质的旅游营业所之后,欧美及亚太地区一些国家也成立了许多类似的旅游组织。1850年,英国的托马斯·尔内特成立了一个"旅游者组织",向游客提供日常安排、车辆、食品及旅游用具等;1857年,英国成立了"登山者俱乐部";1885年,成立了"帐篷俱乐部";1890年,法国、德国成立"观光俱乐部"。1850年,美国运通旅游公司开始兼营旅行代理业务;到20世纪初,英国的托马斯·库克父子旅行社、美国运通旅游公司和以比利时为主的铁路卧车公司成为世界上旅游代理业的三大公司。旅行社的出现和发展极大地推动了旅游活动商品化的进程,使旅游活动发展成为旅游经济活动,并成为整个社会经济活动中的一个组成部分。

2. 交通运输业介入旅游经营活动

产业革命及科学技术的迅猛发展,带动了交通工具的革新,蒸汽火车、远洋邮轮取代了马车和舢板船,成为新的旅游交通工具。不仅如此,交通运输业也积极开拓新业务,涉足旅游服务经营活动。1833年,从伦敦出发的轮船第一次尝试做游览旅行广告;到1841年,轮船游览已在英国相当盛行,并出版《轮船游览导游周报》。以1912年投入使用的"泰坦尼克"号豪华邮轮为代表的远洋豪华海上旅游,是航空客机作为旅游运输工具之前世界上规模最大、周期最长、节目最丰富的旅游形式。随着英国铁路运输网布局的基本完成,铁路运输费用大大降低,1909年,美国捷运公司正式跻身伦敦旅游界,1便士乘1英里路的火车票价,吸引了大批旅游者前往海滨和其他游览胜地。

3. 为旅游者服务的旅馆业和饮食业大量出现

随着旅游活动的发展,过去的客栈、驿站已不能满足旅客的需要,因此,在铁路、公路和码头建造了许多较舒适的旅馆。19世纪初,在德国的巴登建成了世界上第一座豪华的旅馆。自19世纪后半叶起,英国、德国、法国、美国等国陆续建成一批豪华旅馆。伦敦白厅、海德公园附近出现了月牙形宏伟旅馆群。1855年,皇宫式旅馆——"卢夫勒饭店"在巴黎落成。1860年,中国第一家新型西式旅馆礼查饭店落户上海。1863年,天津利德饭店开业。1880年,拥有300间客房的斯塔特勒饭店在美国纽约州开张。同时,为了满足一些短途旅游者的需要,各地开办了一些价格低廉的餐馆、茶室、咖啡室。

4. 金融界逐步介入国际旅游业

1879年,托马斯·库克发明了一种简便的用于货币兑换手续的"旅馆联券",旅游者持有此"旅馆联券"可以在同托马斯·库克的旅行社有合同关系的交通运输公司和旅馆中用于支付,并可以在指定的银行兑取现金。可以说这是最早的旅行支票。1879年,银行外汇兑换业务正式向旅游界开放。1882年,在银行的配合下,美国捷运公司拥有了自己的旅行汇票。1891年,美国运通旅游公司发售旅行支票,并进而出台旨在解决国际旅游支付困难的措施。

5. 旅游资源开发、景点建设成为一项投资经营活动

社会经济的发展,旅游需求的增长,促使旅游地的开发、建设进入一个新的发展阶段。旅游景点一改过去少有雕琢的单调风格,开始注重人文景观与自然景观的融合;城市内或景点附近兴建大量的旅游设施,如游乐场、音乐厅、散步场、运动场、赌场、浴场、跑马场等;原来专供皇亲贵族享乐的风景区、海滨浴场,变成了常年开放的公共旅游活动场所。

任务三　现代旅游的兴起

现代旅游开始于第二次世界大战结束之后,特别是20世纪60年代以来,现代旅游业迅速普及于世界各地,成为战后发展势头最强劲的行业之一。

一、现代旅游发展的原因

第二次世界大战后,由于各国积极发展科技和经济,生产力水平和社会文明程度都有了惊人的发展,人们生活水平普遍提高,大众化的旅游活动蔓延全球,旅游意识深入人心,从而促进了现代旅游活动的发展。综合起来,推动旅游发展的原因主要有以下几个方面。

1. 国际政治局势相对稳定,是现代旅游迅速发展的前提

第二次世界大战后,和平和发展成为世界的主题。半个多世纪以来,世界很长时间处于"冷战"时期,并且局部地区战争和边境纠纷及政局动荡不断,但从全球整体看,世界处在相对持续、和平稳定的状态。这一相对稳定的和平环境一方面十分有利于各国进行经济建设,提高人民生活水平;另一方面促进了各国人民之间开展政治、经济、文化的交流。这为世界旅游发展提供了必要的前提和保证,使得世界旅游迅速崛起。

2. 经济迅速发展,提高了人们的旅游支付能力

第二次世界大战后的半个多世纪里,世界经济的年平均增长率接近4%,世界国民生产总值不断提高,各国人民的生活水平得到了极大的改善。经济的快速发展使得众多国家的人均收入迅速增加,尤其是在那些原先经济基础就较雄厚的西方国家中更是如此。人们开始寻求精神生活的享受,旅游成为普通民众精神生活的一个重要组成部分。

3. 劳动者的带薪假期得以增加,提供了时间上的保证

第二次世界大战后,随着科学技术的进步,各产业生产过程的自动化程度不断提高并且日益普及,生产效率因而不断提高,使劳动时间有条件得以缩短。生产效率提高,闲暇时间不断增加以及带薪休假制度的普及为人们从事旅游活动提供了时间上的保证。

4. 交通运输工具的进步大幅度缩短了旅行的时空距离

现代交通工具的发展,使旅游活动成为非常便捷的事情。在经济发达的工业化国家中,拥有私人轿车的家庭比例不断增大,长途公共汽车运营网不断扩大和完善,汽车以其自由、方便、灵活的特点成为人们中短途外出旅游的主要交通工具。第二次世界大战后,

军用航空技术民用化,民航运输迅速发展,特别是大型喷气式客机的应用使得人们有机会在较短的时间内作较长距离的旅行,特别是国际、洲际乃至环球旅行。现在,水、陆、空各种交通运输在世界范围内形成网络。各种交通网络相互衔接,连成一体,极大地方便了游客,交通运输工具的进步促进了现代旅游业的快速增长。

5. 城市化进程的进一步加速,激发了人们的旅游动机

世界各国的城市化进程进一步加速,城市人口占总人口的比重不断加大,整个世界开始进入基本实现城市化的阶段。人们在紧张而单调的城市生活中倍感压力,越来越多的人期望能借旅游的机会使身心得以放松,这就为旅游业的发展创造了有利的条件。

6. 政府的扶持和鼓励,使旅游业的发展有了坚强的后盾

第二次世界大战后,许多国家认识到旅游业在国民经济中的重要性,把旅游业当作经济增长的催化剂。为了增加外汇收入,扩大货币回笼,增加就业机会,促进本国经济的发展,各国都把创造良好的旅游环境视为重要任务。旅游对经济的推动作用举世瞩目,世界各国政府都普遍重视发展旅游业。为了促进旅游业的发展,各国都纷纷采取了各种有效的扶持措施,如政府投资旅游基础设施的建设、政府积极组织和参与旅游产品的推广、税收优惠、简化出入境手续等。

7. 教育事业的发展、信息技术的进步引发了人们的旅游动机

第二次世界大战后各国都重视教育,使教育事业不断向深度和广度方向发展,提高了人们的文化和审美素质,激发了人们的求知欲,直接引发了旅游动机。信息技术的发展使旅游信息的传递变得更为方便、快捷,人们可以通过更多的媒体来了解世界各地的自然风光、风土人情,以便帮助他们更好地计划和组织旅游活动。同时,网络的发明和使用大大地提高了世界各地的旅游组织工作的效率,游客可用网络预订客房和车票,用先进的通信设备咨询旅游线路、旅游包价等。这样就使得现代化、国际化的大规模群体性旅游活动能有序地组织开展。

二、现代旅游的特点

现代旅游是同社会化大生产紧密结合的,现代生产的高度社会化必然使旅游具有与之相适应的社会化特点。这一特点的主要表现如下。

1. 旅游活动参与者的大众性

现代旅游活动参与者已不仅仅局限在少数特权阶层的范围之内,而是扩展到了各个阶层的普通大众。现代旅游活动的大众性还体现在旅游形式上。以有组织的团体或旅行社包价旅游为代表的规范化旅游模式,成为占主导地位的旅游形式。

2. 旅游活动地域上的集中性

旅游者在确定旅游目的地时,往往都会选择一些旅游热点国家或地区,从而使旅游活动呈现出地域上的集中性。世界旅游组织的统计数据显示,2005年,世界各地区接待国际旅游者数量占全球旅游者总量的比例分别为欧洲54.9%,亚太地区19.3%,美洲16.5%,非洲4.5%,中东4.8%。经济越发达,旅游业市场发展越成熟,对旅游者的吸引力也越强。

3. 旅游经济增长的持续性

自 20 世纪 50 年代起,世界旅游的增长速度一直保持远远高于世界 GDP 增幅的发展态势,全世界参加旅游的人次平均每年增长 7.1%,旅游消费额平均每年递增 12.23%。虽然受社会其他因素的影响,在某个时期出现某国旅游业衰退或波动的情况,但这并不能阻止全球旅游业持续增长的总趋势。

4. 旅游市场竞争的激烈性

旅游业的竞争已不仅仅局限在企业与企业之间的竞争,而是扩大到各国、各地区之间的竞争。各国、各地区的政府为了推动本国、本地区旅游业的发展,积极地投入旅游业的开发和建设中。

5. 旅游产品和种类的多样性

20 世纪末,为了满足旅游者不断增长的旅游需要,旅游产品开发趋于多样化,3S(sun,sea,sand)旅游产品尚在流行,3N(nature,nostalgia,nirvana)旅游产品又接踵而至,开始引领新的旅游时尚。近年来,传统观光型旅游产品中新添了都市观光、工农业观光和主题公园等内容;海滨旅游、温泉度假、乡村旅游等度假型旅游产品以及节庆旅游、修学旅游、会展旅游、生态旅游、疗养旅游等专项型旅游活动也越来越受到人们青睐;新兴的体育健康旅游、休闲娱乐享受旅游和探险等旅游产品层出不穷,旅游活动的内涵得到扩展和丰富。

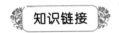

知识链接

驾着房车游中国

"车子外面是世界,车子里面是自家。"开着房车去旅行,这种新型旅游模式离人们的生活越来越近了。在美国、欧洲,房车早已经是人们休闲旅游甚至生活中的一部分,已经有 40 多年的历史,将家安在轮子上体现的是一种个性化的生活方式。旅游者不用被旅行社指挥得团团转,在什么地方吃饭、天黑前在哪里安营扎寨,全凭自己的兴趣。

1999 年,有一部贺岁档电影《不见不散》,片中刘元的房车,"够大、够威武、够气派!宜居、宜玩、宜生活!"的魅力让国人第一次认识了房车。同年,中国首家从事房车租赁的企业——金黄河旅游公司成立。

随着生活质量的提高,旅游已成为国人的时尚。近年来,房车游这一新兴的旅游模式不断地向我国旅游市场渗透。在 2009 年 12 月 3 日国务院下发的《国务院关于加快发展旅游业的意见》中,旅游房车、邮轮游艇、景区索道、游乐设施等旅游装备制造业被纳入了国家鼓励类产业目录中。发展房车游将带动高端旅游产业链,还可以让旅游产业良性循环。此外,还可以带动下游产业的发展,提升诸如帐篷等各种户外用品和装备的销售。

三、中国现代旅游业的发展

中国现代旅游业大体经历了创建、开拓、停滞和振兴四个阶段。

(一)创建时期(1949—1955 年)

新中国旅游业的诞生是以"华侨服务社"和"中国国际旅行社"这两个旅游机构的建立

为标志的。这个阶段的旅游业主要是外事接待阶段。

1949 年 11 月 19 日,新中国第一家华侨服务社在厦门创立。

1954 年 4 月 15 日,新中国第一家面向外国旅游者开展国际业务的旅行社——中国国际旅行社总社成立。

（二）开拓时期（1956—1965 年）

这一时期的重要标志是中国旅游客源市场的转移、旅游者构成的变化及"中国旅行游览事业管理局"的成立。

1957 年 4 月 22 日,华侨旅行服务总社在北京成立。

1964 年 7 月,经全国人大常委会批准,中国旅行游览事业管理局成立。

（三）停滞时期（1966—1976 年）

1966 年 5 月开始,中国的旅游业受到了极大的干扰和破坏。

20 世纪 70 年代,这一局面才得以逐步扭转。1972 年 8 月,中国华侨旅行服务总社恢复营业。1974 年 1 月,在中国华侨旅行服务总社的基础上成立了中国旅行社。

1975 年,财政部开始对旅游外汇收入下达指标,中国的旅游业逐步摆脱了外事接待的身份,进入了全新的发展时期。

（四）振兴时期（1977 年至今）

1. 旅游发展的三个阶段

第一阶段为 1978 年至 20 世纪 80 年代中期,主要以接待入境旅游为主。这是中国旅游业具有历史性、战略性的转折时期,也是我国旅游业进行一系列改革和初见成效的振兴阶段。旅游发展主要有以下事件。

1979 年 4 月 1 日,《中国旅游报》的前身《旅游通讯》创刊;8 月,成立旅游出版社;9 月,上海旅游高等专科学校正式成立。

1980 年 6 月,国务院批准成立中国青年旅行社。

1982 年,国家首批了 24 个历史文化名城和 44 个国家重点风景名胜区。

1983 年 10 月 5 日,中国成为世界旅游组织正式成员国。

第二阶段为 20 世纪 80 年代中期至 1997 年。这一阶段是国内旅游和入境旅游并行发展的时期。这一时期的主要历史大事如下。

1986 年,旅游业的接待人数和创汇收入被正式纳入《中华人民共和国经济和社会发展第七个五年计划（1986—1990）》。

1988 年 8 月,正式颁布了《中华人民共和国评定旅游涉外饭店星级规定和标准》,开始了我国涉外饭店的星级评定工作。

1991 年,《关于国民经济和社会发展十年规划和第八个五年计划纲要》中,正式明确将旅游业的性质定为产业。

1992 年开始,推出"中国主题游",此后每年都有宣传的主题。

1995 年 5 月 1 日起,我国实行周五工作制,每周有两天的"双休日"。

第三阶段为从 1997 年至今这段时期。这是入境旅游、国内旅游和出境旅游全面发展的阶段。这一时期的主要历史大事如下。

1998 年,中国政府批准设立了第一家中外合资旅行社——云南力天旅游有限公司。

1999 年,国家对原有的法定节假日安排进行了调整。

2001 年 12 月 11 日,中国正式加入世界贸易组织,成为其第 143 个成员,为中国发展国际旅游提供了良好的机遇。

2008 年,国家对原有的法定节假日安排进行了调整。

2. 具体表现

这一时期,我国旅游业的振兴主要表现在以下几个方面。

(1) 旅游管理体制不断完善,具体如下。

1978 年 3 月,中国旅行游览事业管理局改为直属国务院的中国旅行游览事业管理总局。

1982 年 7 月,中国旅行游览事业管理总局与中国国际旅行社总社按"政企分开"的原则,分署办公和经营。

1986 年 1 月 30 日,第一个全国综合性旅游全行业组织——中国旅游协会成立。

1988—1998 年,先后出台了三次"三定"方案,实现政府机构精简和职能转变,进一步促使国家旅游局机关与直属企业彻底脱钩。

2001 年 12 月 27 日,国家旅游局令第 16 号《旅行社管理条例实施细则》开始实施。

2009 年 1 月 21 日,颁布《旅行社条例》,于 2009 年 5 月 1 日起施行。

2013 年 10 月 1 日起施行我国首部旅游法《中华人民共和国旅游法》。

2015 年 7 月 17 日起施行《旅游经营服务不良信息管理办法(试行)》。

2016 年 12 月 1 日起施行《旅游安全管理办法》。

2018 年 1 月 1 日起施行《导游管理办法》。

2018 年 3 月,中华人民共和国文化和旅游部批准设立(文化部、国家旅游局合并为"文化和旅游部")。

2018 年 5 月 1 日起施行《旅游行政许可办法》。

2019 年 6 月 1 日起施行《文化和旅游规划管理办法》。

知识链接

文旅融合让全域旅游更有活力

2019 年 10 月,文化和旅游部正式认定并公布了首批 71 个国家全域旅游示范区名单。全域旅游是近年来我国旅游业发展的一条主线,围绕这条主线,串起了旅游业发展的诸多亮点。

(1) 新业态激发消费新动能。

如今,增长见闻、增强文化自信无疑已经成为大众旅游的重要目的之一。作为国家全域旅游示范区的甘肃省敦煌市,近年来在文旅融合发展上作出新探索。敦煌市围绕《敦煌国际文化旅游名城建设发展规划纲要》,编制了《敦煌市全域旅游规划》《大敦煌文化旅游经济圈规划》等各类规划 30 余项,培育引进《敦煌盛典》《丝路花雨》《又见敦煌》等文化演艺项目,新建改建月泉小镇、敦煌小镇、敦煌夜市等特色街区,研发彩塑制作、临摹绘画等敦煌特色研学体验产品,旅游产品的结构愈发丰富。

同样是历史积淀、文化底蕴深厚的江苏省南京市秦淮区,也通过文旅融合走出了一条全域旅游发展的新路子。当地按照历史发展脉络和文化传承轨迹,选取秦淮河、明城墙这两个最能代表南京美丽古都形象的文化符号,布局重点文化旅游项目,累计投资630多亿元,建设科举博物馆、大报恩寺遗址公园、城墙博物馆等精品项目,完成以老门东为代表的一批历史文化风貌区保护,形成以明城墙、秦淮河、夫子庙等核心吸引物为代表的"一城一河一庙一馆一寺多街区(园区)"全域旅游空间格局。

文旅融合能够带动和促进文旅新业态,实现观光游向文化体验游升级。同时,让文化和旅游服务遍布每一个街头巷尾,契合当下各地打造全域旅游示范区的需求。

(2) 传统文化让旅游更接地气。

2019年入夏以来,位于山东省曲阜市的尼山圣境推出了夜游文化季系列活动,吸引了大批游客。一位游客表示,看了景区的水幕表演,仙女的形象、文字展示等,十分震撼。

作为国家全域旅游示范区,曲阜市早在2016年便将"文旅强市"战略写入"十三五"发展规划,同时在打造"东方圣城·首善之区"的过程中,坚持以文化传承为己任,围绕文化抓项目,打造"新三孔"(尼山圣境、孔子博物馆、孔子研究院),与"老三孔"(孔庙、孔林、孔府)呼应;举办孔子研学旅游节,成立曲阜研学旅游联盟;围绕儒家文化传播,常态化举办春季旅游推介会、孔子研学旅游节等专题推介和节庆活动;开辟了"文化+互联网"的创业就业模式,成功打造了"传统手工艺旅游纪念品基地+互联网销售"模式,涌现了"中国淘宝村"林前村等旅游就业富民的典型。

目前对传统文化的再挖掘已经成为各地打造文旅融合的重点工作,只有坚持市场导向,不断创新,升级产品业态,才能实现文旅融合可持续发展,从而让全域旅游更接地气、更有活力。

(资料来源:《中国旅游报》)

(2) 市场规模不断扩大。2018年,中国国内旅游突破55.39亿人次,旅游收入5.97万亿元人民币,出境旅游1.49亿人次。中国国内旅游、出境旅游人次和国内旅游消费、境外旅游消费均位列世界第一。

亚洲市场依旧是主要客源市场,其中韩国为第一大入境客源国。国内旅游正日益成为人们日常生活的重要组成部分,已成为世界上规模最大的国内旅游市场。

(3) 旅行社迅速发展壮大。旅行社方面,截至2019年第二季度,全国旅行社总数为37 794家,比2010年全国纳入统计范围的旅行社22 784家,增长了65.9%。

(4) 旅游交通发展迅速。旅游交通方面,全国公路总里程达484.65万千米。高速公路达14.26万千米,居世界第一。铁路交通方面,全国铁路旅客发送量完成33.75亿人次,其中,国家铁路14 063.99亿千米,比2017年增长5.0%。航空运输方面,2018年,全行业完成旅客运输量61 173.77万人次,比2017年增长10.9%。国内航线完成旅客运输量54 806.50万人次,比2017年增长10.5%,其中,港、澳、台航线完成1127.09万人次,比2017年增长9.8%;国际航线完成旅客运输量6367.27万人次,比2017年增长14.8%。

(5) 旅游饭店建设取得突破性进展。饭店业方面,截至2018年年底,全国纳入星级饭店统计管理系统的星级饭店共计 10 375 家。星级饭店数量是 1978 年全国饭店总数的 100 倍。

（6）旅游教育蓬勃发展。据文化和旅游部官网统计数据,2017 年全国招收旅游管理类本科专业的普通高等院校有 608 所,招收旅游管理类的普通高职高专院校有 1 086 所,招收旅游管理类专业的中等职业学校有 947 所。

2017 年,全国旅游相关专业(方向)博士研究生在校人数为 336 人,旅游相关专业(方向)硕士研究生全国招生 2 832 人。

2017 年,全国共招收本科教育旅游类学生 5.9 万人;招收高职高专教育旅游大类专业学生 11.3 万人;招收中职旅游管理类专业学生 10.2 万人,在校 31.87 万人。

（数据来源:中华人民共和国文化和旅游部）

课后习题

一、思考题

1. 古代奴隶社会旅行发展的特点什么?
2. 中国封建社会的旅行活动有哪些类型? 各有哪些代表人物?
3. 分析产业革命对近代旅游发展的影响。
4. 为什么人们将托马斯·库克誉为"旅游之父"?
5. 现代旅游活动有哪些特征?

二、分析题

红色节庆活动精彩纷呈

2019 年,恰逢新中国成立七十周年,全国各景区举行的庆祝活动成为景区景点的一大特色。各景区、酒店、文化场所、广场街区到处是红旗飘扬,挂红旗、唱红歌、看红戏、游览红色景区成为国庆假期最大的亮点。大家通过参加红色主题活动、参观游览红色景区为伟大的新中国七十华诞点赞庆贺。

国庆期间,各地推出了非遗、展演、体验等一大批精彩纷呈的文旅活动,如井冈山茨坪举办了"2019 年江西省非物质文化遗产进景区宣传活动月"启动仪式暨主场活动;瑞金中央革命根据地纪念馆通过 VR、AR 数字科技融合的特殊艺术形式,营造游客与苏区历史的链接,增强了游客的体验感、融入感,通过各类数字艺术的互动设施传承革命精神;湖北黄冈市开展"礼赞中国·魅力黄冈"系列主题活动;神农架红坪镇用歌声与祖国缱绻絮语,用舞蹈跳出百姓对祖国、对美好未来的希冀。

"红色于都、初心之旅"别具特色,点燃了游客弘扬长征精神的激情,"中国红"成为 2019 年国庆黄金周文化旅游的主打色。

讨论:现代旅游业迅速发展的主要原因有哪些? 将会有哪些新的表现形式? 为什么?

项目三

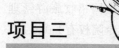

旅　游　者

学习目标

知识目标

了解国际旅游者和国内旅游者的含义；掌握旅游者产生的条件；熟练掌握旅游者的主要类型及其呈现出的特点。

能力目标

能够准确判断国际旅游者和国内旅游者；能够准确把握各类旅游者的需求特点。

 引导案例

2019年"五一"假期文化和旅游市场繁荣超预期

2019年5月1日至4日放假4天，全国假日旅游消费旺盛，旅游消费持续增长。城市周边游、乡村游、生态游成为游客首选，自驾游火爆，旅游消费呈现个性化、特色化、品质化、多样化趋势。"五一"假日全国共接待国内游客1.47亿人次，同比增长9.3%；实现国内旅游收入871.6亿元，同比增长10.2%。

"五一"假期，多地采取措施提升游客体验。亲子、研学等形式的家庭游成为热点，拉动了文化、休闲、餐饮、乡村等消费。游客集中出游，各地景区、交通压力增大。为确保游客出行和游览安全，各地采取多种措施，如管控客流、增加车位、开放无线网络、免费提供茶水等，为游客提供贴心服务，全力提升游客体验。文明出行成共识，"五一"期间，广大游客的文明旅游意识明显提升，文明旅游蔚然成风。

（资料来源：文化和旅游部）

　　由于旅游者及其活动,产生了旅游业。旅游业无论在任何时候,都必须关注旅游者的需求。只有提供各种满足旅游者需求的产品和服务,旅游业才能继续获得生存和发展。没有旅游活动这一社会现象,更不会有旅游业。因此,旅游者是基础,学习旅游首先就要研究旅游者。

任务一　旅游者的基本概念

　　旅游活动是一项涉及面广、综合性强的活动,是人类社会实践活动的一部分。旅游活动的开展,首先要有愿意并能够进行旅游活动的群体,即旅游活动的主体——旅游者。旅游者使得旅游活动成为一种社会现象,才有了旅游业的产生。没有旅游者,旅游活动就无法实现。那么,哪一类人才算是旅游者呢?

一、国际旅游者

　　无论是国外还是国内的词典,对旅游者都是作为一般的用语进行解释的,即认为旅游者是指出于消遣目的而离家外出旅行的人。例如,1876 年在瑞士出版的一部字典上出现了 the history of tourism 这一条目,将旅游者解释为"出于一种好奇心,为了得到愉快而进行旅行的人"。过去在我国的旅游研究中,人们也将旅游者做相同的解释。

　　在实际的旅游活动中,人们常常需要了解旅游者的数量、规模、消费水平、消费结构以及整个旅游业在国民经济中的地位,从而一方面有助于在旅游统计中规范旅游者的统计口径;另一方面有助于出入境管理和执行有关政策(入境签证纳税等),这就需要涉及旅游者的技术性定义,也就是说借助一些能够量化或者可借以区别限定的标准,以便能够有效地将旅游者同其他旅行者区别开来,以便旅游统计和研究。

　　(一)国际联盟的解释

　　1937 年,国际联盟的统计专家委员会对"国际旅游者"解释如下:国际旅游者是指"离开定居国到其他国家访问超过 24 小时的人"。

　　1. 可列入国际旅游者统计范围的人员

　　可列入国际旅游者统计范围的人员如下。

　　(1)为消遣、家庭事务或健康原因而出国旅行的人。

　　(2)为出席国际会议或作为公务代表而出国旅行的人(包括参与科学、行政、外交、宗教、体育等会议或公务的人员)。

　　(3)为工商业务原因而出国旅行的人。

　　(4)在海上巡游途中停靠某国、登岸访问,即使其停留时间不足 24 小时的人(停留时间不足 24 小时的应另外分为一类,必要时可不管其常居何处)。

2. 不可列为旅游者的人员

不可列为旅游者的人员如下。

(1) 到某国就业某职的人,不管其是否订有合同。

(2) 到国外定居者。

(3) 到国外学习、寄宿在校的学生。

(4) 居住在边境地区、日常跨越国境到邻国工作的人。

(5) 临时过境但不作法律意义上停留的人,即使在境内时间超过 24 小时。

(二) 联合国罗马会议的规范

1963 年,联合国在罗马举行的国际旅行与旅游会议(又称罗马会议),对国际旅游者的定义进行了修改和补充,对旅游统计中来访人员的范围作了新的规范,这就是通常所说的界定旅游者的罗马会议定义,即凡纳入旅游统计中的来访人员统称为"游客"(visitor),指除为获得有报酬的职业外,基于任何目的到一个不是自己常住国家访问的人。

该定义将游客分为两类:一类是在目的地停留过夜的游客,称为"旅游者"(tourist);另一类是不在目的地停留过夜,而是当地往返的游客,称为"短期游览者"(excursionist)或"一日游游客"(day tripper),实际上就是不过夜的旅游者。凡纳入旅游统计中的来访人员统称为"游客",指除为获得有报酬的职业外,基于任何目的到一个不是自己长住国家访问的人。

1. 旅游者

旅游者是指到一个国家短期访问至少逗留 24 小时的游客,其旅行目的可为以下之一。

(1) 消遣(包括娱乐、度假、疗养、保健、学习、宗教、体育活动等)。

(2) 因工商业务、家务、公务等的出使或出席会议。

2. 短期游览者

短期游览者又称"一日游游客",是指到一个国家作短暂访问,停留时间不足 24 小时的游客(包括海上巡游中的来访者),这其中不包括那些在法律意义上并未进入所在国的过境旅客(如未离开机场中转轴区域的航空旅客),国际联盟的统计专家委员会界定的不属于旅游者的五种人员继续适用。

3. 基本特征

(1) 将所有纳入旅游统计中的来访人员统称为游客,并具体规定包括消遣和工商事务两种目的的旅游者,从而使得旅游(tourism)和旅行(travel)这两个含义原本不同的术语趋于同化,扩大了旅游者的外延,有利于发展旅游产业。

(2) 对游客的界定不是根据其国籍进行的,而是依据其定居国或长住国界定的。

(3) 根据其在访问地的停留时间是否超过 24 小时,即是否过夜为标准,将游客划分为旅游者和短期游览者,在旅游统计中分别进行统计。

(4) 根据来访者的目的界定其是否应该纳入旅游统计之中。

（三）世界旅游组织的规定

世界旅游者组织成立后,将罗马会议的定义作为本组织对应纳入旅游统计人员的解释。1981 年出版《国内与国际旅游统计资料收集与提供方法手册》,对罗马定义作了补充和完善。

1. 国际游客包括的人员

国际游客包括的人员如下。

（1）为了娱乐、医疗、宗教仪式、家庭事务、体育活动、会议、学习或过境进入另一国家者。

（2）外国轮船船员或飞机机组成员中途在某国稍事停留者。

（3）停留时间不足一年的外国商业或公务旅行者,包括为安装机械设备而到访的技术人员。

（4）负有持续时间不足一年使命的国际团体雇员或回国进行短期访问的旅行侨民。

2. 国际游客不包括的人员

国际游客不包括的人员如下。

（1）意图向目的国移民或在该国谋求就业者。

（2）以外交官身份或军事人员身份进行访问者。

（3）上述人员的随从人员。

（4）流亡者、流浪者或边境上的工作人员。

（5）打算停留一年以上者。

（四）我国对于国际旅游者的统计

1978 年,我国旅游业步入正轨以后,根据我国旅游统计工作的需要,国家统计局和国家旅游局也曾对应纳入我国旅游统计的旅游者人员范围作了一系列的解释和规定,凡纳入我国旅游统计的来华旅游入境人员统称为(来华)海外游客,是指来我国大陆观光、度假、探亲访友、就医疗养、购物、参加会议或从事经济、文化、体育、宗教活动的外国人、华侨、港澳台同胞。

1. 海外游客的分类

按照在我国大陆访问期间停留时间的差别,海外游客可以分为两类。

（1）海外旅游者。海外旅游者是指在我国大陆旅游住宿设施内停留至少一夜的海外游客,又称为过夜游客。

（2）海外一日游游客。海外一日游游客是指未在我国大陆旅游住宿设施内过夜,而是当日往返的海外游客,又称为不过夜游客。

2. 不属于海外游客的人员

不属于海外游客的人员如下。

（1）应邀来华访问的政府部长以上官员及随从人员。

（2）外国驻华使馆或领馆官员、外交人员及随行的家庭服务人员和受赡养者。

（3）在我国驻期已达一年以上的外国专家、留学生、记者、商务机构人员等。

（4）乘坐国际航班过境，不需要通过护照检查进入我国口岸的中转旅客。

（5）边境地区（因日常工作和生活而出入境）往来的边民。

（6）回大陆定居的华侨、港澳台同胞。

（7）已经在我国大陆定居的外国人和原已出境又返回我国大陆定居的外国侨民。

（8）归国的我国出国人员。

对比前述国际组织对应纳入旅游统计人员的界定和我国对来华海外游客的现行解释，可以看出，除了在各自的表述以及对某些术语的解释有所不同之外（如我国界定的海外旅游者实际将在亲友家过夜的来华旅游者排除于统计范围之外），这些定义及解释的内容都大致相同，世界各国的情况也大都如此。可以说，世界上目前对国际旅游者的界定原则上已经有了统一的认知。

二、国内旅游者

对于国内旅游者的范围划定或定义问题，目前人们的看法则远远没有统一。

（一）世界旅游组织的界定

世界旅游组织关于国内旅游者的界定，是世界旅游组织在 1984 年参照国际旅游者的定义作出的，采用的界定标准与国际旅游者的界定标准基本一致。在这一定义中，与国际旅客的划分类似，国内游客也被区分为国内旅游者（domestic tourist）和国内短期游览者（domestic excursionist）。国内旅游者是指任何因消遣、度假、体育、商务、公务、会议、疗养、学习和宗教等目的而在其居住国内进行 24 小时以上、一年之内旅行的人。此后又补充规定，国内旅游者不包括那些外出就业的人。国内短期游览者是指基于任何以上目的的访问地逗留不足 24 小时的人。

（二）美国、英国、法国等国家的定义

1. 美国、加拿大的定义

1973 年，美国国家旅游资源评审委员会提出，旅游者是指为了出差、消遣、个人事务，或者出于工作上下班之外的其他任何原因而离家外出旅行至少 50 英里（单程）的人，不管其在外过夜还是当日返回。加拿大政府规定，旅游者是指到离开其所居社区边界至少50 英里以外的地方去旅行的人。可见，这种定义侧重的是旅行距离。

2. 英国的定义

英国旅游局在其每月一次的英国旅游调查中对国内旅游者的定义是：基于上下班以外的任何原因，离开居住地外出旅行过夜至少一次的人。对于外出旅行的距离则未作任何明确规定。

3. 法国的定义

法国对国内旅游者的定义是：国内旅游者是指基于上下班之外原因离开自己的主要居所，外出旅行超过 24 小时但未超过 4 个月的人。法国对国内旅游者的定义侧重的是旅

游时间。

（三）我国对国内旅游者的界定

在我国的国内旅游统计中，国内旅游者是指任何因休闲、娱乐、观光、度假、探亲访友、就医疗养、购物、参加会议或从事经济、文化、体育、宗教活动而离开常住地到我国境内其他地方访问，连续停留时间不超过 6 个月，并且访问的主要目的不是通过所从事的活动获取报酬的人。在这一定义中，所谓常住地，是指在近一年的大部分时间内所居住的城镇（乡村），或者虽然在这一城镇（乡村）只居住了较短时间，但在 16 个月内仍将返回到这一城镇（乡村）。

1. 国内旅游者的分类

国内旅游者包括国内（过夜）旅游者和国内一日游旅游者。

（1）国内（过夜）旅游者是指国内居民离开惯常居住地在境内其他地方的旅游住宿设施内至少停留一夜，最长停留时间不超过 12 个月的国内游客。

（2）国内一日游旅游者是指我国大陆居民离开常住地 10 千米以上，出游时间超过 6 小时但又不足 24 小时，并未在我国境内其他地方的旅游住宿设施过夜的国内游客。

2. 不属于国内旅游者的人员

不属于国内旅游者的人员如下。

（1）到各地巡视工作的部级以上领导。

（2）驻外地办事机构的临时工作人员。

（3）调遣的武装人员。

（4）到外地学习的学生。

（5）到基层锻炼的干部。

（6）到其他地区定居的人员。

（7）无固定居住地的无业游民。

（四）国内旅游与国际旅游的区别

国内旅游与国际旅游的根本区别在于是否跨越国界。除了国际或国内这些限定词之外，作为对旅游者即游客的定义不应有什么区别。既然联合国罗马会议及世界旅游组织对旅游者的定义已为世界各国所公认，便不应再为国内旅游者另下定义。纵使在需要根据情况修订国内旅游者定义的情况下，也应参照罗马会议及世界旅游组织对游客的定义。

为了求得国际的一致性和可比性，1984 年，世界旅游组织又给国内旅游者下了一个定义："任何以消遣、闲暇、度假、商务、体育、会议、公务、疗养、宗教和学习等为目的，而在其居住国，不论国籍如何，所进行 24 小时以上，一年之内旅行的人，均视为国内旅游者。"

任务二　旅游者产生的条件

旅游活动是人类社会发展到一定阶段的产物,旅游活动也帮助旅游者提高了生活品质。在日常的生活中我们也能发现一个问题,有些人经常外出旅游,而有些人却很少甚至从不外出旅游。那么,究竟是什么原因导致每个人对旅游活动的需求各不相同呢?

一、旅游者产生的客观条件

(一)足够的支付能力

旅游活动是一种预支消费的活动,由于离开了常住地,在旅游地所发生的住宿、餐饮、交通、门票等各方面的费用都是一笔不小的开支。因此,家庭收入达到一定的水平是实现旅游的前提之一,是实现旅游的重要物质基础。旅游支付能力与其收入水平,尤其是可自由支配收入直接相关。

1. 可自由支配收入

可支配收入是指个人或家庭的总收入扣除全部纳税后的部分。可自由支配收入是指个人或家庭的总收入扣除全部纳税、社会保障性消费(人寿保险、退休金、失业补贴的预支等)以及日常生活所必需的消费部分(衣、食、住、行)之后余下的部分。在中国,人们还常将教育支出、城市购房支出也列入必要开支之中,因此,可自由支配收入对于广大的农村和贫困地区的人们还是非常少的。在其收入尚不足以支付这一部分的消费时,外出旅游的可能性就会相对减少,而当一个家庭的收入超过了这一临界点,用于旅游的消费才可能增加。

2. 收入水平与消费行为的影响

(1)收入水平影响着消费水平,并决定着家庭或个人外出旅游时的消费水平。收入水平比较高的个人或者家庭,外出旅游期间在食、住、行、游、购、娱等各方面的消费水平都会比低收入水平的人或者家庭要高。收入水平这一因素的重要性还在于,当一个家庭的收入水平超过了上面所指的收入临界点后,每增加一定比例的收入,旅游消费就会以更大的比例增加。可自由支配收入的分配如图3-1所示。

(2)收入水平影响着消费结构,会影响人们外出旅游消费的结构。外出旅游时必须首先支付的是交通费用。因此,富裕的家庭在外出旅游时,会在食、住、行、游、购、娱方面花费较多,从而使得交通费用占总消费中的比例降低,而在收入水平较低的家庭的外出旅游消费结构中,交通费用所占的比例通常较大,收入与旅游消费支出不是简单的正比例关系,而是"结构性"的增长。

总之,旅游支付能力的高低,取决于收入水平,尤其是可自由支配收入水平,它影响着旅游活动能否实现,影响着外出旅游时的消费水平和消费结构,影响着对旅游目的地的选择和旅行方式的选择。所以,可自由支配收入是决定个人旅游消费的重要因素。

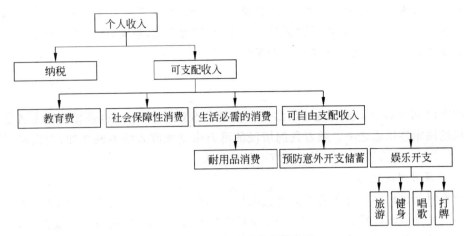

图 3-1　可自由支配收入的分配

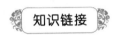

改变中国，让世界感叹的"新四大发明"

2017 年 5 月，来自"一带一路"沿线的二十国青年评选出了"中国新四大发明"，分别为高铁、移动支付、共享单车和电子商务。这些新发明，无一例外，都极大地改变了人们的生活：在中国密集的高铁网中，去哪儿都可以朝发夕至；足不出户可以买到全球商品；在菜市场，人们也会掏出手机扫码付钱；共享单车在各大城市穿梭，解决人们"最后一公里"的出行问题。

中国古代有造纸术、指南针、火药、印刷术"四大发明"，现代有高铁、移动支付、共享单车、电子商务"新四大发明"。中国古代的"四大发明"影响了世界，中国现代的"新四大发明"改变了中国。

1. 高铁——让世界惊叹的"中国速度"

高铁位居"中国新四大发明"之首。高铁大幅度提高了中国人民的出行速度，缩短了人们出行所需要的时间，让旅游出行更快捷。

2. 移动支付——轻轻一扫，交易完成

以前人们外出必备三大件——钱包、钥匙、手机。现在，只需一部手机就够了，钱包和钥匙都可以用手机代替。现在几乎所有的商户都可以使用支付宝、微信等移动支付，非常方便。中国的移动支付也一直在进化，指纹支付、刷脸支付等，让支付方式更加多样，让旅游支付更便捷。

3. 共享单车——城市第三大出行方式

作为"共享经济"的代表，共享单车已经成为城市第三大出行方式，实实在在地改变了人们的生活。以往出行除开车外，就只能乘坐公交、地铁等公共交通工具，现在可以选择共享单车这种绿色低碳、节能环保的出行方式，大幅缩短在途时间，让旅游出行更方便。

4. 电子商务——动动手指买遍全世界

电子商务改变了人们的购物方式，只需轻轻一点手机，商品就会在几天之内送到，网络购物让消费者的购物体验更加方便、快捷。出门旅行,最开心的事情是"买买买",电子商务解决了"是不是可以放心买""买了怎么带回家"的问题,毕竟,出门游玩两手空空是最理想的状态,电子商务也让旅游购物更轻松。

(二)足够的闲暇时间

闲暇时间是影响旅游者决定出游的最重要的客观因素之一,也是影响旅游者实现旅游动机的决定性因素之一。随着我国居民的可自由支配收入的不断增加,闲暇时间逐渐取代经济因素,成为制约人们实现旅游的显性约束。

1. 闲暇时间的概念

闲暇时间也称自由时间或可随意支配时间。闲暇时间并非通常所说的"8 小时以外的时间",而是指在日常工作、生活、学习及其他必需的时间之外,可以自由支配,从事消遣娱乐或自己乐于从事的其他任何事情的时间,具体如图 3-2 所示。

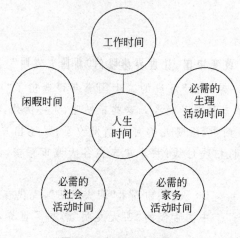

图 3-2　人生的时间构成

2. 闲暇时间的构成

(1) 每日余暇。每日余暇是指在每日的工作及生活等必需时间之外的时间。这部分时间很零散,基本上不可能用作旅游时间,只可以用作进行一般的娱乐和休息。

(2) 每周余暇。每周余暇主要是指周末公休时间。目前,全世界大多数国家都实行了 5 天工作制,这为人们趁周末时间外出旅游创造了必要的时间条件。在美国,有法案还规定每年有 4 次为期 3 天的周末假日,这段较为集中的闲暇时间就可以用作外出短途的旅游度假。

(3) 公共假日。公共假日是通常所说的法定节假日。由于各国不同的历史文化和宗教信仰等方面的原因,其传统节日的分布状况也有所不同,西方国家比较重要的公共假日是复活节和圣诞节,我国的公共假日包括元旦、春节、清明节、五一劳动节、端午节、中秋节以及国庆节。传统节日多为家庭团聚活动的时机,所以这段时间如与每周的闲暇时间连在一起,往往会成为家庭外出旅游的主要集中时期。

(4) 带薪假期。目前,经济发达的工业化国家大都规定对就业人员实行带薪休假制度,法国 1936 年第一个以立法形式规定就业人员每年享有至少 6 天的带薪假期。现在,世界上很多国家都实行了带薪休假制度,但各国实行带薪假期的情况各有不同。例如,在瑞典,每年有 5～8 周的带薪假期;在美国,一般为 2～4 周;西欧国家平均每年 4 周。在我国,教育部门每年的寒暑假约为 10 周,离家在外的单身职工和夫妻分居职工的探亲假每年有 3～4 周,已婚职工 4 年一次探亲假等。带薪假期时间长而且集中,是人们外出旅游的极好时机。

知识链接

2019 年五一小长假旅游市场火爆 消费热情高涨

放假时间调整,让这个五一假期成为许多消费者外出旅游的好时机。2019 年以来,大规模减税降费政策,增加了消费意愿,个性化、多元化旅游体验成为新追求。各地不断提升文化和旅游产品质量、服务品质,给消费者带来全新的消费体验,小长假旅游市场火爆,消费热情高涨。

走一走,游一游,用空前高涨来形容五一假期游客的出行热情毫不夸张。5 月 1 日,铁路发送旅客 1 724.3 万人次,创单日历史新高。假日期间,民航国内航空公司航班量52 725 班,同比增长 5.63%。重点监测的全国 36 个景区周边日均交通量同比增长8.23%……

据文旅部测算,假日期间,国内旅游接待总人数 1.95 亿人次,实现旅游收入 1 176.7 亿元。消费额在 501～1 000 元的游客比例最高,占 38%。旺盛的出游需求让 2019 年小长假旅游消费市场十分火爆。

越来越多的家长带孩子走进博物馆、艺术馆等公共文化场馆,周边、文创产品成亲子游"新宠"。而随着各大景区基础设施及服务质量的提升,极具特色的网红酒店带动游客打卡住店,享受休闲度假时光的酒店游不断兴起。2019 年小长假比以往多了一天,让长途游有了绝佳时机。游客平均外出停留 2.25 天,较清明假期增长 9.5%。

业内人士认为,亲子游、酒店游、长途游大大拉动了文化、休闲、乡村、餐饮等消费,个性化、多元化体验正成为小长假旅游市场新热点。

(资料来源:《人民日报》)

(三)其他影响因素

除了可自由支配收入和充足的闲暇时间外,还有其他因素也影响着旅游者的产生。

1. 社会因素

(1)旅游交通的完善程度。旅游交通条件制约着旅游目的地的可进入程度,如果旅游交通条件无法满足旅游者进入,那么就会极大地影响旅游者的旅游兴趣和倾向。

(2)旅游地政府对发展旅游业的重视程度。政府是否重视旅游业的发展,不仅决定了当地旅游业的发展程度,同时也影响了当地居民对旅游行业的认知。

2. 政治因素

旅游业具有脆弱性的特点,非常容易受到战争、自然灾害、恐怖袭击等各类问题的影响。例如,汶川地震对四川地区的旅游业发展影响很大,震后,不仅九寨沟、都江堰等景区受到了影响,甚至去四川省旅游意愿的旅游者也减少了。

3. 个人因素

(1)年龄。不同年龄阶段的人们在经历、体力、身体状况等各方面都不同。18 岁以下的青少年虽然体力充沛,但是学业压力较大,因此,成为旅游者的概率就大大降低。18～35 岁的青年人以及 35～55 岁的中年人在身体状况、经济实力等各方面的条件产生出游需求的可能性最大。而老年人虽然在闲暇时间和可自由支配收入方面都比较充足,但是由于受到身体健康状况的影响,导致外出旅游存在着许多不便。

(2)身体健康状况。旅游活动往往涉及要乘坐飞机、轮船,还要爬山、乘坐缆车等活动,有的活动具有一定的危险性和刺激性,因此,对健康的要求程度也比较高。

(3)家庭人口结构。很多调查情况表明,家中有 4 岁以下婴儿的家庭外出旅游的可能性很小。这一方面是由于婴幼儿需要特别的照顾,比较麻烦;另一方面也是因为外出旅行时,也很不容易找到适合婴儿生活所需要的特殊接待设施。

(4)受教育程度。一个人的受教育程度与对精神层次的需求程度往往成正比。因此,受教育程度较高的人往往更加追求精神生活方面的享受,他们更喜欢以旅游活动来放松身心、开阔视野,所以,对旅游服务需求的程度更高。

二、旅游者产生的主观条件

一个人有了旅游支付能力、闲暇时间,并且家庭状况和身体状况也允许,能不能实现旅游活动,还要看他是否具有旅游的动机和强烈的愿望,也就是旅游发展的主观条件。

(一)旅游需要

旅游需要是旅游者出游的内驱动力。需要分为生理和心理的需要,也可以说是物质和精神的需要。人们不但有对温饱、安全、生存和繁衍等方面的基本需要,而且有对社交、文化、娱乐、理想实现等方面的高层次需要,而旅游可以缓解精神的压力。

旅游是高层次的精神文化需要,是超脱一般生理需要的高级需要形式,是社会发展到现代文明阶段的产物。原始人和从前很传统的人只有在极端情况下才离开自己的出生地。然而,现代人对自身环境的依附已有了很大的松动,他更愿意改变环境,尤其是暂时性的,并且有更强的能力去适应新环境。他对新鲜的事物、景观、习俗和文化很感兴趣,逐渐地,一个新价值观形成了,即崇尚新奇的经历,这种经历使今天的人们感到兴奋、愉快、满足。因为旅游所满足的需要应属于心理需要的范畴,只有社会的文化水平在精神和物质方面提高到一定层次后,才能为人们创造出生活富裕、时间充裕和信息发达的旅游条件,旅游才能真正以需要的形式在人们的心理上成为一种追求的对象。

(二)旅游动机

一旦某种旅游需要被认知,就会以旅游动机的形式表现出来。旅游动机作为推动一个人进行旅游活动的内部动因,是进行和维持旅游活动的一种心理状态,是旅游需要的具体化和表现形式。

1. 旅游动机的概念

旅游动机是直接驱动人们外出旅游的内部驱动力,在旅游动机的驱使下,人们确定旅游目标后采取行动,使旅游需要得到满足,从而消除紧张。它是由旅游需要所催发、受社会观念和规范准则所影响、直接确定具体旅游行为的内在动力源泉。

2. 旅游动机的类型

在对旅游动机的研究中,许多国家的政府机构和旅游组织都做了调查工作,关于旅游动机类型的划分问题,国内外的学者持有不同的观点。比较有影响的观点有以下几种。

(1)根据旅游的目的进行分类。美国的著名旅游学者罗伯特·W.麦金托什把一些具体旅游动机分为四大类型。

① 身体方面的动机包括为了调节生活规律、促进健康而进行的度假休息、体育活动、海滩消遣、娱乐活动,以及其他直接与保健有关的活动。此外,还包括遵照医嘱或医生建议做异地疗养,洗温泉浴、矿泉浴,做医疗检查以及类似的疗养活动。属于这方面的动机都有一个共同特点,即通过与身体有关的活动来消除紧张。

② 文化方面的动机是人们为了认识、了解自己生活环境和知识范围以外的事物而产生的动机,其最大的特点是希望了解异国他乡的情况,包括了解其音乐、艺术、民俗、舞蹈、绘画及宗教等。

③ 人际方面的动机是人们通过各种形式的社会交往,保持与社会接触,包括希望接触他乡人民、探亲访友、逃避日常的琐事及惯常的社会环境、结交新友等。

④ 地位和声望方面的动机主要与个人成就和个人发展的需要有关。属于这类动机的旅游包括事务、会议、考察研究、追求业余癖好以及求学等类型的旅游,旅游者可以通过旅游实现自己受人尊重、引人注意、被人赏识、获得好名声的愿望。

(2)根据旅游者的需要和形式进行分类。旅游者的具体旅游活动复杂多样,同一种动机可以产生不同的活动,不同的动机也可以产生相同的活动。根据所列出的旅游活动,我们也可以发现这些复杂的旅游活动主要产生于四种动机,即消遣动机、刺激动机、情感动机和发展动机。

① 消遣动机。随着生活水平的不断提高,旅游越来越成为人们调剂生活的方式,用于提高生活品质,而旅游中娱乐、消遣、游玩这些基本因素正好迎合了人们的这一追求。游客之所以会选择旅游,是因为在一个自己习惯的环境里工作、学习、生活,让人感到厌倦和疲惫,这就产生了调节需要,而且达到了一定的强度,这时旅游动机就随之而来,旅游者就会从自身长期居住的地方到一个新的环境去做一个短时间的逗留。在全新的生活中充分地去享受自由、释放压力,去观赏异地风光,观察异地特色,体验异国风情,使身心得到放松、休息和更好的恢复。

② 刺激动机。旅游者在得到身心的放松之后,就想寻求一些刺激,如探险和蹦极等;而更多的旅游者希望通过空间的转移,了解国内外各方面的知识,考察不同国家、不同民族的不同生活制度,以寻求新的感受、新的刺激。现代社会,追求刺激的人越来越多,有时经历过死亡,绝对会比一般人更加明白生命的真谛。所以,或许很多人不是为了简单地装勇敢,而是在某一些方面遇到了瓶颈,需要做一些事情来打破僵局。

③ 情感动机。走亲访友,结识新朋友,这种情感动机也是旅游的一个很重要的动机。在旅游的过程中,旅游者希望能够结识一些朋友,从而建立友情、发现爱情,暂时摆脱在现实生活中的人际关系,或许还可以在旅途中建立商务伙伴关系。

④ 发展动机。旅游者从熟悉的环境到一个崭新的环境是为了发展。旅游者在身处异地的文化氛围中,就会有不一样的见解,会得到以前不曾有过的知识,培养更多的兴趣,掌握新的技能,收获新的发展思路。这样,当再回到原来的工作岗位时就会产生新的认知、新的见解,从而不断地发展自身潜力。

3. 旅游动机的作用

旅游动机的产生具有以下作用。

(1) 推动旅游者创造必要的旅游条件。已经形成的旅游动机会推动旅游者对自己的日常工作和生活作出某些必要的安排,调节自己生活的节奏,准备旅游所需要的相对集中的闲暇时间,调整经费的使用方向,为旅游筹集所必需的费用,以及准备旅游中所需要的其他客观条件。

(2) 促使旅游者收集、分析和评价旅游信息。旅游者在旅游动机的推动下,将从各种渠道及各个方面收集各种旅游信息,分析旅游信息的内容以及旅游信息来源的可靠程度,对旅游信息进行筛选、对比、评价,并把它们作为旅游选择的依据,最终作出旅游决策。

(3) 支配旅游者制订具体的旅游计划。在旅游动机的支配下,旅游者将把所获得的旅游信息与自己所需要的内容进行比较对照,对不同的旅游项目进行取舍,选择最能满足旅游者需要的旅游项目和最有利于实现旅游动机的旅游方式,制订包括具体的旅游景点、旅游线路、旅游方式和旅游时间安排等内容的旅游计划,为旅游活动做好准备。

(4) 引发和维持旅游行为趋向预定的旅游目标。旅游活动是一个包括多方面内容的、需要经历一定时间的演进过程,在旅游活动过程中会遇到各种不同的情况,旅游者在旅游动机的支配下,对符合旅游期望和目标的活动与条件产生积极的态度,对不符合旅游期望和目标的活动与条件则产生消极的态度,从而不断地调整自己的旅游行为,克服在旅游过程中遇到的困难,使自己的旅游行为向着实现预定的旅游目标的方向进行。

(5) 作为主观标准对旅游活动进行评价。在具体的旅游活动过程中,旅游动机也是旅游者衡量旅游效果、进行旅游评价的主观标准。旅游的实际内容以及旅游经历是否符合旅游动机的期望和目标、符合的程度如何以及是否有超出期望以外的内容,都会使旅游者产生不同性质和不同程度的心理体验。旅游者会根据这种心理体验对旅游的内容和活动方式进行各种各样的评价,这些旅游评价将作为一种经验储存在旅游者的记忆之中,影响着他对该项旅游活动的态度和今后对旅游活动的选择倾向。比如,旅游活动中积极的旅游感受、美好的景点印象,不但成为促进新的旅游活动的积极的心理因素,而且可能使旅游者产生来此地重游的旅游动机。

4. 影响旅游动机形成的因素

(1) 个人心理因素。在影响旅游动机的个人方面的因素中,一个人的个性心理特征起着重要的作用,不同个性心理特征的人有着不同的旅游动机,进而产生不同的旅游行为。旅游学者十分重视从心理学角度来分析游客的旅游动机和对旅游目的地的选择。其中具有代表性的是美国心理学家斯坦利·帕洛格提出的五种心理类型模式,这五种心理类型分别被称为自我中心型、多中心型、中间型、近自我中心型、近多中心型。

在这个心理类型连续体上(见图3-3),一个人的心理类型距离多中心型越近,外出旅游的可能性就越大,并且其选择的旅游目的地的冒险性和陌生性就越大;影响方向始终是由右向左,是不可逆的。

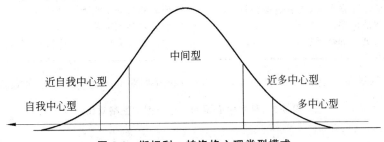

图3-3　斯坦利·帕洛格心理类型模式

① 自我中心型。自我中心型的人,特点是谨小慎微、多忧多虑、不爱冒险,最强烈的旅游动机是休息与放松。在行为表现上,这一类型的人喜安逸,好轻松,活动量小,喜欢熟悉的气氛和活动,理想的旅游是一切都事先安排好的旅游,比较欣赏团体旅游的方式,旅游的习惯做法是乘车到他所熟悉的旅游地。自我中心型游客的特征及对旅游活动的影响如表3-1所示。

表3-1　自我中心型游客的特征及对旅游活动的影响

自我中心型游客的特征	对旅游活动的影响
① 思想上较封闭,不愿寻求新的观念或新的经历 ② 在日常生活中比较谨慎和保守 ③ 在花钱方面比较节制 ④ 偏好购买流行的名牌消费品 ⑤ 对待日常生活缺乏自信和主动性 ⑥ 往往仰仗权威人士指引他们的生活 ⑦ 在日常生活中比较被动,缺乏进取精神 ⑧ 喜欢规规矩矩、按常规办事的生活方式,偏好恋群,喜欢在亲友等熟人中生活	① 谨小慎微,多忧多虑,不爱冒险 ② 出游频率不高 ③ 在外出旅游时倾向于选择距离比较近、自己比较熟悉的旅游目的地,特别倾向于那些传统的旅游热点地区 ④ 在旅游目的地逗留期间花费较少,往往会选择自己熟悉的娱乐活动,喜欢购买标志某一国家或地区的旅游纪念品或装饰品 ⑤ 喜欢故地重游

② 多中心型。多中心型的人,特点是思想开朗,兴趣广泛、多变。在行为表现上,这一类型的人喜新奇,好冒险,活动量大,不愿随大流,喜欢与不同文化背景的人相处,喜欢到偏僻的、不为人知的旅游地体验全新的经历,喜欢飞往目的地。这类人虽然也需要旅游业为他提供某些基本的旅游服务,如交通和住宿,但是更乐于有较大的自主性和灵活性,有些人甚至会尽量不使用或少使用旅游企业的服务和产品。多中心型游客的特征及对旅游活动的影响如表3-2所示。

表 3-2　多中心型游客的特征及对旅游活动的影响

多中心型游客的特征	对旅游活动的影响
① 天性好奇,喜欢探索周围的多样性世界 ② 做事当机立断而不犹豫 ③ 在花钱方面比较随意 ④ 喜欢选择刚上市不久的新产品 ⑤ 在日常生活中充满自信和个人活力 ⑥ 靠自己去指引自己的生活 ⑦ 在日常生活中非常主动,具有进取精神 ⑧ 喜欢充满挑战的多样化工作 ⑨ 偏好个人独处和静默沉思	① 思想开明、兴趣广泛、富有胆量 ② 外出旅游的频率较高 ③ 倾向于选择那些地处遥远、文化差异大,甚至不为人知的目的地,特别不喜欢随大流地去那些旅游热点地区 ④ 一般在旅游目的地逗留的时间较长,花费较多,他们喜欢分享当地的风俗习惯,喜欢购买真正的艺术品和工艺品 ⑤ 每年都会去寻找新的旅游目的地

自我中心型和多中心型代表处于两个极端的两种对立的性格,其对比如表 3-3 所示。

表 3-3　自我中心型和多中心型的性格对比

自我中心型	多中心型
① 喜欢熟悉的旅游目的地 ② 喜欢常规性的旅游活动 ③ 喜欢阳光明媚的旅游场所 ④ 活动量小 ⑤ 喜欢驾车前往旅游地 ⑥ 喜欢有完善的旅游设施 ⑦ 喜欢有熟悉的气氛 ⑧ 全部日程都要事先安排好	① 喜欢去不熟悉的旅游地区 ② 喜欢获得新鲜经历和享受新的喜悦 ③ 喜欢新奇的不寻常的旅游场所 ④ 活动量大 ⑤ 喜欢乘飞机前往旅游地 ⑥ 只求一般的饭店 ⑦ 喜欢与不同文化背景的人会晤、交谈 ⑧ 希望只安排基本的旅游活动,有充分的自主时间

③ 中间型。中间型的人,特点是不明显的混合型,介于两个极端类型之间,对旅游目的地的选择通常不苛刻,该类型的人一般都会避免选择传统的旅游热点或风险很大的待开发地区。

④ 近自我中心型、近多中心型。近自我中心型、近多中心型则分别属于两个极端类型和中间型中略倾向于各极端特点的过渡类型。

帕洛格的这一模型虽然大体上将人按个性心理特征划分为五种主要类型,但是划分并非绝对,他也肯定了人在心理上存在某种连续性,表现在行为上就是人的行为具有明显的弹性或灵活性。

(2) 其他方面的个人因素,包括年龄因素、性别因素和文化程度等。

① 年龄因素。年龄因素对旅游动机也产生影响。年轻人易于接受新思想,活泼好动,对社会和自然界充满好奇,且不愿受到社会环境的约束,多有求新、求知的欲望;中年人生活经历比较丰富,事业有成,经济条件较好,多倾向于求实、求名、求舒适和享受、求自我实现等;人到老年,由于身体状况的原因,旅游动机会大大减弱,多不愿远游,而喜欢清净且方便的目的地。另外,老年人多有怀旧情绪,易于产生归根、怀古、访友等动机。

② 性别因素。现实社会中,由于男女在家庭及社会中地位的差别,会导致旅游动机

的性别差异。如日本男子外出旅游多出于商业目的,而日本女子旅游多为购物。但随着社会的进步,男女差别会越来越小,性别因素对旅游动机的影响必将越来越弱。

③ 文化程度。受教育程度高、文化修养好的人,易于了解和接受新事物,喜欢改变环境,乐于接受新对象,多具有对知识的渴求,对于文化、考古等文化气息较浓的旅游活动易于产生兴趣;受教育程度较低者,由于对外界事物缺乏了解,对陌生环境适应能力相对较差,易产生不安全感,对于远行会产生种种顾虑,因而多选择较熟悉的旅游目的地和旅游景点。

 知识链接

小厕所连着大民生

从 2015 年开始,我国通过政策引导、资金补助、标准规范等手段持续推进"旅游厕所革命",最终实现旅游景区、旅游线路沿线、交通集散点、旅游餐馆、旅游娱乐场所、休闲步行区等处的厕所全部达到三星级标准,并实现"数量充足、卫生文明、实用免费、有效管理"的要求。文化和旅游部先后制定了《全国旅游厕所建设管理三年行动计划》和《全国旅游厕所建设管理新三年行动计划(2018—2020)》。经过几年的努力,我国旅游厕所取得了量的突破和质的提升,主要成效表现为厕所革命已经成为一项全社会广泛关注的全局性、系统性工程;厕所革命领域向广大农村和中西部贫困地区拓展;厕所运营管理水平和服务质量明显提升;旅游厕所科技化、智能化水平有新突破;文明如厕宣传逐步常态化。

小厕所连着大民生,推进旅游厕所革命是推动全域旅游高质量发展的必然要求,也是新时代人民美好生活的一项基础保障。推动旅游厕所管理向更高水平迈进,将厕所革命作为 A 级旅游景区、旅游度假区、特色旅游目的地等创建和评定的必备要素。进一步强化厕所革命技术研发和应用,广泛、深入、持久开展文明如厕宣传活动,统筹推进文化和旅游公共服务融合发展方面,进一步提高公共服务效能,提升人民群众获得感幸福感,不断完善体制机制,让游客在旅游的整个过程中都能感受到旅游的愉悦和美好。

(资料来源:央广网)

任务三　旅游者的类型

旅游者是旅游活动的主体,因此,要想为旅游者设计优秀的产品,提供优质的服务,必须充分了解旅游者的特点,这也是旅游企业开发、营销、经营工作的重要一环。根据旅游者的出游目的,可以将旅游者分为九种类型。

一、消遣型旅游者

消遣型旅游者是指以娱乐、消遣求得精神松弛为主要目的而离开常住地外出旅行的旅游者。由于消遣型旅游可以调节人们的生活节奏,摆脱紧张工作带来的烦恼,因此,这类旅游者正在不断增多,在发达国家的所有旅游者中,消遣型旅游者所占比重最大。

消遣型旅游者具有以下特点。

1. 在旅游者中占比最大

目前,就整个世界旅游情况来看,消遣型旅游者在全部旅游者中所占的比重最大。在我国,不仅是国内游客,单是入境客人中,绝大多数也是消遣型旅游者。虽说经济发展促成了差旅型旅游者数量的增加,但从历年《中国旅游统计年鉴》公布的数字可以得出消遣型旅游者占有绝对多数的规律。

2. 旅游季节性强

消遣型旅游者都是利用寒暑假、节假日出游,气象、气候对旅游资源的审美价值会产生一定影响,从而形成旅游资源地淡旺季周期变化的现象。即使有带薪假期,人们也多愿选择在旺季出游。

3. 对目的地和出游时间选择余地大

如果旅游过程中临时得知旅游地信息或某旅游目的地突发事件,消遣型旅游者便会临时改变旅游计划或增减旅游项目。

4. 外出时间长

出于价值观的考虑,虽说这类旅游者对每一地停留时间都会精打细算,但他们总是愿意游览更多的旅游地,这使得一次外出时添加的目的地较多,导致外出总时间相对较长。

5. 对价格敏感

由于自费的缘故,消遣型旅游者最为关心的是旅游产品货真价实。即使已到达旅游目的地,如果发现某项旅游产品价格过高或质量过低,则会临时停止消费。

二、差旅型旅游者

差旅型旅游者是指以完成公务为主要目的,在一定的时间内到一定的地点出差的旅游者。这种旅游者参加的旅游项目主要有商务旅游、会议旅游、展览旅游、奖励旅游等,地点一般都在旅游胜地或经济发达、交通便利的大城市。

这类旅游者是旅游业的另一重要市场。随着各国经济、科技和文化的发展,国际贸易持续增长,各国之间在经济、技术和文化方面的交流也日益频繁。这些都导致了国际及地区间人员交往数量的增加。自我国实行改革开放政策以来,每年前来我国办理商贸事务及参加各种会议的国际人士不断增加,因而已构成我国旅游业不可忽视的重要市场部分。

差旅型旅游者具有以下特点。

1. 个人出行次数频繁

一般因公务出差往往是一个人或者为数不多的几个人一起外出,而很少会有几十个人甚至几百个人一起出行,对于一些商务人士,他们往往出行频繁,甚至一年有 2/3 的时间都在出差。

2. 季节性影响小

这主要是因为差旅型旅游者的出行目的是源于工作业务的需要。

3. 对目的地和外出时间的选择性较小

在规定抵达时间限制较紧的情况下,他们没有任意选择旅行方式的自由,外出的任务要求决定了他们的停留时间须服从计划。

4. 一地停留时间不长

大多数出差者都会在目的地抓紧机会进行观光游览活动。而差旅从成本角度考虑,首先要求完成任务,所以不太计较目的地停留时间。但差旅多表现为两地直接往返,旅游者不可能沿途多点停留,这使得旅游者一次外出时间不会太长。

5. 对价格不敏感

差旅是出于工作目的,不少活动项目可以报销,所以出差者多会根据规定标准对旅游服务项目和档次以及消费标准提出相对较高的要求。

三、观光型旅游者

观光型旅游者是指以观光游览为目的离开常住地外出旅行的旅游者。他们希望通过参观、游览异国他乡的自然景观和人文景观,增长见识,扩大视野,获得一些美好、特殊、新奇的感受。在 20 世纪 90 年代以前,观光型旅游者是世界各国最普遍、最常见的旅游者,是旅游者中的主要类型。

观光型旅游者具有以下特点。

1. 观光型旅游者喜欢到知名度高的地方旅游

观光型旅游者喜欢到著名的景点去旅游,如世界八大奇观和我国十大名胜多为旅游者向往的去处。

2. 观光型旅游者在旅游活动过程中花费不大

一方面,由于观光型旅游者外出大多是自费旅游,对价格较为敏感。如果旅游目的地或旅游交通价格较高,旅游者会选择其他的旅游目的地或者改乘另外的交通工具。另一方面,观光型旅游者外出最主要的目的是观光、游览,因而除了在食、住、行、游等方面花费一定的开销外,在购、娱等其他方面的消费比较少。

3. 观光型旅游者出游的季节性十分明显

这主要是由于旅游景观和环境受气候影响,在不同的季节吸引力不同。

4. 观光型旅游者在旅游目的地逗留时间不长且重游率低

这类旅游者出游的目的主要是欣赏风景,由于参与度很低,因此,当欣赏过风景后,旅游者很少会再次选择这个地区,而是在下次旅游时,更换另一种类型的景区或地区去旅游。

四、医疗保健型旅游者

医疗保健型旅游者主要是指那些为达到消除疲劳、增进身体和心理健康、治疗慢性疾病等目的而参加一些有益于身体和心理健康方面的旅游活动的旅游者。

医疗保健型旅游者具有以下特点。

1. 老年旅游者为主要人群

随着中国人口老龄化问题的日趋显著,越来越多的具有一定实力的老年人喜欢以疗养为目的的旅游活动,因此产生了一大批"候鸟式"老年旅游者,他们夏季在东北避暑,冬季则到海南避寒,这样一年四季的温差较小,而海南的空气质量又非常理想,对老年人的身体健康和疾病的恢复有非常好的效果。

2. 停留时间较长

由于是以疗养和保健为目的的旅游活动,因此,医疗保健型旅游一般持续的时间短则一周,长则一个月甚至几个月,这样才有比较理想的效果。

五、文化型旅游者

文化型旅游者是指为追求精神文化需求的满足而外出旅行游览的人。该种类型的旅游者外出的主要目的是通过旅游观察社会、体验民族风俗、了解异地文化,以丰富文化知识、增长见识,如历史文化旅游、民俗文化旅游、艺术旅游、寻根旅游、考古旅游、工业旅游、农业旅游、修学旅游等。我国有五千年的文明史,56 个民族,文化旅游资源非常丰富,吸引了大批的国外游客到我国旅游。近些年来,我国已接待了数百批进行文化旅游的游客,如汉语学习团、针灸学习团、中国烹饪学习团、养蜂考察团以及书法绘画交流、医学交流、法学交流、蒸汽机车爱好者团等。

文化型旅游者具有以下特点。

（1）他们具有较高的文化修养和较强的求知欲。

（2）多数旅游者具有专长和特殊兴趣,期望在旅行中能与同行切磋交流,相互启发,解决自己在研习中遇到的问题。

（3）对导游的文化知识基础有较高的要求,对日程安排的周密性和旅游线路的科学性比较敏感。

六、家庭事务型旅游者

家庭事务型旅游者是指以探亲访友、出席婚礼、参加开学典礼等涉及处理个人家庭事务为目的而外出的旅游者。

家庭事务型旅游者具有以下特点。

（1）这类旅游者的出游没有固定的季节性。对于探亲访友的旅游者来说,他们不大可能利用工作时间出游,而需要利用带薪假期和传统的节假日出行。这些时间的分布对不同民族、不同国家的人而言又是不同的,对于出席婚礼、参加毕业典礼等社会活动的旅游者来说,其出游时间要受到这些家庭事务时间的限制。因此,总体上,这一部分旅游者的出游没有什么季节性。

（2）由于该类旅游者多是自费旅游,因此,大多对价格比较敏感。

（3）在对目的地的选择上,该类旅游者基本上没有自由度。

（4）食宿大多由亲朋好友联系安排,散布于民舍家居,难以统计,从而影响旅游统计的准确性。

七、宗教朝觐型旅游者

宗教朝觐型旅游者是指以朝圣、拜佛、求法、取经或宗教考察为主要目的的旅游者,这是世界上最古老的一种旅游者类型。图 3-4 为沙特麦加朝觐的场面。

图 3-4 沙特麦加朝觐

全世界现有各种宗教徒近 40 亿,占世界总人口的 2/3。其中,基督教徒有 16 亿,伊斯兰教徒有 8 亿,佛教徒有 3 亿,他们构成了宗教旅游者的主体。

宗教朝觐型旅游者具有以下特点。

(1)出游的目的地主要是各地的宗教圣地。例如,伊斯兰教圣城麦加每年吸引 200 多万穆斯林朝觐;中国被称为佛教的第二故乡,古寺庙宇遍布名山胜地,每年到我国普陀山、九华山、峨眉山、五台山、天台山等佛教圣地进行朝拜、"还愿"的国内外游客也是络绎不绝。

(2)出行时间比较固定。一般都是按照宗教教义的规定,按时进行朝觐。

(3)由于对宗教的虔诚,这类旅游者的回游率一般较高。

(4)对宗教旅游者的接待,多根据宗教教义的规定,以相应的宗教形式进行,使宗教旅游者在精神和形式上获得归属感。

八、购物型旅游者

购物型旅游者是指以购物为主要目的的旅游者,这类旅游者的出现是社会经济发展、交通发达、人民生活水平不断提高的结果。

购物型旅游者具有以下特点。

(1)购物型旅游者不仅关注目的地商品的丰富程度、特色品种和价格高低,还关注购物的社会支持环境,如交通和进出境的便利程度。同时,也注重目的地的旅游资源,使自己在满足购物欲的同时,还能进行观光游览活动。

(2)购物型旅游者一般来自经济发达或比较发达的国家和地区,他们对旅游产品的价格不大敏感,而对旅游目的地欲购物品的价格比较敏感。

（3）一般季节性不强，全年均可进行购物旅游活动。

（4）旅游消费总量较大，经济效益可观。

 **知识链接**

点亮文化旅游"夜经济"

旅游"夜经济"，能否"越夜越美丽"？近年来，夜间旅游成为热门话题，也成为一些城市亮丽的名片。夜间旅游是一种新的文旅产业发展模式，既让传统旅游资源焕发新活力，也创造出新的旅游吸引点和文化旅游产品；既可以提升城市、景区旅游资源和非传统旅游资源的利用效率以及使用价值，也能够提升游客的时间利用率和旅游体验度。

世界知名的里昂、悉尼灯光节，风靡于巴黎等地的白夜节，让城市成为多彩梦幻的不夜天。与此同时，国内也掀起了夜间旅游发展热潮，夜游东湖成为武汉市民及往来游客享受"世界级慢生活"的新时尚，温州瓯江滨水夜游综合体作为夜间旅游新模式的示范项目获得两项吉尼斯世界纪录。

精彩纷呈的夜间旅游能为城市带来经济、社会、人文等多重价值，从而为游客提供一种焕然一新的体验，进而延长游客停留时间，拉动夜间旅游消费。据中国旅游研究院统计，温州瓯江滨水夜游项目融合光影山水秀、光影渔人码头、光影游船、光影礼堂等多种形式，成为夜间旅游创新的最新尝试；武汉夜游同样表现不俗，"长江灯光秀"带火两江游览；延安旅游业在大型城市灯光秀《延安颂》的带动下实现井喷式发展。

"天黑不打烊"，夜间经济成为重要的消费担当。"夜经济"的蓬勃发展是我国居民休闲消费水平不断提升、延展消费时空和内容的结果。

（资料来源：人民网）

九、特种型旅游者

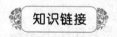 **知识链接**

自助游玩享自由

2013 年 10 月 1 日，《中华人民共和国旅游法》正式实施，它的出台导致各大旅行社长短线旅游跟团价格都出现了较大幅度的上涨，由此促使很多原计划跟团游的群体纷纷调转船头，转向自由行、自助游的大军，直接催热自由行产品，家庭游、亲子游和自驾游成为旅游的主导类型。游客选择自由行，不仅可以享受在线旅游企业提供的相对实惠的机票及酒店住宿等服务，还能根据自己的需求选择自由行，按照自己的意愿随性游玩，让旅游真正回归本质，让旅游价格"回归正常"。

很多业内人士认为，一方面，随着日益崇尚自我的时代的来临，人们不再满足于跟团的出游方式，越来越多的人开始选择自助旅游，充分实现自己的个性需求，寻求与众不同的旅游体验。另一方面，随着国人的经济条件日益改善，人们对休闲的需求日盛，很多人也具备了一定的旅行经验，交通、住宿等方面的紧张局面也有所缓解，这些无疑都对中国自助旅游的发展提供了客观条件。在未来旅游市场里，互联网将能提供旅游者需要的一切服务,更多的人将不满足于旅行社的传统组团方式,个性化服务的要求会越来越多。

随着国内旅游市场的持续繁荣和从观光游向休闲游的转变,自由行、半自由行逐渐代替团队游成为出行的主要方式,这类游客更愿意自己定制行程、预订酒店和机票,喜欢随心所欲的旅行方式。自由行、自助游成为旅游者主要的出游方式。

特种型旅游是一种新兴的旅游形式,是指那些喜欢参与性、体验性强的旅游产品或活动的旅游形式,如生态旅游、健身旅游、探险旅游等。

特种型旅游者具有以下特点。

1. 对旅游目的地或活动有特殊要求

特种型旅游者对旅游目的地的特色、环境等都有较高的要求,一般要求必须具有较强的原始性,要求保持原汁原味。

2. 对旅游体验方式有特殊要求

在旅游体验方式方面,特种型旅游者倾向于自主性、个性化、目的性,要求在运动中感知外部世界,在冒险中得到精神上的满足,注重追求自我价值的实现,从而得到一种全新的体验。

3. 对旅游服务人员有特殊要求

由于特种型旅游者具有自主参与的特点,因此,旅游服务人员所设计的旅游项目和活动,应该尽可能地为旅游者提供完善的旅游服务。同时,也要为旅游者留出自我选择的余地,根据旅游者的实际需要,可以对产品的数量、特色和品质等方面适当修改,在项目和活动实施过程中,必须精心安排并保证安全。

 知识链接

中方代表团出席第六届二十国集团旅游部长会议

2015年9月30日,第六届二十国集团旅游部长会议在土耳其安塔利亚举行。来自阿根廷、巴西、加拿大、法国、印度、意大利、日本、墨西哥、韩国、沙特阿拉伯、土耳其、英国、美国等二十国集团成员的旅游部长和代表以及联合国世界旅游组织、国际劳工组织、经济合作与发展组织、世界旅游业理事会和部分受邀国家及组织的代表出席会议。联合国世界旅游组织秘书长塔勒布·瑞法依和土耳其文化和旅游部部长托楚出席并致辞。

本次会议的主题是"旅游,中小企业与就业",与会部长围绕这一主题,就旅游业在创造就业、消除贫困、促进性别平等、增加青年就业以及如何帮助微、中、小企业参与全球经济价值链,实现包容性增长与发展等方面进行了深入探讨和交流。

中国代表杜江在发言中从"发展乡村旅游与创造就业和发展乡村旅游与实现消除贫困目标"两个方面重点介绍了中国的做法和实践。他指出,随着中国大众旅游时代的到来,旅游业发展势头强劲,对经济增长的拉动作用日益明显,特别是乡村旅游在增加就业容量、实现农村地区脱贫致富、促进包容性发展的广泛参与和成果分享方面表现突出。2014年,中国共有"农家乐"超过190万家,乡村旅游特色村10万个,接待游客12亿人次,约占全国旅游接待总人数的1/3,直接从事乡村旅游的农民达3 300万人,乡村旅游收入达3 200多亿元,同比增长15%。2011—2014年,中国10%的贫困人口,即超过1 000万人通过旅游脱贫。未来,中国的目标是,通过发展旅游带动全国17%的贫困人口实现脱

贫。预计2015—2020年,通过旅游脱贫人口将达1 200万。杜江特别邀请与会部长及代表出席将于2016年5月18—21日在北京举行的首届世界旅游发展大会,共商世界旅游业发展大计。

瑞法依致辞时说,旅游业占全球GDP的10%。2014年国际旅游出口,包括旅客运输在内,达到了1.5万亿美元,占全球货物和服务出口的6%,服务出口的30%。在联合国全体大会刚刚通过的"可持续发展目标"(SDGs)中有三项目标涉及旅游业,可以说旅游业作为创造就业及促进经济增长与发展的有效手段这一地位和作用得到各国政府和国际社会的一致认同。

托楚在致辞中表示,旅游业不仅在本行业内,还为其他产业创造了各种就业机会,特别是为妇女和青年人创造就业与创业的机会明显高于整个经济的平均水平,同时由于对技术和资金的要求低,旅游业为微、中、小企业的发展提供了更多的可能。二十国集团经济体需要通过发展旅游业创造更多的、体面的工作,从而为经济持续增长和社会福祉奠定牢固的基础。

会上,联合国世界旅游组织和国际劳工组织发布了《旅游促进就业》调查报告。会议审议通过了第六届二十国集团旅游部长会议宣言。

(资料来源:中华人民共和国旅游局网)

课后习题

一、思考题

1. 什么是旅游者?
2. 成为旅游者需要哪些条件?
3. 国际旅游者包括哪些人群?
4. 什么是旅游动机?旅游者的旅游动机可分为哪些类?
5. 根据出游目的,旅游者分为哪几种类型?各自具有哪些特点?

二、分析题

老年人选"候鸟式"旅游

如今,"冬飞海南、夏飞东北"已成为老年人流行的一种旅居养老方式,通过旅游换个适宜的环境放松身心已成为部分老人的养老诉求。老年旅游已经逐渐走向一种新的发展趋势,老年人出游主要从旅游目的地的气候、地理条件、舒适度等因素考虑。

随着人口老龄化时代的到来,高收入老人的比例在不断提高,加上退休金的提高,老人们有了一定的经济实力,且相比年轻人有大量的闲暇时间,在身体状况允许的情况下,老人们都有强烈的出游需求。旅居养老方式比观光更有提升,到气候更适宜的地点休闲疗养、旅游居住已成为一种趋势。

(资料来源:《金陵晚报》)

讨论:请深入分析出现"候鸟式"老年旅游者的原因。

项目四
旅游资源

引导案例

黑龙江精准营销　打造产品体系

2019年夏天,黑龙江制定了以全省森林资源为主、湿地资源为辅的品牌推广策略;启动上海、武汉、长沙、重庆等客源地推广,省内哈尔滨、齐齐哈尔、牡丹江、佳木斯、伊春、大兴安岭六地赴重点客源地展开推介;推出了森林避暑、湿地畅游、湖泊休闲、火山康养、迷人哈夏等十大主题文旅产品和华夏东极、神州北极、火山森林、双湖秘境、探寻古驿路等十条精品旅游线路。同时,按照"一城四线"产品指导思想,结合2019年"龙江'森'呼吸,凉爽'林'距离"夏季文旅品牌,策划了夏季旅游产品体系,包括哈齐高铁生态城市风情线、哈牡高铁避暑康养度假线等高铁观光游,中国两极穿越、寻迹百年中东铁路等自驾休闲游。

（资料来源：黑龙江省文化和旅游厅官网）

旅游资源是构成旅游活动的客体,是旅游发展的载体,是一个国家和地区发展旅游业的基础与条件。一个国家或者地区旅游业的发展水平如何,从根本上说,要取决于其旅游资源的特点和丰富的程度,取决于旅游资源开发的程度以及是否能妥善处理好旅游开发同环境保护之间的关系。

任务一　旅游资源概述

旅游资源是激起旅游者各种旅游活动最直接的重要因素,是旅游业赖以生存和发展的重要物质基础与前提条件。当今世界旅游市场竞争激烈,旅游业发达国家和地区都千方百计地开发、利用和保护旅游资源,以招徕源源不断的旅游者,促进当地经济的发展。那么,什么是旅游资源? 它有哪些特征?

一、旅游资源的概念及其基本属性

（一）旅游资源的概念

旅游资源的内涵十分丰富,由于学术背景、研究角度不同,关于旅游资源的界定也各不相同,以下几种说法较有代表性。

(1) 凡能激发旅游者的旅游动机,为旅游业所利用,并由此产生经济效益与社会效益的因素和条件即称为旅游资源。

(2) 凡能为人们提供旅游欣赏、知识乐趣、度假休闲、娱乐休息、探险猎奇、考察研究以及人们友好往来和消磨时间的客体与劳务,都可称为旅游资源。

(3) 凡对旅游者具有吸引力的自然存在和历史文化遗产,以及直接用于旅游目的的人工创造物等皆称为旅游资源。

尽管它们各自的出发点和强调的重点有所不同,但就旅游资源的基本属性而言,大体上是一致的。首先,旅游资源具有激发旅游者动机的吸引性。这是旅游资源最大的特点,也是旅游资源理论的核心。其次,旅游资源必须依托于一定的地域空间,并满足人们的某种需要。最后,无论是具体形态的旅游资源,还是依附于物质景观的精神文化旅游资源,都因其客源的流动而为当地带来经济效益和社会效益。

基于以上的认知,我们可将旅游资源定义如下:旅游资源是指能够激发旅游者旅游动机,为旅游业所利用,并能产生经济效益、社会效益和生态效益的自然的、人文的各种因素与条件的总和。

（二）旅游资源的基本属性

1. 旅游资源可以是物质的,也可以是非物质的

物质的和非物质的因素都可以成为现代旅游活动的客体,如自然风光、动物和植物、

文物古迹、园林建筑、民族风情等是物质性旅游资源;同物质景物结合的古圣神迹、民间传说和名人逸事等则属于非物质性旅游资源。如济公和尚的故事是与西湖和灵隐寺紧紧联系在一起的,并为西湖和灵隐寺注入了活的灵魂,吸引了大量的游客。丰富的精神性旅游资源也正是我国旅游资源的优势之所在。

2. 旅游资源作为客体,与主体(旅游者)关系密不可分

对游客的吸引力是旅游资源的根本属性。正是旅游资源对游客的吸引力才使得旅游活动有了最初的可能,令旅游行业得以运作。旅游资源的这一属性也决定了旅游资源开发的重要意义。

3. 旅游资源的经济效益、社会效益和生态效益相互联系、密不可分

旅游资源的效益当然不能仅仅用经济效益来衡量,还应注意社会效益。同时,旅游资源还有对生态环境进行平衡的功能,如茂密的热带雨林,以奇特的景观吸引游客的同时,对全球的生态平衡所起的作用也是不可忽视的。

二、旅游资源的特征

世界各地由于地表自然条件的差异,各地各种自然要素的不同组合,必然构成千差万别的自然景观。同时,世界各地由于民族风貌、历史沿革的不同和社会经济、政治、文化、科技等不同程度的发展,各国各地的文物古迹、历史遗存、时代风貌也就各不相同。旅游资源作为旅游活动的客体,作为可供旅游者进行实地观赏的对象,却有其共同的特征。

1. 价值上的观赏性

旅游资源同一般资源最主要的差别就是它具有美学特征,拥有观赏性的一面。它作为资源所共有的经济性,也是通过观赏性来实现的。对于旅游的主体(旅游者)来说,旅游目的地具有较大的选择性,同时,又具有不可替代性。因此,旅游资源必须具有吸引旅游者的功能,才具有社会意义和经济价值。因为旅游活动最主要的、最基本的内容就是"游"。"游"本身是对美的事物的观赏。无论是名山大川、奇石异洞、风花雪月,还是文化古迹、民族风情等,无不具有可观赏性,并因之成为旅游资源。旅游资源的观赏性越强,对旅游者的吸引力就越大。像我国的万里长城、秦始皇陵兵马俑、桂林山水,埃及的金字塔,古罗马的斗兽场,法国的埃菲尔铁塔,日本的富士山,美国的自由女神像等,都因观赏性较强,成为世界著名的旅游资源,每年吸引着成千上万人参观游览。

2. 空间上的地域性

各类旅游资源总是分布在一定的地理环境或一定的区域之中,这种地域差异性集中体现为各个地区的旅游资源具有不同的特色和旅游景观魅力。加上各个地区历史文化差异,旅游资源性质也有明显的地区差别。因此,不论是自然风光还是人文旅游资源,在空间分布上都存在着鲜明的区域性。一个国家或地区的旅游业是否有成就,在很大程度上取决于能否保持和突出那里的旅游资源的地方特色。

3. 时间上的季节性

旅游资源的季节性是由其所在地的纬度、地势和气候等因素所决定的,因此出现了一年四季景观的变化,使旅游资源具有了动态美。现代旅游业的淡季、平季、旺季之分,主要

就是基于这个原因。当然,各国带薪休假制度对这种季节性变化的影响也越来越大。掌握旅游资源的时间变化规律,对于把握游览观赏时机、制定不同季节的旅游价格,以及开发利用旅游资源等,都具有十分积极的意义。

4. 使用上的永续性

永续性是指旅游资源具有长期供游人使用的性能。一般自然风景和人文景观旅游资源既不能向旅游者出售,也不能转移。旅游者只能前来游览观赏,这就是我们所说的风景出口。旅游者支付的是钱币,带走的只是一种美的享受或美好的印象。这种货币交换也称为无形贸易、无烟工业,旅游资源可以无限地重复使用。当然,旅游也可能带来环境污染,如狩猎、垂钓、品尝风味会消耗掉一部分资源。但只要加强保护管理和清除废物,旅游环境的污染就能得到控制,消耗掉的资源也可以通过自然繁殖、人工饲养、栽培和再生产来加以补充,以达到生态平衡。因此,总的来说,旅游资源是永续的,可以长期使用。但如果保护和管理不当,一旦破坏,就很难再生。所以,加强旅游资源的保护和管理非常重要。

5. 构景上的综合性

旅游资源的各个要素处在相互联系、相互制约的环境之中,不断地产生、变化和发展。例如,风景名胜区常常是将自然风光和寺庙、碑刻等人文景观融合在一起;自然风光则是由山、水、气候、土、动植物等综合自然因素组成的;繁华的城市景观常常是由街道、高楼大厦、商场和熙熙攘攘的人群组成的。一块石头不能构成旅游资源,但如果把石头堆砌成假山园林,则可算作旅游资源。一件古代文物也不能构成旅游资源,但如果把文物集中起来放在展览馆内展出,这就构成了旅游资源。因此,旅游资源应该是一个集合体。

三、旅游资源的分类

根据不同的分类目的,旅游资源可以有多种分类标准和分类方法。

根据旅游资源本身的基本属性,可以将旅游资源分为自然旅游资源和人文旅游资源两大类。有一些学者认为应将社会旅游资源从人文旅游资源中划分出来,形成自然旅游资源、人文旅游资源和社会旅游资源三种;也有学者将旅游资源按科学属性划分为自然景观旅游资源、人文景观旅游资源和服务性旅游资源三个景系(大类)。本书按照中华人民共和国国家分类标准《旅游资源分类、调查与评价》(GB/T 18972—2003)将旅游资源划分为 8 个主类,31 个亚类,155 个基本类型(见表 4-1)。从属性上看,这个分类方法,尤其是 8 个主类的旅游资源仍然是从自然旅游资源和人文旅游资源的角度进行划分的,表 4-1 中前 4 个主类和后 4 个主类都分属人们已知的自然旅游资源与人文旅游资源。

表 4-1　旅游资源分类表

主类	亚　类	基 本 类 型
A 地文景观	AA 综合自然旅游地	AAA 山丘型旅游地、AAB 谷地型旅游地、AAC 沙砾石地型旅游地、AAD 滩地型旅游地、AAE 奇异自然现象、AAF 自然标志地、AAG 垂直自然地带
	AB 沉积与构造	ABA 断层景观、ABB 褶曲景观、ABC 节理景观、ABD 地层剖面、ABE 钙华与泉华、ABF 矿点矿脉与矿石积聚地、ABG 生物化石点

续表

主类	亚类	基本类型
A 地文景观	AC 地质地貌过程形迹	ACA 凸峰、ACB 独峰、ACC 峰丛、ACD 石(土)林、ACE 奇特与象形山石、ACF 岩壁与岩缝、ACG 峡谷段落、ACH 沟壑地、ACI 丹霞、ACJ 雅丹、ACK 堆石洞、ACL 岩石洞与岩穴、ACM 沙丘地、ACN 岸滩
	AD 自然变动遗迹	ADA 重力堆积体、ADB 泥石流堆积、ADC 地震遗迹、ADD 陷落地、ADE 火山与熔岩、ADF 冰川堆积体、ADG 冰川侵蚀遗迹
	AE 岛礁	AEA 岛区、AEB 岩礁
B 水域风光	BA 河段	BAA 观光游憩河段、BAB 暗河河段、BAC 古河道段落
	BB 天然湖泊与池沼	BBA 观光游憩湖区、BBB 沼泽与湿地、BBC 潭池
	BC 瀑布	BCA 悬瀑、BCB 跌水
	BD 泉	BDA 冷泉、BDB 地热与温泉
	BE 河口与海面	BEA 观光游憩海域、BEB 涌潮现象、BEC 击浪现象
	BF 冰雪地	BFA 冰川观光地、BFB 常年积雪地
C 生物景观	CA 树木	CAA 林地、CAB 丛树、CAC 独树
	CB 草原与草地	CBA 草地、CBB 疏林草地
	CC 花卉地	CCA 草场花卉地、CCB 林间花卉地
	CD 野生动物栖息地	CDA 水生动物栖息地、CDB 陆地动物栖息地、CDC 鸟类栖息地、CDE 蝶类栖息地
D 天象与气候景观	DA 光现象	DAA 日月星辰观察地、DAB 光环现象观察地、DAC 海市蜃楼现象多发地
	DB 天气与气候现象	DBA 云雾多发区、DBB 避暑气候地、DBC 避寒气候地、DBD 极端与特殊气候显示地、DBE 物候景观
E 遗址遗迹	EA 史前人类活动场所	EAA 人类活动遗址、EAB 文化层、EAC 文物散落地、EAD 原始聚落
	EB 社会经济文化活动遗址遗迹	EBA 历史事件发生地、EBB 军事遗址与古战场、EBC 废弃寺庙、EBD 废弃生产地、EBE 交通遗迹、EBF 废城与聚落遗迹、EBG 长城遗迹、EBH 烽燧
F 建筑与设施	FA 综合人文旅游地	FAA 教学科研实验场所、FAB 康体游乐休闲度假地、FAC 宗教与祭祀活动场所、FAD 园林游憩区域、FAE 文化活动场所、FAF 建设工程与生产地、FAG 社会与商贸活动场所、FAH 动物与植物展示地、FAI 军事观光地、FAJ 边境口岸、FAK 景物观赏点
	FB 单体活动场馆	FBA 聚会接待厅堂(室)、FBB 祭拜场馆、FBC 展示演示场馆、FBD 体育健身馆场、FBE 歌舞游乐场馆
	FC 景观建筑与附属型建筑	FCA 佛塔、FCB 塔形建筑物、FCC 楼阁、FCD 石窟、FCE 长城段落、FCF 城(堡)、FCG 摩崖字画、FCH 碑碣(林)、FCI 广场、FCJ 人工洞穴、FCK 建筑小品
	FD 居住地与社区	FDA 传统与乡土建筑、FDB 特色街巷、FDC 特色社区、FDD 名人故居与历史纪念建筑、FDE 书院、FDF 会馆、FDG 特色店铺、FDH 特色市场

续表

主类	亚类	基本类型
F 建筑与设施	FE 归葬地	FEA 陵区陵园、FEB 墓（群）、FEC 悬棺
	FF 交通建筑	FFA 桥、FFB 车站、FFC 港口渡口与码头、FFD 航空港、FFE 栈道
	FG 水工建筑	FGA 水库观光游憩区段、FGB 水井、FGC 运河与渠道段落、FGD 堤坝段落、FGE 灌区、FGF 提水设施
G 旅游商品	GA 地方旅游商品	GAA 菜品饮食、GAB 农林畜产品与制品、GAC 水产品与制品、GAD 中草药材及制品、GAE 传统手工产品与工艺品、GAF 日用工业品、GAG 其他物品
H 人文活动	HA 人事记录	HAA 人物、HAB 事件
	HB 艺术	HBA 文艺团体、HBB 文学艺术作品
	HC 民间习俗	HCA 地方风俗与民间礼仪、HCB 民间节庆、HCC 民间演艺、HCD 民间健身活动与赛事、HCE 宗教活动、HCF 庙会与民间集会、HCG 饮食习俗、HGH 特色服饰
	HD 现代节庆	HDA 旅游节、HDB 文化节、HDC 商贸农事节、HDD 体育节

数 量 统 计		
8 个主类	31 个亚类	155 个基本类型

（一）按旅游活动的性质分类

按旅游活动的性质分类，旅游资源一般可以分为观赏型旅游资源、运动型旅游资源、休（疗）养型旅游资源、娱乐型旅游资源及特殊型旅游资源（如具有科学考察价值的旅游资源）等。

（二）按旅游资源管理的级别分类

1. 世界级旅游资源

世界级旅游资源主要包括被联合国教科文组织批准列入《世界遗产名录》的名胜古迹、世界级地质公园和列入联合国"人与生物圈"计划的自然保护区等旅游资源。

2. 国家级旅游资源

国家级旅游资源主要包括由国务院审定公布的国家风景名胜区、国家历史文化名城和国家重点文物保护单位，以及国家级自然保护区和国家森林公园。

3. 省级旅游资源

省级旅游资源主要包括省级风景名胜区、省级历史文化名城、省级文物保护单位，以及省级自然保护区、省级森林公园，有的省还公布了历史文化名镇。

4. 市（县）级旅游资源

市（县）级旅游资源主要包括市（县）级风景名胜区和市（县）级文物保护单位。

（三）按旅游资源的市场特性和开发现状分类

1. 潜在旅游资源

潜在旅游资源是指有一定的游览、观赏价值，但目前尚无力开发的资源。这类资源可以是自然景观、历史遗存或者是独特的吸引物。

2．现有的和即将开发的旅游资源

这类旅游资源是指已经客观存在的自然、人文或社会旅游资源，其配套的基础设施和服务设施比较完整，已经成为当地旅游业发展的主体；或是有些资源已经通过可行性论证，其开发价值得到认可，已被列入规划即将开发的资源。

3．市场型旅游资源

市场型旅游资源是指比较符合市场需求，由于某一社会事件使其影响力倍增而成为旅游资源，或者是由于市场需要而创造出来的旅游资源，如各类主题公园。

任务二　旅游资源开发

旅游资源开发是指把旅游资源改造成为旅游吸引物，并使旅游活动得以实现的技术性经济活动。旅游开发的实质是以旅游资源为"原材料"通过一定形式的挖掘、加工和完善，以达到展示其价值，满足旅游者各种需求的目的。开发旅游资源的目的就是以当地的旅游资源为依托，以市场效益为导向，发掘资源的潜在内涵，充分利用当地特色和优势，选择经济、社会、生态效益最佳的开发方向，以此增加旅游吸引力，满足各种类型的旅游者的需求。

一、旅游资源开发的特殊性

将资源开发成旅游吸引物，是吸引旅游者前往的重要条件。较其他资源的开发而言，旅游资源开发具有以下特殊性。

1．地域固定性

其他资源经过开发，或以其自身输往各地以供利用，即多数情况下是资源移就利用者。而在旅游活动中，基本上是由旅游者来移就资源，旅游资源却并不移动。

2．重复利用性

其他资源多数不能重复利用，而旅游资源恰恰相反，在妥善保护的情况下可长期反复利用。旅游者通常不能带走旅游资源本身，所带走的只是关于旅游资源的意念和印象。

3．追求艺术性

其他资源的开发偏重于科学技术的可靠与先进，不同国家和地区之间可以相互引进，而旅游资源开发则追求独特的艺术性，强调国家、民族、时代、地域的特征，相互雷同是旅游资源开发的大忌。

二、旅游资源开发的方式

根据旅游资源的性质和开发目的分类，旅游资源开发包括新建、利用、修复、改造和挖掘提高五种方式。

1. 新建

新建即凭借当地的旅游资源特点,建立新的旅游景区、景点或主题公园,建设一些必要的旅游服务基础设施,以增加区域旅游吸引力,满足旅游需求,推动地方旅游业发展。这种方式重在创新,贵在特色,必须创造出"人无我有、人有我优、人优我特"的具有鲜明个性和独特风格的景物。

2. 利用

利用是指利用原有的并未被认识到的旅游资源,通过整理、组织和再开发,并使之成为旅游吸引物的一种开发方式。随着社会的进步和人类生活水平的提高,人们的旅游需求及消费行为特征也呈现多样化趋势。所以,可根据人们需求的新变化,开发利用以前未被认识到的旅游吸引物,使其成为新的旅游景点。如工业旅游、科技旅游的开展,使西安的卫星测控中心、陕西阎良的飞机制造公司成为新的旅游热点。

3. 修复

由于自然或历史的原因而被损毁,但又具有很高的艺术、历史文化或研究利用价值的旅游资源,经过对其进行整修、修复或重建,使之重新成为可供旅游者参观游览的景点。例如,享有"天下江山第一楼"的黄鹤楼也曾屡建屡毁,屡毁屡建,仅留当时楼貌照片,最后一座"清楼"建于同治七年,毁于光绪十年。1981年重修工程破土开工,1985年6月落成,现为国家5A级旅游景区,成为武汉市标志性旅游景点。

4. 改造

改造是指投入一定数量的人力、物力和财力,对现有的但利用率不高的旅游景观、旅游设施进行局部或全部改建,使其符合旅游市场需求,成为受旅游者欢迎的旅游吸引物的一种开发方式。

5. 挖掘提高

挖掘提高是指对已被开发但又不适应旅游业发展需要的旅游吸引物,需要深入挖掘,增加一些旅游设施和新的服务,提高其整体质量,再生出新的旅游吸引力的一种开发方式。

以上五种开发方式并无严格的明显界限,难以截然分开,通常是结合现状与需求,根据具体的旅游资源状况,确定具体的开发方式及其组合。

三、旅游资源开发的基本原则

旅游资源开发的基本原则是指旅游资源开发活动中应遵循的指导思想。旅游资源开发作为一项经济活动,只有按照经济活动规律进行,才有获得成果的希望。

1. 保护原则

旅游资源开发必须立足于旅游资源保护。保护旅游资源就是保护旅游业,因为只有有旅游资源才能发展旅游业。某些自然旅游资源如山岩、溶洞等,一旦被破坏便有可能自此从地球上消失。人文旅游资源多是人类历史遗留下来的文化遗产,一旦毁灭便不能再生,即使进行仿造,意义也断不相同。旅游资源的这一特性,使对其保护具有深远的历史意义和重要的现实意义。同时,对旅游资源进行保护也是国家有关法律和法规的要求。

2. 创新原则

创新原则是指在旅游资源开发过程中，要从本地旅游资源的特点出发，结合市场需求，进行与众不同的创新，体现本地的个性，切忌"人云亦云"式的简单模仿。如深圳的"锦绣中华"主题公园(图 4-1)成功地把本区旅游资源匮乏的劣势转化为优势，从而获得了巨大的成功。不幸的是此后全国兴起了一个大造微缩景观的热潮，其中大多数是不顾当地资源实际和市场状况的盲目模仿，所以均不能避免失败的厄运，也给国家和社会带来了巨大的损失与浪费。

图 4-1 锦绣中华

3. 突出特色原则

突出特色原则是指地方旅游资源应当具有特殊本质和区别于其他地区的特殊形式。有特色的旅游区，才有生命力，才有竞争力，才能吸引更多的旅游者。最大的特色是别处没有，唯我独有。旅游资源中，有很大一部分拥有特殊的称号，如最大、最高、最古、最稀、最奇、最美，在开发利用时，形成自己的特色，就等于为成功打下了坚实的基础，才能有很强大的竞争力。例如，被誉为"世界屋脊"的青藏高原最高，乐山大佛最大，万里长城最长，秦始皇陵兵马俑雕塑最多、最逼真，桂林、张家界、九寨沟最美，黄山最奇等。

4. 市场导向原则

旅游资源开发市场导向原则是指旅游资源在开发前一定要进行市场调查和市场预测，准确掌握市场需求及其变化规律，结合旅游资源特色，确定开发的主题、规模和层次。讲究市场导向，就要了解旅游者真正的需求是什么，现有的旅游产品是否满足了这些需求，市场的规模、结构、支付能力和潜在的需求等是什么。旅游资源的开发者应能把握市场的基本需求和长期的变化趋势，同时还要具有一种长远的战略眼光，善于预测市场发展变化的趋势，使旅游资源的开发适当超前于现在的需求。

5. 经济原则

旅游资源开发的经济原则是指旅游资源的开发要讲求经济效益，这是旅游开发的目的之一，开发必须做到投资少、见效快、效益高。经济原则要求进行旅游资源开发时慎重评价资源所在地的条件，安排好开发重点、规模和顺序。某些地处偏僻，交通、食宿条件不理想的地方，开发规模不宜过大；对于资源条件好，但投资量大，开发后难以在短期内收回投资的项目，则应分期进行；地理位置和基础设施条件好的，可优先安排。切忌不顾条件优劣一哄而上,造成资金分散、重复建设,投资效益下降。经济原则还要求在资源开发过程中精打细算,加强管理,争取以尽可能少的投资、尽可能短的工期,保质保量地实现开发计划。

6. 经济效益、社会效益和环境效益相统一的原则

旅游目的地的开发规划要做到经济效益、社会效益和环境效益的统一。经济效益只是旅游开发所追求的目的之一,对经济效益的追求不能超过一定社会和环境的限度,过度开发会造成对资源的破坏,从而使旅游业不能持续发展。因此,旅游资源开发必须处理好开发和保护的关系。如果盲目开发,不加以保护,一旦破坏了自然生态和人文环境,损失往往是难以弥补的。保护是开发利用的基础和前提,开发后建成的旅游吸引物应能维持原有的生态平衡,并与周围环境相协调。

四、旅游资源开发的基本条件

1. 旅游地的人文、自然条件

优美事物和环境是旅游资源开发的首要条件。旅游地的自然环境皆因其典型性的美学特征或人文内涵而受到游客的追捧。

事物的典型性越突出,旅游价值越高。典型物体不但有美学特征,而且有科学、文化内涵。黄山是典型的花岗岩峰林地貌,桂林是典型的岩溶景观,五大连池是典型的火山山水,承德避暑山庄是典型的古典园林和古建筑群,因而这些地区的旅游资源的价值很高。

旅游资源的开发必须考虑旅游地的人文条件,即历史年代、科学内涵和艺术水平三个方面。事物的年代越古老,价值越高,如古地质剖面、古生物化石、古人类遗址、古建筑等。再如,秦始皇陵兵马俑、敦煌石窟造像、乐山大佛以及众多的摩崖石刻,都因为有很高的艺术水平和深刻的文化内涵而受到旅游者欢迎。

2. 旅游地的可进入性

对旅游区位条件评价的一个很重要的方面就是分析旅游区与客源市场的交通关系以及和相邻旅游区的互补及替代关系。

便利的交通条件是区域旅游开发中的重要因素。目前,我国著名的旅游区都是在便利的交通即良好的可进入性的条件下发展起来的。良好的可进入性的要求是旅游者进得来,出得去。否则,虽有一流的旅游资源,也难以成为旅游热点。

与相邻旅游区的关系,一般分为互补关系和替代关系。前者可以扬长避短,优势互补,相互促进,共同提高。后者是资源类型相同,开发起来就会出现竞争,相互替代或分流客人。因此,在考虑旅游地的可进入性时,要争取达到优势互补关系。

3. 旅游地对旅游者的吸引力

旅游资源具有能激发旅游者旅游动机的吸引力,这是旅游资源理论的核心内容,也为理论界和实际工作者所普遍接受。

旅游资源对旅游者的吸引力的大小是衡量旅游地是否具备开发条件的根本尺度。一般来说,旅游资源的特色越鲜明,内容越丰富,影响越广泛,就越具有吸引力,开发成功的可能性就越大。反之,如果旅游地对于旅游者的吸引力很小或是微乎其微,那么,对该旅

游地进行开发是不可能取得成功的。

4. 旅游地的政治、经济、社会条件

旅游资源开发的一个重要条件是当地必须有一个良好的社会政治环境,简单地说就是当地的社会必须保持稳定。如果社会动荡不安,那么旅游资源开发也将无从谈起。同时,还必须考虑当地(本国)与客源输出国(客源国)的政治关系,这也是一个重要的制约因素。

旅游资源的开发和旅游业的开展要依赖当地的经济发展水平与社会所提供的设备、设施、商品、劳动力条件,并且依赖城市的基础条件,如土地、供电、供水、排水、能源、交通、金融、保险等。不考虑当地的经济条件和社会条件,旅游资源开发将是困难重重的。

五、旅游资源开发的程序

1. 旅游资源的调查与评价

旅游资源的全面研究和准确的分析评价是旅游资源开发的前提。其目的是了解旅游资源所在区域的资源类型、数量、分布、规模及开发利用现状,以及交通、通信、水、电等基础设施和住宿、餐饮、娱乐、购物等与旅游相关的配套服务设施现状,从而较为全面地分析、掌握区域旅游资源的优劣势、区域环境和开发条件。

2. 制定旅游规划

旅游资源通过调查、评价作出开发可行性论证后,就要着手根据旅游资源开发的原则和市场的最新动态,以及当地开发旅游的基本条件,进行开发方案设计,即确定该区域旅游开发的总体规划。总体规划包括旅游开发的目标、对象、规模、等级、方式、时间、步骤、配套设施及总投资估算、具体程序等。

合理、科学的规划有助于确定旅游业发展的类型、数量、地点和时间,同时又能为旅游地带来良好的经济、环境、富裕、交流四个方面的效应。

3. 具体实施计划

旅游资源开发设计的总体方案制订并通过评审之后,旅游资源的开发进入实质性开发过程。进入开发阶段最重要的是制订好实施开发的具体计划,并严格按照计划有步骤地进行。其具体内容包括:①确定开发范围和目标;②根据已有资料,提出项目的模式、土地使用要求等;③制定建筑总体规划;④资金来源及财务预算;⑤进行项目具体设计,画出施工图纸;⑥投标及施工;⑦反馈与评估。

任务三　我国旅游资源开发与保护

一、我国旅游资源的开发

在短短数十年里,我国旅游资源的开发利用,无论在数量和规模上,还是在质量水平上都有显著提高,形成了粗具规模的旅游资源体系,取得了骄人的成绩。截至 2014 年,我国不仅建有各类自然保护区 428 个、国家级重点风景名胜区 186 个、全国重点文物保护单位 2 348 处、国家级历史文化名城 125 座。这些还不包括各省、自治区、直辖市和地县级开发的各类旅游资源。此外,近十年来各种类型的主题公园、旅游景点更是不计其数。

在旅游资源开发的层次、深度和质量上也逐步提高,由只追求数量扩大逐步转变为加强改善旅游风景区、旅游点的旅游环境质量和扩大环境容量上,着力于发挥我国旅游资源的独特优势,有计划、有重点、有针对性地开发建设与推出一批富有中华民族传统文化特点的旅游项目与景点,国家旅游局自 1992 年起策划并推出了我国一年一度的旅游主题活动,将国家主要景点与各省的拳头产品、百余项节庆活动结合起来,以特色专题旅游项目为先导,将旅游资源开发引向深入,以增强我国旅游产品在世界上的吸引力。另外,加快了重点旅游城市、旅游区、旅游线路建设,逐步形成一个重点突出、区域和线路相结合的开发建设格局。

在加快建设开发的同时,还应加强对旅游资源开发与保护的管理与法制工作。经过多年的努力,我国已逐步建立起旅游资源开发、建设与保护的三级管理体系,一大批旅游景点、旅游线路的定级、分级工作正在进行中,先后颁布了十多项有关旅游资源保护和管理的法规与条例,加大了管理力度,这标志着我国旅游资源开发正走上规范化、法制化道路。

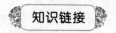

"一带一路"城市旅游联盟

2015 年 10 月 17 日,由中国 30 余座"一带一路"沿线城市共同组建的"一带一路"城市旅游联盟在古都开封宣告成立。

"一带一路"城市旅游联盟旨在主动融入"一带一路"建设,把沿线城市集结起来,本着开放合作、互利共赢的原则形成联盟,招徕更多的海内外旅游者,促进沿线城市旅游及经济社会全面发展。

成立"一带一路"城市旅游联盟,是"一带一路"沿线城市的共同愿望,更是城市旅游和经济社会加快发展的内在需求。

2019 年 10 月 13—15 日,第二届"一带一路"与旅游发展国际会议在桂林召开。会议以"发展、市场、可持续性、重点'是有影响力的教育'"为主题,聚焦了来自印度尼西亚、马来西亚、泰国、越南、乌兹别克斯坦、韩国、英国等国家和地区的 100 余位专家学者,围绕"发展、市场、可持续性"的会议主题共同探讨"一带一路"倡议下加快旅游协同发展的相关话题,特别设立中外青年旅游学者论坛,为各界参与"一带一路"沿线旅游发展务实合作搭建多元的交流平台。

二、我国旅游资源开发利用存在的主要问题

1. 民族文化庸俗化

一些旅游经营商为了吸引游客,迎合旅游者口味,以挖掘、保护和恢复传统文化为借口,制造出一些本不属于本地文化的景点或旅游内容;一些代表地方文化特色的东西被任

意改头换面,仿造的古建筑,仿制的假古董、假文物、假字画泛滥成灾。这种一味迎合旅游者喜好,对传统文化进行任意改造甚至歪曲的做法有可能导致民族文化庸俗化。

2. 不合理、不科学的旅游开发活动

在个别旅游开发地区,旅游开发单位或部门单纯地追求经济效益,在风景区内乱搞无规划、无计划、无设计的"三无"建设,乱分地、乱选址、乱建造的"三乱"建设,严重破坏生态环境。"三无""三乱"造成了对景观整体的严重破坏。其主要表现在以下两个方面。

一方面,在旅游区内,无视规划要求,见缝插针,乱建高楼,降低山水和景物的高度,破坏景观整体的和谐美。例如,桂林的风景特点是山带水,孤峰林立,以竖向排列为主,空间尺度不大,不宜建筑高楼。然而前几年一座 11 层的漓江饭店出现在沿江大街上,并且同叠彩、伏波和象鼻山三山几乎在一条线上,这样就破坏了整体构图,造成了"一楼压三山"的局面。幸而经有关专家呼吁,计划兴建的其他几座高楼才停建。

另一方面,在建设风景区过程中,常常是逢山开路,遇水搭桥,炸山取石,砍伐森林,大兴土木,从而破坏了生态环境。例如,泰山修索道,仅建岱顶一站,日观峰就炸掉了 1/3,留下了 16 000 平方米寸草不生的荒山坡;黄山在修云谷寺—白鹅岭索道时,仅建白鹅岭站房就毁山 7 750 平方米,砍伐成材林 48 450 立方米。这种破坏应在施工之前就要预见到,以便减少或避免,否则,既破坏了景观,又损害了生态环境,以后再想修复和培育就难上加难了。

3. 旅游开发论证不充分,旅游地容量不足,游人超载而不能有效疏散

在旅游开发论证中,若不能正确地预计旅游地的容量和游客数量,一旦出现超载现象,后果不堪设想。春天的西湖,高峰时期游人密度超过合理密度的 10 倍,仅有 30 余亩地的三潭印月,高峰时平均每天接待 2 万~3 万人,八达岭长城游客高峰时达到每平方米 4 人。

4. 旅游开发过程中的"三废",造成了生态环境的恶化

在旅游开发过程中,水体污染、噪声污染、垃圾污染、废气污染等现象都十分突出。以黄山为例,每年产生大量污染物,如果不采取排污措施,就会导致严重的环境污染。我国的水体污染十分严重,根据几年来对黄山瀑布的分析,发现有害细菌已超过国家规定标准。湘西武陵源,原来清澈见底的金鞭潭,由于旅游开发过度,已日见浑浊。

5. 旅游管理措施不完善,游人的不文明行为造成破坏

少数游客的不良行为,也造成对环境的破坏。例如,五大连池地区,900 多个塔状的喷气锥为国内外罕见的火山景观,自从开展旅游活动以来,已被游人毁掉了 300 多个。形态奇特的熔岩地面,也被一些人采做盆景石,搞得千疮百孔,惨不忍睹。这和管理不严、措施不力不无关系。

总之,旅游开发活动会对生态环境造成一定程度的损害和破坏,这是客观存在的现实。目前,这一现象已经引起人们的广泛重视,正在唤起人们的保护意识。因此,借鉴国外的先进和成功经验,结合我国的具体国情和旅游环境的具体情况,进一步完善各种法规和措施,切实做好旅游环境的保护工作任重道远。这些措施包括健全和成立旅游景观管理机构,加强对风景及其环境的保护;制定和完善各种旅游资源保护法,以法律的形式加强环境资源的保护;把环境资源的保护纳入社会发展总体规划;控制旅游客流强度,制定

客流控制标准和措施,有效缓解环境压力;落实保护职责;等等。

三、我国旅游资源保护存在的主要问题

旅游资源保护具体来说包括两方面的内容:一方面是对旅游资源本身的保护;另一方面是对旅游资源所属旅游环境的保护。旅游环境是旅游业发展的客观条件,旅游资源是旅游业发展的基础,两者相互依存,都是旅游资源保护工作的重点。

千百年来,人与自然共同创造了我们的地球,自然和历史为我们留下了优美而奇异的景观,这些旅游资源可为游客提供良好的休养、游览、娱乐场所,同时也给当地带来巨大的社会效益和经济效益,有的甚至成为当地经济的重要支柱。但是,这些旅游资源由于经不起千百年的自然风雨侵蚀和人为破坏,正在出现衰败迹象,如北京故宫、天坛、颐和园的汉白玉浮雕和铜制品正受酸雨的侵蚀;举世闻名的云南石林正遭受人为的破坏;等等。旅游资源的衰退直接威胁旅游业的生存和发展。因此,只有保护好旅游资源,才能永久发挥其吸引游客的功能,旅游业才能持续发展。我国旅游资源保护主要面临自然破坏和人为破坏两方面的问题。

(一)旅游资源的自然破坏

旅游资源是大自然的一部分,大自然的发展、变化都会影响旅游资源的形态。地震、火山喷发、海啸都会直接改变一个地区的面貌,毁掉部分或一切旅游资源,这是突发性的。在一般情况下,寒暑变化、流水侵蚀、风吹雨淋都会慢慢地改变旅游资源的形态和性质,这种缓慢的变化就是自然风化。旅游资源与旅游环境的自然破坏主要表现在以下五个方面。

1. 地质灾害

地震、滑坡、崩塌、沉降、泥石流、火山喷发等都属于地质灾害。其中,地震、火山喷发的影响范围较大,山地旅游区发生地质灾害的概率较大。

2. 自然风化

在太阳辐射、大气、水及生物作用下,旅游资源的形态和性质会缓慢改变,这就是自然风化。自然风化主要有机械风化和化学风化两种形式,会对旅游资源产生破坏作用。

3. 大气污染

大气中含有严重的煤尘和降雨中酸性物质过量,会使旅游资源遭受严重的污染和侵蚀。

4. 气象灾害

台风、暴雨、冰雹、大雾、洪涝、沙尘暴等气象灾害都会对旅游资源和旅游环境造成破坏。

5. 生物危害

一些动植物也会对旅游资源产生一定的破坏作用。例如,白蚁会危害房屋、文物、堤坝,进而威胁人类的安全。

名胜古迹时刻受到自然风化的危害,如秦始皇陵所在的骊山,经过2 000多年的风雨

侵蚀,高度由原来的 100 多米降到仅 64.97 米。我国的云冈、龙门、麦积山、敦煌四大石窟以及陵墓石雕也受到自然风化的破坏。此外,还有动物的破坏,如虫害等。

(二)旅游资源的人为破坏

旅游资源的人为破坏是多方面的,而且是严重的,大多超过了自然风化的破坏。按其破坏的根源可分为建设性破坏和游客带来的破坏。

1.建设性破坏

建设性破坏是指工农业生产、市镇建设和旅游资源开发建设中因规划不当引起的破坏,其方式如下。

(1)直接拆毁、占用文物古迹。我国是一个具有五千年悠久历史的文明古国,有旅游价值的文物古迹比比皆是,这是古人留下的一份宝贵遗产。但是,在现代化建设中有的遭到很大的破坏,如我国的古城墙,除西安及少数地方较完好外,其他各地的城墙,包括北京的大部分城墙都被拆毁。又如,在苏州的城市建设中,不少古典园林和庭院遭到破坏,昔日有"十八景"盛誉的洽隐园被某单位占用后,玲珑剔透的假山石被烧成石灰,山洞埋入地下,阁楼不见踪影,叫得出名的西圃、济园、王峰园、塔影园、芳草园、拙园、柴园、楼园等均已消失。这一切实在令人惋惜。

(2)工程建设对风景区自然美的破坏。工程建设不当会破坏风景区的周围景观的和谐及古建筑风格意境。如苏州的拙政园,周围盖了 6 家工厂,烟囱、水塔、高楼等建筑挡住了人们的视线,站在园内已不能见到雄伟挺立的北寺塔,破坏了风景区的自然美。

(3)旅游区发展工业带来污染破坏。在旅游城市,若发展污染性工业,将给城市带来空气、水体污染。空气污染将导致酸雨的产生,从而损坏旅游资源。大量的露天汉白玉浮雕、铜制品等现在正在受到酸雨的威胁。西安市是一座中国古代风貌保持最好的城市,古老的城墙、鼓楼、大雁塔、秦始皇陵兵马俑等吸引着中外游客。然而,西安发展的国防工业、飞机工业和纺织工业对该市的污染,将会加速侵蚀缺乏保护措施的历史古迹。

(4)风景区内采石、开垦耕地引起的破坏。近些年来,一些单位和个人,只顾眼前利益,到风景区去开山取石、开山造田、砍伐森林,致使风景区遭受到很大的破坏。如国家级风景名胜云南石林,成批的农民到风景区采石,将造型优美的石芽截去半截,用于烧石灰或造水泥,使石林伤痕累累。又如,"山水甲天下"的桂林漓江两岸,长期以来,植被不断被砍伐,开山取石、开山造田、挖河淘沙等现象十分普遍,这不仅使风景遭受破坏,还因水土流失加剧漓江航道变窄、变浅,一到枯水季节,从桂林到阳朔的航线有一半不能通航。

(5)旅游资源开发中规划不当造成的破坏。在旅游资源开发中,规划不当也会造成旅游资源特色及景观的破坏。如云南大理古城是我国保护较好的古城,系国家首批公布的历史文化名城。但在旅游开发建设中,片面考虑古城原石板地面不利于旅游车行驶,便将石板拆毁换为柏油路,这与古城风貌格格不入,破坏了古城的特色。又如,不少风景区建设就地采石,结果风景区建好了,却留下了裸露石场的伤痕景观,破坏了景观的完整性。

2.游客带来的破坏

旅游资源是为游客服务的,但若规划失当、管理不善,游客也会给旅游资源带来破坏,具体表现在下述几个方面。

（1）客流对旅游环境资源存在破坏。古代的石刻、雕塑、壁画是我国一项重要旅游资源，如敦煌石窟，在自然条件下，石窟中空气干燥、空气流通，自然风化极为缓慢，经过千百年仍栩栩如生。但是，随着旅游开发，大量游客进入，石窟内的大气环境变了：游客的呼吸带进了湿气，游客的衣服同墙壁的摩擦，光线的增强，使雕塑和壁画大受其害，许多细节已失去光泽，变得暗淡模糊，红色和肉色逐渐变成黑色。照相机的闪光更加速了这一变化。

（2）客流对旅游资源的无意损坏。随着旅游业的蓬勃发展，一些重要风景名胜区游客倍增，游客的踩踏使景区内地面因磨损而失去原来特色。如故宫，许多宫殿的地面和路面，因游客密度较大而严重磨损，故宫御花园的土地也因严重踩踏而板结，几棵古树已濒临枯死。颐和园蜿蜒700余米的彩饰长廊的路面砖，几年就要更换一次。

（3）部分游客对旅游资源的故意毁坏。部分素质较差的游客任意毁坏旅游资源，如对景物的任意刻画、涂抹。在很多景点，我们都能看到"×××到此一游"的字样。有的地下溶洞洞顶的钟乳石甚至被游人采走，致使溶洞千疮百孔。

四、我国旅游资源的保护措施

根据旅游资源衰败的原因，应用可持续发展理论和人与自然共生理论，对旅游资源采取相应的以防为主、以治为辅、防治结合的保护措施。虽然灾难性的自然变化不可避免，但可以采取措施，减弱自然风化的程度，延缓其过程；而人为破坏，可以通过法律、政策、宣传和管理途径予以杜绝；至于已遭破坏的旅游资源，则视其破坏轻重程度和恢复的难易程度，采取一定程度的整修和重建措施。

（一）减缓旅游资源自然风化

旅游资源自然风化是由自然界中光、热、水环境的变化引起的，容易被自然风化的主要是历史文物古迹。出露于地表的旅游资源要完全杜绝自然风化是不可能的，但在一定范围内改变环境条件使风化过程减缓是完全可能的。如将裸露在风吹日晒下的旅游资源加罩或盖房予以保护。乐山大佛曾建有13层的楼阁(唐代名为大像阁、宋代名为天宁阁)覆罩其上，既金碧辉煌又保护了神像，但后来毁于战火。当然，类似的建筑可以加以恢复和建设。

（二）杜绝人为破坏旅游资源

透过旅游资源人为破坏的表面看本质，其根源主要是：广大民众保护旅游资源的意识不强，不少人不知道旅游资源的价值；法制不够健全；旅游资源保护理论研究不成熟；旅游资源开发和旅游管理不完善；等等。只有解决根源上的问题，才能真正杜绝旅游资源的人为破坏。

1. 加强旅游资源保护意识和知识的宣传教育

从旅游资源人为破坏的种种原因后面，我们可以看到，上至建设决策者，下至游客，保护旅游资源的意识不强,或者根本就没有这一意识,这是旅游资源人为破坏的根源所在。所以,旅游资源的保护,首先要使广大民众增强旅游资源保护意识,让民众了解旅游资源是千百年来自然造化和人类文化遗产的精髓、人类精神需求的宝贵财富,一旦破坏就很难进行恢复。

同时也要看到,在旅游资源的人为破坏中,有相当多的情况是由于对旅游资源价值的无知而引起的。这就要求我们通过各种途径大力宣传旅游资源的价值和旅游资源保护的知识,提高游客的素质,使旅游资源免遭破坏。

2. 健全旅游资源管理的法制体系

我国自新中国成立以来,已由全国人民代表大会和国务院颁发了《中华人民共和国文物保护法》《国家风景名胜区管理暂行条例》《中华人民共和国自然保护区条例》等一系列相关的法律法规,将保护旅游资源这一问题提到了法律的高度,对旅游资源的保护起到了极为重要的作用。但是,就在这些法律出台后,旅游资源仍然受到人为破坏。究其原因,一是保护法的宣传普及不深入、不广泛,许多人根本就不知道自己做的事违反了法律条例;二是即使知法,但因执法不严,只顾眼前经济利益而牺牲长远利益,或置法于不顾。这就要求我们既要做到有法,也要宣传法、严格执法,真正健全旅游资源法制管理体系。

3. 完善风景名胜区保护系统

在自然生态系统遭到破坏、生物种类面临消亡的情况下,我国政府采取积极措施,逐步建立了自然保护区,形成了自然保护区系统。我国国务院审定并批准了五批国家重点风景名胜区,各地区审批建设了省级风景名胜区,在全国形成风景名胜区保护系统。这些风景名胜区应严格按照有关条例进行管理,政府和有关部门进一步从政策、理论、技术、管理诸方面对风景名胜区保护加以充实,风景名胜区保护系统将得以完善,旅游资源的保护将出现一个崭新的局面。

4. 在旅游业发展中把旅游资源保护放在首位

良好的旅游资源是旅游业生存和发展的保证,而旅游资源的人为破坏很多是在旅游业的资源开发和管理中出现的。旅游资源开发的目的是利用旅游资源而不是破坏旅游资源,因此,在旅游资源开发的同时,一定要注意保护,开发后交付使用的旅游资源要有相应的一套保护措施。在旅游资源管理中,宏观上应严格按法规条例执行,微观上还得有一套适合当地特点的保护管理措施,真正做到把旅游资源保护纳入旅游业的议事日程,把旅游资源的保护落到实处。

(三) 必须加强旅游资源的可持续开发

所谓旅游可持续发展,就是在保持和增进未来发展机会的同时,满足旅游者和当地居民当前的各种需要。其实质是要求旅游与自然、文化和人类的生存环境成为一个整体,以协调和平衡彼此间的关系,实现经济发展目标与社会发展目标的统一;而其前提是需要有一个重视旅游也重视其他经济因素的综合规划过程。我国必须落实旅游资源可持续开发的政策和措施,这样才能使我国的旅游业走上长期稳定的发展道路。

知识链接

四川移动"大数据客流分析系统"助景区智能管理

2015年,四川移动"大数据客流分析系统"正式在成都西岭雪山上线使用。通过该系统,可以覆盖在景区参观的流动游客,并按游客手机基站的归属地提供来源分析、人口密度等信息,反映景点的人流趋势,为景区智能化管理提供大数据参考。

据悉,为助力景区管理,四川移动利用技术优势,开发了具有五大特色的景区客流分析系统。一是采用热力图形式,实时展示景区内实时客流量,提前进行预警和分流,提升景区安全性。二是提供包括游客来源分析、消费、年龄层次等用户标签,提高营销目标识别率。三是提供按小时、天、月、年四种时间维度的数据分析,提升数据统计效率。四是提供基站可配置化功能,实现核心功能在地市景区的快速复制。五是提供包括 Web 展示、API 接口、短彩信三种展示方式,满足客户的不同需求。

目前,该系统已在泸州、攀枝花、凉山、乐山等地景区、景点逐步推广使用。

(资料来源:新浪网)

课后习题

一、思考题

1. 什么是旅游资源?旅游资源有哪些属性?
2. 旅游资源有哪些特点和分类?试举例说明。
3. 旅游资源开发有哪些基本原则?试举例说明。
4. 旅游资源开发有哪些条件?试举例说明。
5. 简述我国旅游资源开发利用和保护存在的问题。
6. 简述我国旅游资源保护的措施。

二、分析题

1. 目前,深圳的锦绣中华园和中国民俗文化村已经两园合一,只需一张门票即可观赏两园。锦绣中华是微缩景区,这里微缩了我国大多数知名度较高的景区,中国民俗文化村是以各个少数民族文化为中心的主题公园,展示了各个民族的丰富多彩的民间文化艺术。锦绣中华园区内游客很少,在里面游玩时,偶尔能看到其他游客;中国民俗文化村园区内游客却很多,置身其中,两园人气对比太大。

深圳市另一著名微缩景区——世界之窗是一个把世界奇观、历史遗迹、古今名胜、民间歌舞表演融为一体的人造主题公园。至今这里人气很旺。

讨论:同样位于深圳,同样是微缩景区,如今锦绣中华和世界之窗人气相差悬殊,这种现象说明旅游资源开发要遵循哪些原则?

2. 试比较吉林省旅游业的发展与四川省旅游业的发展,并分析四川省旅游业快速发展的原因。

3. 课后分组收集我国旅游资源开发失败的案例。要求:每组选择一个省并给出建议。

项目五

旅 游 业

知识目标

了解旅游业的含义；掌握旅游业的构成、功能、性质及特点；掌握旅行社的含义、分类及基本职能；掌握旅游饭店的含义、作用及分类；掌握旅游交通的类型及特点；掌握旅游景区和旅游购物的含义、特点；掌握旅游产品的类型及特点。

能力目标

能够准确区分国际旅行社和国内旅行社；能够准确认知各个行业在旅游业中的作用；能够独立分析旅游业各个行业的特点。

引导案例

第九届二十国集团旅游部长会议在日本召开

2019 年 10 月 25 日至 26 日，应日本国土交通省邀请，我国文化和旅游部党组成员王晓峰率中国文化和旅游代表团出席在日本北海道举行的第九届二十国集团旅游部长会议。二十国集团各国旅游部部长或代表，联合国世界旅游组织、经济合作与发展组织、国际劳工组织、世界旅游业理事会等国际组织代表，以及荷兰、菲律宾等受邀国代表出席会议。

本届会议主题为"扩大旅游业对《2030 年可持续发展议程》的贡献"。王晓峰在发言中重点介绍了中国在全域旅游理念统领下推动乡村旅游、生态旅游等领域可持续发展所取得的成绩；特别分享了以旅游业为优势产业，统一规划布局、优化公共服务、推进产业融合、加强综合管理，重点创建国家全域旅游示范区，推进旅游业高质量发展的经验；还介绍了数字时代背景下，如何通过创新促进中国文化和旅游管理及服务全面智慧化。中方发言得到与会各方的积极响应。

会议通过了《二十国集团旅游部长会议宣言》(以下简称《宣言》),《宣言》强调旅游业在就业、经济、环境保护以及包容性和可持续发展方面作出的贡献,鼓励成员加强交流与合作,并将创新和数字变革作为推动全球旅游发展的增长点。《宣言》包含两个附件,鼓励各国在妇女赋权和灾害预防、应对及恢复方面加强合作。

(资料来源:鲁网)

学习导航

旅游业已经成为一个庞大的产业或者说产业集群,正是这个庞大的产业,为旅游者提供了旅游过程中所需要的各种产品和服务。随着社会经济发展,旅游者的需求越来越个性化、多样化,旅游业为旅游者提供的产品类型和服务类型必将进一步丰富。

因此,旅游从业者一定要详细了解旅游业及其组成部分。

任务一　认识旅游业

从 1941 年 7 月 5 日英国人托马斯·库克组织人类历史上第一次旅游活动至今,旅游业已发展成为世界上规模最大、发展势头最强劲和全球经济产业中最具活力的产业之一。现代的旅游业已经成为国民经济中的一个重要产业和组成部分,但是旅游业的概念一直存有争议。日本旅游学家田勇先生认为,旅游业是为适应旅游者的需要,由许多不同的独立的旅游部门开展的多种多样的经营活动。美国旅游学家唐纳德·兰德伯格认为,旅游业是为国内外旅游者服务的一系列相互关联的行业。美国旅游学家托马斯·戴维逊则认为,旅游根本不是一个产业,而是一些产业的集合。

关于旅游业的定义虽然说法不一,但都涉及一些共同特征:第一,旅游业是一个综合性的行业,由国民经济中一系列相关行业组成;第二,为了满足游客的需求,旅游业的经营活动是多种多样的;第三,旅游业的任务是向游客提供其旅游过程中所需要的各种产品和服务;第四,旅游业向游客提供的各种产品和服务都是有偿的。

因此,旅游业是凭借旅游资源和设施,专门或者主要从事招徕、接待游客,为其提供交通、游览、住宿、餐饮、购物、文娱六个环节的综合性行业。

一、旅游业的构成

旅游业是一个庞大的产业集群,这说明旅游业涉及众多的领域和行业,我们从旅游业的构成可见一斑。

(一)"三大支柱"说

根据联合国《国际产业划分标准》,旅游业主要由旅行社、交通运输业和以旅店为代表的住宿业三部分构成。

我国把旅行社、旅游饭店和旅游交通作为旅游业的三大支柱。

（二）"五大部门"说

在国际旅游研究中较有代表性的另一种看法认为,旅游业通常是以旅游目的地（主要是国家或地区）为单位来划分的,如中国的旅游业、中国香港地区的旅游业等。从国家或地区的旅游发展角度来看,旅游业主要由旅行业务组织部门、住宿接待部门、交通运输部门、游览场所经营部门和各级旅游管理组织五大部分组成,如图 5-1 所示。

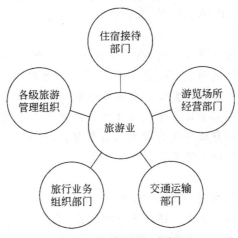

图 5-1　旅游业的五大部门

这种观点认为,之所以做这样的划分,是因为就一个旅游目的地的旅游业而言,上述五个组成部分之间存在着共同的目标和不可分割的相互联系,这便是通过吸引、招徕和接待外来旅游者,促进旅游目的地的经济发展。虽然其中某些组成部分,如旅游目的地的各级旅游管理组织,不是直接以营利为目的的企业,但它们在促进和扩大商业性经营部门的盈利方面起着重要的支持作用。

（三）"六大要素"说

旅游业是由许多为旅游者提供服务的行业组合起来的,而组成旅游业的其他行业都可以独立存在,有名有分,但它们单独又不能称为旅游业。因此,从严格意义上讲,旅游业更是一些产业的集合。总的来说,旅游一般由"吃、住、行、游、购、娱"六大要素组成。

在六大要素中,"游"是核心,是旅游的核心吸引力所在。旅游景点为旅游者提供参观游览的场地和景观,是旅游者活动的重要场所,而旅行社则是组织旅游者外出旅游的主要部门。

"吃、住、行"是实现和保证"游"的三个必要条件,无论是哪种旅游方式,都必须解决吃饭、住宿和交通的生活必需,而餐厅、酒店和交通运输就为旅游者提供了用餐、住宿和出行的方便条件。

"购"和"娱"是提高"游"的质量的前提条件,也是提高旅游效益的关键。随着旅游者对旅游需求层次和质量的不断提高,在旅游过程中,体验旅游目的地的各类娱乐项目已经成为必不可少的项目,而随着旅游者消费能力的不断增强,甚至购物也已成为旅游者出游的主要目的之一。如到泰国旅游,许多人要观看人妖表演;到韩国旅游,许多人要购买韩国化妆品;等等。

知识链接

新六大要素构成旅游新业态

旅游的吃、住、行、游、购、娱六大要素,过去人们耳熟能详。而2015年全国旅游工作会议提出,如今,激发人们旅游的动机要素越来越多,需要拓展新的旅游要素。新的旅游要素包括六个方面,即商、闲、养、情、学、奇。这一提法,随即引起了社会的广泛关注。

1. 商

"商"是指商务旅游,包括商务旅游、会议会展、奖励旅游等旅游新需求、新要素。由北京、上海、天津、成都、杭州、昆明、三亚、西安等15个城市组成的中国会奖旅游城市联盟日前宣布,要打造中国会奖旅游城市整体国家品牌形象,提升中国在国际会奖旅游市场的聚合力和影响力,吸引更多国际会议买家聚焦中国。北京已把会奖旅游作为发展高端旅游的重要内容,把首都文化和皇城文化资源融入会奖旅游,逐步推出特色节庆旅游、文化演出旅游、精品文物旅游等定制旅游产品。

2. 闲

"闲"也就是休闲度假,包括乡村休闲、都市休闲、度假等各类休闲旅游新产品和新要素,是未来旅游发展的方向和主体。经过多年的发展,我国旅游已从观光游发展到休闲度假。以感受乡土气息、拥抱亲近大自然、探秘古村落为目的的休闲农业游正受到人们的追捧。休闲农业促使大量的农区变"景区"、田园变"公园"、农产品变商品。继农家乐、渔家乐、花家乐、林家乐及生态观光农业园等业态之后,国家农业公园的出现将为游客提供新选择。此外,一些旅游城市正在向休闲城市转型,游客置身城市之中便能休闲度假。例如,杭州正在创建国民旅游休闲示范城市,将重点打造西湖历史文化体验游、精品民宿游、龙井茶文化旅游休闲示范区、运河水上观光游、香积素斋禅茶游等一批文化休闲体验产品。

3. 养

"养"是指养生旅游,包括养生、养老、养心、体育健身等健康旅游新需求、新要素。旅游原本就是一项身心愉悦的活动。当养生邂逅旅游时,健康旅游则应运而生,成为不少人青睐的旅游新模式。其中,中医养生旅游的发展最为强劲。包括接受中医体检、参观中医药博物馆、品尝药膳以及学习太极拳等,受到了游客的热捧。将中医药与旅游、养老等有机结合,深度发掘中医健康旅游产业链,把中医养生文化融入旅游各环节,丰富旅游产品内容。

4. 情

"情"是指情感旅游,包括婚庆、婚恋、纪念日旅游、宗教朝觐等各类精神和情感的旅游新业态、新要素。早在60多年前,钱钟书就曾说过,结婚与蜜月旅行是次序颠倒的,应该先旅行一个月再结婚。时下,以爱情为主题的旅游,尤其受到了年轻人的喜爱。据了解,目前我国与婚庆产业关联的行业已达40多个,新婚蜜月市场规模每年约1.2万亿元。婚庆旅游、婚纱摄影等业态,对旅游业而言已是"天大机会"。2014年,北京、天津、河北、安徽、海南五省市组建了婚庆旅游合作组织,培育婚庆旅游目的地、市场、产业和产品,推进婚庆旅游成为旅游经济新的增长点。海南目前重点向国内外旅游市场推出婚庆旅游产品,促进婚庆产品与海洋、生态、文化、康体、度假等产品的融合,希望从婚庆主题旅游产品进行突破,打造海南婚庆旅游产业链。

5. 学

"学"也就是研学旅游,它的内容既不是单纯的旅游也不是纯粹的留学,而是介于游与学之间,贯穿了语言学习和参观游览,包括修学旅游、科考、培训、拓展训练、摄影、采风、各种夏令营、冬令营等活动。我国的研学旅游早已走出国门,其目的地遍及亚洲、欧洲、美洲和大洋洲,内容从最初的校园游览、观摩课堂发展到目前的全真插班、家庭寄宿、社会调查、充当志愿者等多种体验。不只是家长和孩子关注研学,近年来不少职场人士也选择用研学方式给自己充电。目前,国内已有旅游机构提供成人研学产品,涵盖IT编程、瑜伽养生、高尔夫、品酒、咖啡、潜水、飞行等领域,职场人士通过短期技能类课程,可以获得技能提升、各类证书、职场镀金等收获。

6. 奇

以探奇为目的的旅游新产品、新要素,包括探索、探险、探秘、游乐、新奇体验等,在我国近年也发展迅速。一些资深驴友已经不满足于常规的景点和舒适的休闲,徒步、登山、骑游等深度体验类的旅行方式渐受青睐。这些新方式令游客更加亲近自然、亲近人文,获取身心的锤炼与提升,更具个性化,更为深入。同时作为一种体育健身的方式,能有效地增强旅游者的体质,锤炼旅游者的意志。目前,市场上此类产品颇为丰富,如国内的徽杭古道、唐诗之路、漠河找北、寻秘贵州等,出境的巴厘岛梯田火山人文徒步、法国勃朗峰大环线高山徒步以及美国西部国家公园大峡谷徒步等均受到游客喜爱。

(四)直接旅游企业和间接旅游企业

1. 直接旅游企业

直接旅游企业是指那些主要营业收入来自为旅游者提供服务的企业,最具代表性的就是旅行社、旅游交通企业和旅游住宿企业。这些企业主要服务对象就是旅游者,它们主要的营业收入是旅游收入,它们是没有旅游者的存在便将无法生存的企业。

2. 间接旅游企业

间接旅游企业是指那些业务中虽然也包括为旅游者提供服务,但因此获得的营业收入在其营业收入总额中所占的比例不是很大,因而旅游者的存在与否并不危及其生存的企业。例如,餐厅和娱乐业这两类企业,即使没有旅游者,也会接待很多当地普通消费者,因此,它们的生存和发展并不完全取决于旅游者。

二、旅游业的功能

旅游活动带动了旅游业的发展,而旅游业反过来也推动了旅游活动和旅游经济。旅游业具有经济、文化、社会和环境四大功能。

1. 经济功能

首先,从创汇意义上说,接待国际入境旅游的创汇不发生旅游产品的位移,旅游者与支付款项的流动方向相同。旅游业提供的是服务产品,不必付出很多物质产品,不必消耗很多能源即可创汇,符合中国的经济增长方式。

其次,接待国际旅游可以弥补贸易逆差,平衡国际收支。一个国家或地区拥有外汇的多少,体现着这个国家或地区的经济实力和国际支付能力。发展旅游创汇,弥补贸易逆差、平衡国际收支,对于发展中国家更有意义。

最后,加速货币回笼,减轻市场压力。回笼货币的途径有多种,而以服务收费回笼货币最为有益。发展旅游产业,刺激旅游消费,就属于服务收费回笼货币。在商品投放能力有限,难以满足市场需求的情况下,发展国内旅游产业,转移人们的购买趋向,鼓励消费旅游产品,既可加速货币回笼,又能减轻市场压力,更能为国家建设积累资金。

知识链接

四川省入境游人次数和旅游外汇收入实现双增长

2019年上半年,四川省入境游人次数和旅游外汇收入均实现正增长,接待入境游客150.16万人次,同比增长7.5%,比全国入境游人次数增长率高出2.5个百分点;实现旅游外汇收入5.99亿美元,同比增长6.2%,比全国国际旅游收入增长率高出1.2个百分点。

哪些国家和地区的游客喜欢来四川?数据显示,上半年四川入境游排位前十的客源国或地区是中国香港地区、中国台湾地区、美国、日本、泰国、德国、中国澳门地区、新加坡、英国、马来西亚。

从全省各市接待入境游客情况看,上半年接待入境游人次数排位前三的市分别是成都市、乐山市、绵阳市。成都接待入境游客136.55万人次,同比增长7.6%,位列第一;接待入境游人次数增幅排位前三的市是攀枝花市、内江市、德阳市。

据了解,为进一步发展四川省入境游市场,完善入境游的基础设施和体制机制,2019年,四川省坚持文旅融合发展理念,以"走出去和引进来"双向发力,推广四川国际旅游核心形象,以"三九大"为重点的十大世界级文化旅游品牌,并推出一批特色化的四川文化和旅游精品线路,开发一批适应国际旅游"自由行"、个性化的休闲旅游产品,培育一批"+旅游"新业态,采取全方位发力的"组合拳"打法。

其中,省文化和旅游厅会商财政厅等部门优化完善《四川省入境旅游奖励办法》,健全入境游激励机制;联合相关部门制定四川省提升入境游发展的实施意见;促进四川省实现从入境游运动员角色到教练员+领队+运动员三重角色的转变,从重渠道、重平台到重产品、重内容及其与客源市场喜好最佳匹配的营销方式的转变。同时,还将利用好国际文化与旅游组织平台、驻境外机构等平台,加大四川省文旅形象传播力度,不断补足国际化旅游公共服务设施短板,大力提升入境游的便利性和舒适度。

(资料来源:《四川经济日报》)

2. 文化功能

旅游是民间外交的一种重要方式,是不同民族、不同宗教和信仰、不同国家或地区、不同年龄和性别、不同阶层和职业的人们之间面对面的交往,既广泛又直接。旅游者中大多数是平民百姓或是以非官方身份出现的人,其交往不受官方外交礼仪、规格等级的严格限制,也没有官方交往中的诸多顾忌,具有群众性和随意性。旅游交往,可采取听讲演、看影视、实地考察、参加会议等各种各样的形式,可接触旅游从业者、东道主国家或地区的居民、其他旅游群体或个体,可了解异国他乡的山川地貌、风物民情、生产方式、生活习俗、建设成就、文物古迹、民族传统、道德法律以及其他希望和可能了解到的东西,消除因不了解而产生的偏见和误会。

旅游可使人们愉悦身心、焕发精神、陶冶情操、增长知识,满足追新、猎奇、求乐、求知、求健、求美等欲望和目的,因而是相互之间的友好交往的最理想的沟通方式。发展旅游产业对旅游客源国(客源地)与旅游接待国(接待地)的友好交往是有力的促进,使二者增加了彼此了解、宣传自己的机会。

3. 社会功能

旅游业是对外开放的窗口,通过发展旅游业,世界各个国家或地区之间不但可以加强政治联系,而且能够获得经济、科技、文化、教育、体育等方面的信息,为扩大国际交流和合作提供客观依据。特别是国际性的会议旅游、商务旅游以及其他各种专项旅游,已经成为扩大国际合作的重要媒介。在旅游发展的历史上,以科学考察和技术交流为目的的旅游活动不乏其例,还有的虽然出于别的目的,但在客观上却传播、交流了科学技术的旅游实例更是不胜枚举。发展旅游业,势必打破那种自我封闭和与世隔绝的状态,从而加速社会的变革和进步。例如,唐代是个比较开放的朝代,玄奘西天取经,促进了中国佛教文化的发展和繁荣;鉴真东渡日本,送去了华夏文明,加速了日本社会的变革和进步。

4. 环境功能

旅游接待地的生活环境和便民设施,是吸引旅游者前往游览的重要因素之一。因此,一个国家或地区要发展旅游产业,就要美化其生活环境,改善其生活设施。从这个角度来说,美化生活环境,改善便民设施,是发展旅游产业的重要前提。旅游接待地生活环境的美化,必然使接待地对旅游者产生更大的魅力,而旅游者的大量涌进,又促使接待地改善服务设施。这些设施,虽然主观上是为发展旅游业,但客观上也方便了当地居民生活,是当地居民生活质量提高的重要标志。

三、旅游业的性质

旅游业属于服务行业,因此,与很多其他产业相比,特别是与制造业相比,具有以下特点。

1. 旅游业是一个综合性产业

旅游业的综合性是由游客需要的多样性决定的。游客的需要包括吃、住、行、游、购、娱等多方面,因此就要有多种不同类型的企业和机构为其提供不同类别的产品和服务。认识旅游业的综合性特点,对于旅游目的地国家或地区旅游业的经营和管理具有非常重要的实际意义。因为旅游目的地向游客提供的产品和服务是由各不同行业的企业共同完成的,其中任何一个行业的企业工作上的失误,都会对旅游目的地产品的供给造成不良影响,从而导致整个旅游行业客源减少。所以,旅游业中各行业应相互配合,协调发展,不断提高其产品和服务的质量,只有这样旅游业才能兴旺发达。然而,各旅游企业又是各自独立经营的实体,它们对各自利益的片面追求往往导致相互间的不协调,它要求旅游目的地国家或地区必须对其旅游业实行全行业管理。

2. 旅游业属于劳动密集型服务行业

劳动密集型产业是指主要依靠大量使用劳动力进行生产,对技术和设备的依赖程度低的产业。旅游业向游客提供服务,扩大服务生产的规模(接待游客人次)和增加旅游收入主要是依靠投入更多的劳动。由此可见,旅游业是一个劳动密集型的服务行业,正因为如此,世界各国都把旅游业作为吸纳劳动力就业的一条重要渠道。

3. 旅游业是开放型行业

旅游业自产生之日起就具有天然的开放性。一方面,人们离开居住地到其他地区或国家去旅游,必然要打破地区界限和疆域的限制。旅游业越发达,旅游的范围就越广。作为旅游目的地,要发展旅游业,必然要向来自世界各国、各地区的游客开放。另一方面,随着旅游业的发展,接待不同国家和地区的游客逐渐增加,旅游目的地同世界不同国家和地区之间的经济与文化往来也会进一步加强,从而又会进一步推动目的地地区的对外开放以及人们思想意识的开放。

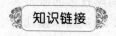 知识链接

白俄罗斯举办"中国文化日"开幕式

2019 年 9 月 2 日,白俄罗斯"中国文化日"开幕式在首都明斯克的国家模范歌剧芭蕾舞剧院举行,中国文化和旅游部部长雒树刚为开幕式发来贺信。白俄罗斯文化部部长邦达里、国防部部长拉夫科夫等官员和中国驻白俄罗斯大使崔启明出席了开幕式。

雒树刚在贺信中表示,在中白两国元首的关心和推动下,中白两国相互信任、合作共赢的全面战略伙伴关系日益提升,两国文化领域的交流与合作取得了丰硕成果。明斯克中国文化中心和北京白俄罗斯文化中心成为两国文化交流的新窗口,互办文化日、共同举办"欢乐春节"等品牌活动为两国人民的心灵沟通搭建了桥梁。

在开幕式上,中国国家京剧院上演了京剧名剧《杨门女将》,能容纳 1 200 人的剧院座无虚席。观众不仅为台上演员精彩的武打戏叫好,也为剧中杨门女将抑制悲痛、经历千难万险凯旋回朝的故事所感动。

在开幕式上,两国领导人的友好交往推动了两国关系和人文合作的蓬勃发展。两国根据协议每年共同举办丰富的文化活动,将进一步增强相互了解、增进情谊。

(资料来源:新华网)

4. 旅游业是季节性行业

旅游的季节性主要来自两个方面:一是旅游目的地自然气候条件呈现的季节性;二是旅游需求的季节性,即客源国家或地区假日时间的相对集中性。它们共同决定了目的地旅游业经营的季节性特点,即在经营上季节性波动较大,在旅游旺季时供不应求,而在旅游淡季时则供过于求,造成大量旅游设施闲置,甚至不少从业人员歇业。

5. 旅游业是一种文化性产业

旅游业既满足人们在旅游过程中的物质需要,如行、住、食、购等基本生活需要,同时更主要的是满足游客的精神文化生活的需要。游客通过参观游览和参加娱乐活动,不但

可以实现休闲和寻求乐趣,借以实现其调整身心节律的意愿,而且可以增加对旅游目的地社会文化的了解,从而达到丰富知识、开阔视野的目的。

任务二　旅　行　社

旅行社是旅游业的重要组成部分,它将旅游者与旅游交通、旅游饭店、旅游景区、旅游购物店等各个服务单位联系在一起,整合成一个完整的旅游产品,因此,旅行社可以说是旅游业的核心和纽带。

世界旅游组织给出的旅行社的定义为"零售代理机构向公众提供关于可能的旅行、居住和相关服务,包括服务酬金和条件的信息,旅行组织者或制作批发商或批发商在旅游需求提出前,以组织交通运输,预订不同的住宿和提出所有其他服务为旅行和旅居做准备"的行业机构。

《旅行社条例》2017年修订版中对旅行社的定义是:"旅行社是指从事招徕、组织、接待旅游者等活动,为旅游者提供相关旅游服务,开展国内旅游业务、入境旅游业务或者出境旅游业务的企业法人。"

一、旅行社的产生

（一）世界第一家旅行社的产生

18世纪中叶发生在英国的工业革命,使整个世界的经济和社会结构发生了巨大变化,人类社会的旅游发展也受到巨大的影响。总之,工业革命提供并满足了实现旅行的两个必备条件——金钱和时间,世界第一家旅行社正是在这样的背景下产生的。

（二）我国第一家旅行社的产生

我国的旅行社最早产生于20世纪20年代。1923年,上海商业储蓄银行总经理经北洋政府批准,正式在该银行设立旅行部,这是中国第一家由华人经营的旅游服务企业,其经营宗旨是"导客以应办之事,助人以必需之便"。1924年春,组织第一批国内旅游团从上海赴杭州游览,由铁路局开专列运送。1925年春,组织第一批由20多名中国公民组成的赴日旅游的"观樱团"。1927年春,出版了中国第一本旅游类刊物《旅行杂志》,并先后在铁路沿线和长江各主要港口城市设立了11个办事处。1927年6月1日,旅行部从银行中独立出来,更名为中国旅行社,经营的主要业务范围包括代售国内外各种交通票据,办理和提供住宿与餐饮,举办赴国内外的团体旅游,出版刊物和各种宣传品,代办各项出国手续、证件并提供旅途服务,提供导游及各项旅游服务,代办货物运输报关、运输保险并代理海、陆、空运输业务等。1949年,该旅行社迁至香港,现为香港中国旅行社股份有限公司。

（三）我国三大全国性旅行社的产生

1. 中国旅行社

1949年11月，为适应国内侨眷出境探亲和接待归国华侨探亲旅游的需要，厦门成立了第一家国营华侨旅行服务社。1957年4月22日，华侨旅行服务社总社在北京成立。1974年，华侨旅行服务社总社更名为中国旅行社。

2. 中国国际旅行社

1954年4月15日，中国国际旅行社总社在北京成立，其主要任务是承办政府各单位和群众团体有关外宾的接待工作。1965年，中国国际旅行社总社与百余家外国旅行社建立了代理关系或有业务往来，接待自费旅游者人数首次突破万人次，1978年首次突破10万人次。

3. 中国青年旅行社

1980年，中国青年旅行社在北京成立，隶属于共青团中央。中国青年旅行社总社根据青年旅游事业的发展趋势及旅游市场的激烈竞争，于1988年在我国旅游行业率先成立了中青旅集团，于1997年又作为主发起人组建了我国旅游行业第一家以完整的旅游概念上市的中青旅控股股份有限公司。

二、旅行社的分类

（一）欧美地区旅行社的分类

从旅游经营的运作出发，欧美地区旅行社一般分为三类，即旅游批发商、旅游经营商和旅游零售商。

1. 旅游批发商

旅游批发商是从事组织和批发包价旅游业务的旅行社。首先，它以批量的形式向饭店、交通运输部门、旅游景点和包价旅游涉及的其他部门预订或购买这些服务项目，再根据旅游市场的需求组合成各具特色的包价旅游产品。其次，通过旅游零售商在旅游市场上销售。旅游批发商的主要业务是组合旅游产品、印发旅游产品目录、刊登广告、参加旅游展销会、向旅游零售商提供旅游产品咨询服务等。

2. 旅游经营商

旅游经营商是既从事组织和批发包价旅游业务，又兼营旅游产品零售业务的旅行社。虽然它以组合和批发包价旅游业务为主，与旅游批发商相同，然而，它建有自己的零售网，其产品一方面通过其他零售商销售；另一方面又通过自己的零售网向公众销售。

3. 旅游零售商

旅游零售商即主要经营零售业务的旅行社。旅游零售商主要以旅行代理商为典型代表，当然也包括其他有关的代理预订机构。一般来说，旅行代理商的角色是代表顾客向旅游批发经营商及各有关行、宿、游、娱方面的旅游企业购买其产品；反之，也可以说旅行代理商的业务是代理上述旅游企业向顾客销售其各自的产品。

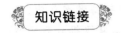

日本 HIS 国际旅行社

日本 HIS 国际旅行社 1980 年以注册资金 1 000 万日元在日本东京成立,现注册资本金为 69 亿日元。1985 年,第一家海外支店——中国香港支店正式成立,至今为止在全世界已拥有近 400 家支店,已成为世界旅游行业 10 强。目前,在日本旅游行业中仅次于 JTB(Japan Travel Bureau,日本旅行社)排名第二,并在国际旅行方面雄踞第一宝座。2010 年营业额为 3 000 亿日元,折合人民币 250 亿元左右。另据日本权威调查机构资料,HIS 连续数年被评为日本大学生最想进入工作的十大公司之一。未来几年内,HIS 志在全球开设 1 000 家支店,并以太空旅游为新的开发方向。

1. 正确的市场定位

HIS 创业者泽田秀雄的事业始于 1980 年。这一年,泽田在东京新宿车站附近的一幢大楼里租了一间屋子并雇了一名职员,用自己留学归来所赚到的苦力钱再加上投资股票所得共 1 000 万日元作资本,办起了一家以供应廉价机票为特色的国际旅行社。日本的大型旅行社经营的主要是团体旅游。HIS 则看准了个人旅游尚未被重视的市场空隙,异军突起,打出了以接待散客尤其是青年学生为主的经营旗号,同时建立了一个比正规国际机票便宜的廉价机票销售机制,并以此为特色,跻身竞争激烈的日本旅游业。由于市场定位准确,HIS 的业务蒸蒸日上,不出几年,便有了令人刮目相看的业绩。

2. 让廉价票更便宜

HIS 销售的机票比别人便宜,其秘密在于它巧妙地利用了日本飞机票流通渠道的空隙。

日本航空公司向旅行社出售的机票价格分个人票和团体票两种,团体票相对较便宜。廉价机票的秘密就在于买来团体票以后再向个人散卖,故能大幅度降低机票价格。日本的机票流通渠道大致有三条:一是航空公司直接向顾客出售,价格较高;二是航空公司向 JTB 发售团体票;三是航空公司通过批发商向中小型旅行社出售。后两种情况,由于是批量销售,价格较便宜,且按规定达到一定的数量还有奖励,也就是我们说的"回扣"。批发商销售渠道,虽然说销售对象较固定,但有时也会卖不完,便再削价出售,HIS 便以低价集纳这类机票,使得能以更低的票价吸引消费者。如此这般,HIS 出售的机票价格只有航空公司直接卖出的五分之一到一半。

3. 臻于完美的服务

泽田酷爱旅游,留学德国期间竟周游了 50 个国家。1976 年回国以后,先经营贸易业,后来便搞起了廉价机票经营。他求学期间周游各国积累的旅游知识帮了他的大忙。HIS 不仅向顾客出售廉价机票,还向他们提供旅游服务咨询,大大吸引了旅游者特别是好奇心强的年轻人。便宜的机票价格再加上各种旅游信息服务的附加价值,使 HIS 在日本旅行业界中脱颖而出,生意日益兴隆。

4. 建立全球性服务网点

1985 年,HIS 在我国香港和美国洛杉矶开设营业所。当时,日本的旅行社中,除了几家较大公司外,尚无人在海外设点,旅馆和交通都委托当地的旅行社来安排。HIS 则领先一步,开始在国外设立服务点,照泽田的说法,这样可以更迅速、妥当地安排游客住宿,做到万无一失。那一年,HIS最热门的旅游线是"中国自由旅行"。从日本乘飞机到我国香港,然后再从我国香港乘火车到我国内地旅游,所花费用比从日本直接飞中国内地旅游要便宜得多,而且前者在签证、旅馆、交通安排上更为方便,这一旅游项目策划,成功地为HIS带来丰厚的利润,这正是在我国香港设立办事机构带来的好处。

HIS经营的廉价机票有许多是旅游淡季或较冷僻的航线,但由于公司在世界各地设有多处办事机构,冷僻的旅游线经过一番巧妙的安排设计,往往带来柳暗花明的结果,特别是对于那些时间充裕却又想千方百计节约费用的年轻人来说更具吸引力。

(二)我国旅行社的业务范围

1. 国际旅行社

国际旅行社是指其经营范围包括入境旅游业务、出境旅游业务和国内旅游业务的旅行社。具体地讲,国际旅行社的经营范围如下。

(1)招徕外国游客来中国,华侨归国与港澳台同胞回内地旅游,为其安排交通、游览、住宿、饮食、购物、娱乐及提供导游等相关服务。

(2)招徕、组织我国境内居民(包括长期居住在我国境内的外国人)在国内旅游,为其安排交通、游览、住宿、饮食、购物、娱乐及提供导游等相关服务。

(3)经国家有关部门批准,招徕、组织我国境内居民到国外旅游,为其安排领队及境外委托接待服务。

(4)经国家有关部门批准,招徕、组织我国境内居民到规定的与我国接壤国家的边境地区旅游,为其安排领队及境外委托接待服务。

(5)经批准,接受游客委托,为其代办入境、出境及签证手续。

(6)为游客代购、代订国内外交通客票,提供行李服务。

(7)其他经国家有关部门规定的旅游业务。

2. 国内旅行社

国内旅行社的经营范围仅限于国内旅游业务,具体业务内容包括以下几个方面。

(1)招徕我国旅游者在国内旅游,为其安排行、游、住、食、购、娱及提供导游等相关服务。

(2)为我国旅游者代购、代订国内交通客票,提供行李服务。

(3)其他经国家旅游局规定的与国内旅游有关的业务。

(4)经国家有关部门批准,地处边远地区的国内旅行社可以接待前往该地区的海外游客。

三、旅行社在现代旅游业发展中的作用

作为旅游业的重要纽带和旅游客源的组织者,旅行社在促进现代旅游业发展中的作用是毋庸置疑的,主要表现在以下几个方面。

1. 旅行社是旅游活动的组织者

旅行社是旅游者与完成旅游目的之间的中介,尤其是就团体消遣旅游而言,这一中介

位置决定了旅行社作为旅游活动组织者的作用。从托马斯·库克开始组织旅游活动起,旅行社的这种组织作用便不断加强。人们不必再担心外出旅游活动的安排,也不必再忧虑外出旅游过程中可能遇到的各种问题。旅游者在外旅游期间的活动开展以及各有关旅游企业之间的联系,有赖于旅行社进行组织和协调。

2. 旅行社是目的地旅游业的前锋

一方面,在旅游业的各有关组成部门中,旅行社最接近客源市场并且首先直接同旅游者接触,对旅游市场的信息了解得也最快。另一方面,由于旅行社同旅游业其他各部门都有密切的联系,因而有关这些部门或企业的产品信息也往往通过旅行社传达给客源市场。因此,旅行社在了解需求及指导供给方面起着非常重要的作用。这一点决定了旅行社在旅游业中的先锋作用。

3. 旅行社是旅游供应商产品销售的主要渠道

旅游业中的交通运输部门、住宿业部门以及其他旅游供给部门虽然也直接向旅游大众出售自己的产品,但其相当数量的产品都是通过旅行社销售给旅游者的。在现代大众旅游的情况下,旅游供给各组成部分的生产者经常不直接与旅游产品的最终消费者发生购销接触,而是通过旅行社这一中间媒介完成销售工作。

知识链接

三明旅游产品全国旅行商采购大会在泰宁举行

2019 年 1 月 23 日,"清新福建·悠然三明·静心泰宁"首届三明旅游产品全国旅行商采购大会在泰宁县举行。来自北京、河北、上海、江西、广东、台湾、河南、浙江、山东、湖北、江苏等地的近 200 名旅行商参会,把丰富、多元的三明休闲度假产品带给广大游客。

本次大会由三明深呼吸旅游联盟、泰宁县人民政府、三明市文化和旅游局主办,是省"全福游·有全福"系列活动之一,也是三明旅游宣传营销的务实举措,对拓展三明的客源市场、打响"中国氧吧·悠然三明"品牌具有重要意义。

大会上,主办方向客人们隆重推介了三明各项旅游资源和泰宁世遗产品,精彩的讲解让旅行商们拍手叫好。大会发布了 2019 年三明市地接奖励政策及南龙铁路旅游营销政策,鼓励旅行商把握南龙铁路开通契机,推出"全福游·三明行"新线路。活动现场,33 家旅行社签订了集团采购协议,就客源组织、线路包装、宣传推广等方面达成合作,对三明旅游产品进行集团采购。

推介会结束后,各旅行商游览了"世遗探秘之旅""全福游·三明行""客家风情之旅""闽学溯源之旅"四条旅游线路,进行实地踩线。

(资料来源:《三明日报》)

四、旅行社的基本业务

尽管旅行社的规模不同,不同类型旅行社的业务范围也不同,但是,其最基本的业务内容大致相同,主要有以下几种。

1. 产品开发业务

旅行社的主要工作是以旅行社产品为媒介,为旅游者提供旅游服务,满足旅游者多种多样的需求。因此,开发出符合旅游者需求的产品是旅行社提供优质服务的前提,也是旅行社赖以生存和发展的基础。旅行社应该在充分调研旅游市场需求的基础之上,科学地进行市场需求预测分析,结合旅游业的特点和条件,开发适销对路的产品。同时,要加强对已投入市场的产品的分析和评估,不断对产品进行优化和升级。

2. 旅游服务采购业务

旅游服务采购业务是指旅行社为生产旅游产品而向相关旅游服务供应部门或企业购买各类旅游服务的一种业务活动。旅游者需要什么样的服务,旅行社就投其所好,如交通、住宿、餐饮等。

3. 产品销售业务

旅行社开发出旅游者需要的产品之后,还必须做好产品的销售工作。旅行社只有把生产出的旅游产品成功地销售给旅游者,才能获得经济效益。

4. 旅游接待业务

当旅游者购买了旅游产品后,旅行社就需要为其提供向导、讲解等各项服务。这个接待过程,既是旅游者消费旅游产品、实现产品效用的过程,也是旅行社供给旅游服务、实现产品价值的过程。旅行社的接待业务不但涉及面广、技能要求高、操作难度大,而且重要性非常强,它影响着旅游者购买旅游产品的感受和效果。

5. 旅游中介业务

除了以上四类业务之外,旅行社还要提供一些中介类的业务,如办理证件、代订车票、代订客房、代买旅游保险等。

任务三　饭　店　业

饭店是指在功能要素和企业要素达到国家标准,能够为旅居宾客及其他宾客提供住宿、饮食、购物、娱乐等综合性服务的企业。我国目前对这一类企业尚无统一称谓,作为行业类别名称,有饭店业、酒店业、宾馆业、旅馆业、涉外旅游饭店业等;作为企业名称,则有饭店、宾馆、酒店、旅馆、山庄、度假村、大厦等。它们都有住宿服务功能,无论住宿服务设施比较简易,还是豪华高档、功能齐全,都集住宿、餐饮、娱乐、购物、商务、休闲于一体,这些形形色色的各种不同类型、规模、等级、形式的饭店企业组成了饭店业。

一、饭店业的发展简史

现代的饭店就是从古代的驿站、古罗马的棚舍、欧洲的路边旅馆及美国的马车客栈演变而来的,其发展进程大体上可以分为四个时期。

1. 古代客栈时期(12—18 世纪)

客栈是随着商品生产和商品交换的发展而逐步发展起来的。最早期的客栈,可以追溯到人类原始社会末期和奴隶社会初期,是为适应古代国家的外交交往、宗教、商业旅行、帝王巡游等活动的需要而产生的。

在西方,客栈作为一种住宿设施早已存在,欧洲许多国家如英国、法国、瑞士、意大利和奥地利等国的客栈已相当普遍。当时比较好的客栈拥有了酒窖、食品室和厨房,还有供店主及管马人用的房间。许多古老客栈还都有花园草坪以及带有壁炉的宴会厅和舞厅。18 世纪,西方许多地方的客栈不仅仅是过路人寄宿的地方,还是当地的社会、政治与商业活动的中心。可以说这些简单的住宿设施不是完整意义上的饭店,而是饭店的雏形。

古代客栈的一般特点是:规模小,建筑简单,设备简易,价格低廉,仅提供简单食宿、休息的场所;管理上,以官办为主,也有部分民间经营的小店,是家庭住宅的一部分,家庭是客栈的拥有者和经营者,没有其他专门从事客栈管理的人员。后来,随着社会的发展,旅游活动种类的增加,客栈的规模也日益扩大,种类不断增多。

2. 豪华饭店时期(18 世纪末至 19 世纪中叶)

豪华饭店时期又叫大饭店时期。随着资本主义经济和旅游业的发展,旅游开始成为一种经济活动,专为上层统治阶级服务的豪华饭店应运而生。在欧洲大陆上出现了许多以"饭店"命名的住宿设施,无论是豪华的建筑外形,高雅的内部装修,还是服务和用餐的各种规范形式,都是王公贵族生活方式商业化的结果。饭店与其说是为了向旅游者提供食宿,不如说是为了向他们提供奢侈的享受。

一般认为,欧洲第一个真正可称为饭店的住宿设施是在德国的巴登建起的巴典国别墅。随后,欧洲许多国家大兴土木,争相修造豪华饭店。当时颇有代表性的饭店有 1850 年在巴黎建成的巴黎大饭店、1874 年在柏林开业的凯撒饭店、1876 年在法兰克福开业的法兰克福大饭店和 1889 年开业的伦敦萨沃伊饭店等。豪华饭店是新的富裕阶级生活方式和社交活动商业化的结果。

豪华饭店的特点是:规模宏大,建筑与设施豪华,装饰讲究,许多豪华饭店还成为当代乃至世界建筑艺术的珍品;饭店内部分工明确,对服务工作和服务人员要求十分严格,讲究服务质量;饭店内部出现了专门的管理机构,促进了饭店管理及其理论的发展。

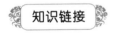　知识链接

巴登-巴登饭店

建于 19 世纪初德国温泉疗养胜地巴登巴登的"巴登-巴登饭店"(Der Badische Hof),也称作"巴典国别墅",它是欧洲第一个真正称得上豪华饭店的住宿设施。这个饭店规模宏大,设施齐全,装饰富丽堂皇,有带廊柱的门厅、带活动舞台的音乐厅、环境幽雅的餐厅、独立的图书阅览室、典雅的公共花园和通风良好的客房,饭店以接待各国王室显要为荣。巴登-巴登饭店的出现在西方掀起了兴建豪华大饭店的热潮。

3. 商业饭店时期(19 世纪末至 20 世纪 50 年代)

商业饭店时期是饭店业发展的重要阶段,是世界各国饭店最为活跃的时代,它使饭店业最终成为以一般平民为服务对象的产业,它从各个方面奠定了现代饭店业的基础。

20 世纪初,世界上最大的商业饭店业主出现在美国,他就是埃尔斯沃思·米尔顿·

斯塔特勒。1908 年,斯塔特勒在美国巴法罗建造了第一个由他亲自设计并用他的名字命名的斯塔特勒饭店。该饭店是专为旅行者设计的,适应了市场的需求,创造了以一般平民所能负担的价格条件,但却提供世界上最佳服务为目标的新型饭店,开创了饭店业发展的新时代。斯塔特勒的饭店经营思想和既科学合理又简练适宜的经营管理方法,至今对饭店业仍大有启迪,对现代饭店的经营具有重要的影响。

商业饭店的基本特点是:第一,商业饭店的服务对象是一般的平民,主要以接待商务客人为主,规模较大,设施设备完善,服务项目齐全,讲求舒适、清洁、安全和实用;第二,实行低价格政策,使顾客感到收费合理,价有所值;第三,饭店经营者与拥有者逐渐分离,饭店经营活动完全商品化,讲究经济效益,以营利为目的;第四,饭店管理逐步科学化和效率化,注重市场调研和市场目标选择,注意训练员工和提高工作效率。

知识链接

美国的饭店业主埃尔斯沃思·斯塔特勒

1908 年 1 月 8 日,美国的饭店业主埃尔斯沃思·斯塔特勒先生在布法罗城建造了一座以自己的名字命名的"斯塔特勒饭店"(Statler Hotel)。这个饭店在建造上采用了许多新设备,如每个房间设一个独立的浴室,每个房间安装了一部电话,将豪华电梯应用于饭店建筑,电灯开关安装在房门旁,楼层设置安全防火门,门锁和把手配套安装在一起,楼层内的水、暖和电路管线集中设计在同一竖井(斯塔特勒井)内,房间内引进了冰水管,房间里增加了衣橱等。饭店经营开始重视广告宣传,饭店一度执行"一间客房 1 美元 50 美分"的价格政策。

在饭店服务上,斯塔特勒亲自编写了《斯塔特勒服务准则》,提出了"饭店成功的三大要素:一是地理位置;二是地理位置;三还是地理位置"和"客人永远是正确的"的至理名言。斯塔特勒先生被公认为是现代饭店的创始人。直到今天,在闻名退迩的美国康奈尔大学饭店管理学院仍建有斯塔特勒楼,楼的墙上嵌有一块牌子,上面这样写道:"生活即服务。谁给他人的服务多一点儿、好一点儿,谁就会走在前面。"这也是斯塔特勒先生提倡的饭店服务哲学。

4.现代新型饭店时期(20 世纪 50 年代以后)

第二次世界大战后,随着世界范围内的经济复苏和繁荣,人口的迅速增长,世界上出现了国际性的大众化旅游。科学技术的进步,使交通条件大为改善,为外出旅游创造了条件;劳动生产率的提高,使人们的可支配收入增加,对外出旅游和享受饭店服务的需求迅速扩大,加快了旅游活动的普及化和世界各国政治、经济、文化等方面交往的频繁化。这种社会需求的变化,促使饭店业由此进入了现代新型饭店时期。

在现代新型饭店时期,饭店业发达的地区并不仅仅局限于欧美,而是遍布全球。亚洲地区的饭店业从 20 世纪 60 年代起步发展至今,其规模、等级、服务水准、管理水平等方面毫不逊色于欧美的饭店业。在美国(机构投资者)杂志每年组织的颇具权威性的世界十大最佳饭店评选中,亚洲地区的饭店往往占有半数以上,并名列前茅。由我国香港东方文华饭店集团管理的泰国曼谷东方大饭店,十多年来一直在世界十大最佳饭店排行榜上名列榜首。在亚洲地区的饭店业中,已涌现出较大规模的饭店集团公司,如日本的大仓饭店集团、日本的新大谷饭店集团、我国香港东方文华饭店集团、我国香港丽晶饭店集团、新加坡香格里拉饭店集团、新加坡文华饭店集团等,这些饭店集团公司不仅在亚洲地区投资或管理饭店,并已将业务扩展到欧美地区。

现代新型饭店的主要特点是:旅游市场结构的多元化促使饭店类型多样化,如度假饭店、观光饭店、商务饭店、会员制俱乐部饭店等;市场需求的多样化使饭店设施不断变化,经营方式更加灵活;饭店产业的高额利润加剧了市场竞争,使饭店与其他行业联合或走向连锁经营、集团化经营的道路;现代科学技术和科学管理理论的发展,使现代饭店管理日益科学化和现代化。

另外,现代新型饭店时期,饭店业的发展呈现出集团化的发展趋势。

早期的国际饭店集团多通过购买不动产方式达到扩张的目的(如希尔顿集团、喜来登集团等)。20 世纪 70 年代前后,越来越多的饭店集团实行洲际性扩张,通过特许经营和委托管理模式不断发展壮大。从 20 世纪 80 年代中后期开始,几乎所有的饭店集团都把发展方向锁定在全球,通过交错运用委托管理、特许经营、带资管理、联销经营等手段,实现了集团大型化。集团与集团之间的强强联合、资产重组等行为屡见不鲜,以致出现了像洲际集团这样的饭店业超级航母。近年来,一些新兴的、以强有力的技术资源作为支撑的饭店联盟也以其独特的联销经营方式而迅速崛起。

饭店集团化发展时期的主要特点是:饭店集团化运作模式更加成熟,方式方法更加多样;集团规模进一步扩大,饭店数量更多,单个饭店规模扩大,涉及的地区或国家更多;饭店的品牌效应进一步显现,企业文化更加得到重视,管理制度进一步完善;资本运作在饭店集团发展中的地位越来越突出;服务更加成熟,形式、方法和理念进一步发展,形成鲜明的不同服务模式和不同层次的服务方式。

二、饭店在旅游业中的作用

饭店发展到今天,已不再是仅限于提供食宿的场所,而已成为一种不断现代化、专业化、多功能化的商业性综合接待企业。

1. 饭店是旅游者进行旅游活动的重要基地

在旅游活动的六大要素中,不但旅游者的住、食主要由饭店提供,而且在购、娱方面,饭店也为旅游者创造了一定的条件。所以,饭店为旅游者进行旅游活动提供了重要的生活保障,既满足了旅游者旅游过程中维持生命和消除疲劳的基本需求,又为旅游者创造了休闲、享乐的条件。现代饭店已发展成为集住宿、餐饮、娱乐、保健、社交、购物于一体的综合性服务设施。同时,一座有特色的高质量服务的饭店,本身也是一种有吸引力的旅游资源。

2. 饭店是创造旅游收入的重要部门

饭店在旅游业的经济收益中的作用不可忽视,因为饭店为旅游者提供的服务项目较多,除食宿外,还提供娱乐、购物、美容美发等多方面的服务。此外,饭店服务项目的收费一般比较高,因为它为人们提供了舒适的消费环境。所以,饭店是旅游业经济收益的一个重要渠道,其营业收入在旅游业总收入中占有相当的比重。

　　3. 饭店为社会提供直接和间接的就业机会

　　饭店业是一个劳动密集型行业,虽然其固定成本所占比重很高,但其功能主要依靠员工向客人提供面对面的服务,因而使用的员工数量较多,其工资成本在营业成本中所占比重也高。所以,饭店可以为社会提供大量的就业机会。国外资料表明,饭店每增加一间客房,可提供直接就业机会 1.5 人,并为 2.5 人创造间接就业机会,即每增加一间客房可为社会解决 4 个人的就业。

　　4. 饭店是经济交流和社会交往的重要场所

　　旅游无国界,饭店的宾客来自五湖四海,他们的来访促进了文化、科学、经济的交流;同时,饭店提供的幽雅环境,如咖啡厅、茶坊和娱乐场所等,也促进了社交活动的发展。

　　5. 饭店是衡量旅游地接待能力的重要标志

　　国际上通常把一个国家或地区的饭店数量和服务水平的高低作为衡量该国家或地区旅游业发展水平的重要标志。这是因为,饭店的数量、设施设备的现代化水平和服务质量的高低,反映了一个国家或地区的经济发展水平和社会的文明程度。并且,饭店的数量多,其总床位也多,意味着容纳客人数量也大,旅游接待能力必然很强。

三、饭店的功能

　　饭店的功能是指饭店为满足宾客的需求而提供的服务所发挥的效用,饭店最基本、最传统的功能就是为人们提供住宿和餐饮,由于客源及其需求的变化,现代饭店的功能已较传统的饭店时期有了很大的发展,其功能日益多样化。

　　1. 住宿功能

　　饭店为游客提供多种客房(如标准房、单人房和套房等),包括床位、卫生间和其他生活设施。以清洁、舒适的环境和热情、周到的服务,使游客在旅途中得到很大的便利和很好的休息,获得"宾至如归"的感觉。

　　2. 餐饮功能

　　饭店一般设有不同的餐厅,以精美的菜食、良好的环境、可靠的卫生条件和规范的服务,向旅游者提供包餐、风味餐、自助餐、点菜、小吃、饮料以及酒席、宴会等多种形式的餐饮服务。

　　3. 商务功能

　　商务型饭店为商务旅游者从事商务活动提供各种方便、快捷的服务。饭店设置商务中心、商务楼层、商务会议室与商务洽谈室,提供传真,国际、国内直拨电话等现代通信设施。当今更是出现了客房商务化的趋势,传真机、电话线、打印机、计算机等都逐步开始普及。有的饭店还发展电子会议设备,设有为各种联络所需要的终端。未来的饭店将通过高科技的武装而更加智能化、信息化,从而使商务客人的各种需求得到更大的满足。

　　4. 家居功能

　　饭店是客人的"家外之家",应努力营造"家"的气氛,使入住饭店的客人感到像在家里一样亲切、温馨、舒适、方便。尤其是公寓饭店,一般带有生活住宿性质,主要为长住客服务,价格便宜,自助服务设施齐全(如自助厨房、自助洗衣等),客人自由、方便,家居功能尤为典型。

5. 度假功能

随着度假旅游市场的兴起和不断发展,对度假型饭店的需求日益增长。度假型饭店一般位于风景区内或附近,通常注重提供家庭式环境,客房能适应家庭度假、几代人度假以及独身度假的需要,娱乐设施也很齐备。

6. 会议功能

饭店可为从事商业、贸易展览、科学讲座等的客人提供会议、住宿、膳食和其他相关的设施与服务。饭店内有大小规格不等的会议室、谈判间、演讲厅、展览厅,且会议室、谈判间都有良好的隔板装置和隔音装置,并能提供多国语言的同声翻译,有的饭店还可以举行电视会议。

此外,饭店还具有娱乐健身功能、通信和信息集散功能、文化服务功能、商业购物服务功能等。可见,现代饭店已不仅仅是住宿产业,而是为旅游者提供多种服务、具备多种功能的服务产业。

四、饭店的分类

由于世界各国不同的历史文化、不同的地理位置与气候条件的差异,世界各地的饭店也有着不同的类型与等级。目前,世界各地的饭店有以下几种基本类型。

(一) 根据饭店的服务对象分类

根据饭店的服务对象分类,可将饭店分为以下几类。

1. 商务型饭店

商务型饭店又称暂住型饭店,主要以接待从事商务活动的客人,而非以接待旅游度假客人为主的饭店。商务型饭店在地理位置、饭店设施、服务项目、价格等方面都以商务为出发点,尽可能地为商务客人提供便利。这类客人对饭店的地理位置要求较高,要求饭店靠近城区或商业中心区。相关商务设施必须配备齐全,如打字、复印、传真、翻译等服务。其客流量一般不受季节的影响而产生很大的变化。商务型饭店的设施设备齐全,服务功能较为完善。

2. 度假型饭店

度假型饭店主要是为宾客旅游、休假、疗养等提供食宿及娱乐活动的一种饭店类型。度假型饭店多兴建在海滨、温泉、风景区附近,其经营的季节性较强,要求有较完善的娱乐设备。度假型饭店因地域、经济、文化的不同而具有地方性、灵活性和多样性的特点。度假型饭店可分为两种:一种是观光度假型饭店,这类饭店要求的地理位置比较独特,多位于海滨、草原、海岛、森林、雪山等拥有独特旅游资源的地方,并且能够提供多种旅游活动和健身活动,如游泳等;另一种则是休闲度假型饭店,这类饭店不需要有良好的旅游资源,但一定要有安静、舒适、绿化较好的自然环境。因为这类饭店的顾客都是为了放松身心、释放压力、逃离城市的喧嚣而来的。

万达长白山国际度假区度假酒店

万达长白山国际度假区(见图 5-2)根据长白山特点量身定制了 9 座风格不同的度假酒店,区内共有各式房间 3 000 余套,大中小型会议室、宴会厅、特色餐厅、泳池、健身房一应俱全,适合各种度假、会议、商务活动。从六星级柏悦酒店、威斯汀酒店到凯悦酒店、喜来登酒店、假日度假酒店、套房假日酒店、智选假日酒店、宜必思尚品酒店、汉拿山温泉度假会所,每一家都各具特点,精心为您带来长白山近在咫尺的茫茫林海、皑皑雪山、阳光普照的原生态之美。

图 5-2　万达长白山国际度假区

六星级柏悦酒店是全球著名的凯悦酒店集团旗下顶级奢华品牌,是中国内地开设的第一家柏悦度假酒店,建筑面积 3.2 万平方米,共有客房 150 套。六星级威斯汀酒店是全球著名的喜达屋酒店集团旗下顶级品牌,位于酒店区制高点,并紧邻主雪道,拥有滑雪场、高尔夫及人工湖等多方向绝佳景观,建筑面积 3.7 万平方米,共有客房 250 套。

五星级凯悦酒店紧邻柏悦酒店,建筑面积 5.5 万平方米,共有客房 300 套,拥有 1 000 平方米的大型宴会厅及 9 个中小会议室,会议设施达到国际一流。五星级喜来登酒店毗邻滑雪场,四周环绕着壮丽迷人的山峦,让您尽享舒适与惬意,建筑面积约 4 万平方米,共有客房 300 套并设有 1 300 平方米的大型宴会厅。

假日度假酒店是洲际酒店集团旗下的著名品牌,靠近高尔夫球场,建筑面积 4 万平方米,共有客房 280 套,滑雪者可通过专有雪道直接滑入酒店大堂;套房假日酒店按照国际四星级酒店标准建设,位于商业街的核心区,正对着佛库伦湖,景观环境优美,建筑面积 2.5 万平方米,共有客房 258 套,可使游客获得居家生活的温馨体验。酒店整体为欧式木屋风格,在雪山与幽谷之间的写意建筑,拥有中国滑雪场最舒适的居住环境,为运动之后的度假者提供极佳的休憩之地。

3. 长住型饭店

长住型饭店也称为公寓型饭店,此类饭店客房多采用家庭式结构,以套房为主,配套适合客人长住的家具和电器设备,房间大则可供一个家庭使用,小则有仅供一人使用的单人房间。在服务上讲究家庭式氛围,亲切周到,是既提供一般饭店的服务又提供一般家庭服务的饭店。

4. 会议型饭店

会议型饭店是以接待会议旅客为主的饭店(见图 5-3),除食宿、娱乐外,还为会议代表提供接送站、会议资料打印、录像摄像、旅游等服务,要求有较为完善的会议服务设施,如大小会议室、同声传译设备、投影仪和功能齐全的娱乐设施等。

图 5-3　会议型饭店会议室

(二)根据饭店的经营方式分类

根据饭店的经营方式分类,可将饭店分为以下几类。

1. 集团经营饭店

集团经营饭店又称连锁饭店或饭店联号,是指饭店集团在本国或世界各地拥有或控制两家或两家以上的饭店。这些饭店采用统一的店名、店标,统一的经营管理方式,统一的管理规范和服务标准、联合经营形成的系统。集团经营则可以避免市场的过度竞争,增加行业的利润。从 20 世纪 80 年代中期以来,饭店集团在我国饭店市场运行中扮演了越来越重要的角色,而 21 世纪我国的饭店业无疑将进入饭店集团经营的世纪。

2. 独立经营饭店

独立经营饭店是指由投资者独立经营的单个饭店,在目前饭店业界,绝大多数中小型饭店都属于独立经营饭店。

3. 联合经营饭店

联合经营饭店是指由多家独立经营饭店联合而组成的饭店,借联合的力量来对抗集团经营饭店的竞争。此种经营方式在保持各饭店独立产权、自主经营基础上,实行联合统一的对外经营方式,如建立统一的订房协议系统、统一对外的质量标准、统一的公众标志等。此类饭店可开展联合对外的促销、宣传活动和内部互送客源等,形成规模经济。

(三)根据饭店的建筑规模分类

目前,旅游行政部门对饭店的规模还没有一个统一的划分标准。较通行的分类方法是以客房和床位的数量多少,区分为小型、中型、大型三种。

1. 小型饭店

小型饭店主要是指拥有 300 间以下标准客房数量的饭店。饭店内的设施设备和服务能满足饭店的标准和要求,价格便宜,属于经济型饭店。

2.中型饭店

中型饭店主要是指拥有300~500间标准客房数量的饭店。饭店内的设施设备完备,服务项目齐全,能满足饭店的标准和要求,价格适中,是多数旅游者愿意接受并喜欢选择的饭店。

3.大型饭店

大型饭店主要是指拥有500间以上标准客房数量的饭店。饭店内的旅游服务综合设施配套齐全,服务项目多样化,豪华舒适。

(四)根据饭店的地理位置分类

根据饭店的地理位置分类,可将饭店分为以下几类。

1.中心城市饭店

中心城市饭店位于城市中心或商业区等繁华地带,地理位置优越,适宜发展以商务游客为主的饭店。

2.风景区饭店

风景区饭店(见图5-4)位于旅游风景区、海滨、湖滨、森林等地,环境优美,空气质量较好,适宜于发展以度假为主的饭店。

3.汽车饭店

汽车饭店是指位于公路沿线,为适应汽车旅游需要而建成的各种经济、方便的饭店,适宜于发展以汽车旅游为主的饭店。

4.机场饭店

机场饭店位于机场附近,是为乘坐飞机的旅客提供住宿、餐饮及其他所需服务的饭店,以便利、安全为主。

图 5-4　风景区饭店

5.郊区饭店

郊区饭店位于城市郊区或交通便利之地,包括建在市郊的车站、码头等地,适宜于发展以汽车旅游方式为主及经济型游客为主的饭店。

(五)根据计价方式分类

根据计价方式分类,可将饭店分为以下几类。

1.欧式计价饭店

欧式计价饭店是指饭店客房价格仅包括房租,不含食品、饮料等其他费用。这种计价方式源于欧洲,世界各地绝大多数饭店均属此类,我国的旅游涉外饭店也基本上采用这种计价方式。

2.美式计价饭店

美式计价饭店的客房价格包括房租以及一日三餐的费用,因此,又被称为全费用计价方式。这种计价方式多用于度假型饭店。

3. 修正美式计价饭店

修正美式计价饭店的客房价格包括房租和早餐以及午餐或晚餐(二者任选一个)的费用,以使宾客有较大的自由安排白天活动。这种计价方式多用于旅行社组织的旅游团队。

4. 欧陆式计价饭店

欧陆式计价饭店的客房价格包括客人的住宿费和每日一顿欧陆式简单早餐的计价方式,欧陆式早餐主要包括果汁、烤面包、咖啡或茶。有些国家把这种计价方式称为"床位连早餐"计价。

5. 百慕大计价饭店

百慕大计价饭店的客房价格包括客人的住宿费和每日一顿美式早餐的计价方式。美式早餐除含有欧陆式早餐的内容以外,通常还包括火腿、香肠、咸肉等肉类和鸡蛋。

五、饭店的等级

饭店等级的划分因不同国家和地区采用的等级标准不同,用以表示级别的标志与名称也不一样。在饭店等级的标识方法上,有的是以星号的多少表示,有的则以数字表示法如1、2、3、4 等级或者以其他的符号表示。如法国的饭店分为"1~5 星"五级,意大利的饭店采用"豪华、1~4 级"制,瑞士的饭店分为字母表示法"A、B、C、D、E 1~5 级",奥地利的饭店使用"A1.A、B、C、D"级,美国汽车协会及美国汽车石油公司分别制定并使用的"五花"和"五星"等级制。有的国家和地区则采用"豪华、舒适、现代"或"乡村、城镇、山区、观光"或"国际观光、观光"等分等制。

我国饭店采用的是五星制,根据《中华人民共和国旅游涉外饭店星级标准》,按照饭店的建筑、装潢、设备设施条件和维修保养状况、管理水平和服务质量的高低、服务项目的多少进行全面考核,综合平衡将饭店划分为一星、二星、三星、四星、五星共五个等级。

1. 一星

设备简单,饭店提供食、宿两项最基本的产品,能满足客人基本的旅游需要,要有适应所在地气候的采暖、制冷设备,可以 16 小时供应热水,至少有 15 间(套)可供出租的客房,客房、卫生间每天要全面整理一次,隔日或应客人要求更换床单、被单及枕套,并做到每客必换,能够用英语提供服务。

2. 二星

设备一般,除具备客房、餐厅等基本设备外,还有卖品部、邮电、理发等综合服务设施,服务质量较好,属于一般旅行等级。在一星级的基础上还需要有叫醒服务,可以 18 小时供应热水,至少有 20 间(套)可供出租的客房,有可拨通或使用预付费电信卡拨打国际、国内长途的电话,有彩色电视机,每日或应客人要求更换床单、被单及枕套,提供洗衣服务,应客人要求提供送餐服务,4 层(含 4 层)以上的楼房有客用电梯。

3. 三星

设备齐全,不仅提供食宿,还有会议室、游艺厅、酒吧间、咖啡厅、美容室等综合服务设施。设专职行李员,有专用行李车,可以 18 小时为客人提供行李服务,有小件行李存放处,提供信用卡结算服务,至少有 30 间(套)可供出租的客房,电视频道不少于 16 个,可以 24 小时提供热水、饮用水,免费提供茶叶或咖啡,70% 的客房有小冰箱,提供留言、叫醒、衣装湿洗、干洗、熨烫、擦鞋服务,服务人员有专门的更衣室、公共卫生间、浴室、餐厅、宿舍等设施。这种属于中等水平的饭店在国际上最受欢迎,数量较多。

4. 四星

设备豪华,综合服务设施完善,服务项目多,服务质量优良,室内环境具艺术性,提供优质服务。需要有中央空调、背景音乐系统,可以18小时提供外币兑换服务,至少有40间(套)可供出租的客房,70%的客房的面积(不含卫生间)不小于20平方米,提供国际互联网接入服务,卫生间有电话副机、吹风机,客房内设微型酒吧,餐厅餐具按中西餐习惯成套配置、无破损,3层以上建筑物有数量充足的高质量客用电梯,轿厢装修高雅,代购交通、影剧、参观等票务,提供市内观光服务,能用普通话和英语提供服务,必要时能用第二种外国语提供服务。客人不仅能够得到高级的物质享受,也能得到很好的精神享受。

5. 五星

设备十分豪华,设施更加完善,除了房间设施豪华外,服务设施齐全。有各种各样的餐厅,较大规模的宴会厅、会议厅,综合服务比较齐全,是社交、会议、娱乐、购物、消遣、保健等活动中心。除内部装修豪华外,要求70%的客房面积(不含卫生间和走廊)不小于20平方米,至少有40间(套)可供出租的客房,室内满铺高级地毯,或用优质木地板或其他高档材料装饰,每个客房配备微型保险柜,有紧急救助室。

🔖 知识链接

世界豪华的酒店与建筑

1. 阿拉伯塔酒店(见图5-5)(迪拜)

阿拉伯塔酒店又称"迪拜帆船酒店""阿拉伯之星",位于中东地区阿拉伯联合酋长国的迪拜市,为全世界最豪华的酒店。金碧辉煌、奢华无比的阿拉伯塔酒店是世界上第一家七星级酒店。

2. Pentominium(迪拜)

虽然建筑Pentominium时由于缺乏资金被迫叫停,但是这一建筑仍令人印象深刻,它的建筑高度为516米。Pentominium位于迪拜海岸,虽然Pentominium是最有名的一栋居民楼,而不是酒店,但住在Pentominium内的居民却被视为更像是住在七星级的酒店当中。这是因为这里

图5-5　阿拉伯塔酒店

奢侈品众多,居民还可以享受到酒店式的设施,如管家服务、豪华车,居民还能够参加航海旅行。此外,居民可以享用室内游泳池并欣赏海岸线的壮观景色。

3. 盘古大观(摩根广场)(见图5-6)(北京)

盘古大观位于北京市朝阳区北四环中路27号,外观看起来有些普通,是一个集写字楼、国际公寓、酒店和商业走廊的房地产项目。盘古大观共有A~E座五座楼,其中A座最高,为标志性建筑。A座为写字楼;B~D座为国际公寓"盘古七星公馆",E座为"盘古七星酒店"。

图 5-6　盘古大观(摩根广场)

4. 国际广场酒店及购物中心(见图 5-7)(奥兰多)

2017 年,一个新的七星级豪华酒店在佛罗里达州奥兰多建成。酒店设 1 256 间客房,所有这些都将达到七星级别。酒店花费总计 400 亿美元打造,包括两栋塔楼、瞭望台、商店、餐馆,甚至是溜冰场。酒店的开发商 Blackmine 集团表示,奢华酒店有着"时髦的,不可抗拒的氛围,让每一位客人感觉像一个名人或亿万富翁"。

5. 酋长皇宫酒店(见图 5-8)(阿布扎比)

酋长皇宫酒店是花费 39 亿元打造的,但我们相信所有人都会同意,每一分钱都花得很值。酋长皇宫酒店位于阿布扎比的私人海滩,是座美丽的花园。在酋长皇宫酒店入住期间,可以享受到鱼子酱和 15 000 美元的干邑。也可以游泳,在海洋中畅游,可在自己的私人沙滩上打网球,参观温泉,甚至打橄榄球或踢足球,一晚的费用超过 12 000 元。

图 5-7　国际广场酒店及购物中心

图 5-8　酋长皇宫酒店

任务四 旅游交通

按照传统的产业划分标准,交通运输业是独立于旅游业而存在的。交通运输泛指人与物体的输送,而旅游交通仅是交通客运中的一部分,交通客运不仅承担着运输旅游者的任务,还运输其他旅客,两者很难截然分开。

旅游交通是指旅游者利用某种手段和途径,实现从一个地点到达另一个地点的空间转移过程,它既是"抵达目的地的手段,同时也是在目的地内活动往来的手段"。其核心内涵是:因旅游需求而伴随着旅游全过程的交通线路、工具、设施以及服务的总和。

一、旅游交通的任务

旅游交通的任务在于解决旅游者在客源地与旅游目的地之间的往返,从一个旅游目的地前往另一个旅游目的地,以及在一个旅游目的地内的不同区域之间便利往来的问题。这意味着,其任务不仅在于帮助旅游者克服在不同地点间往来的空间距离,更重要的是帮助旅游者解决在不同地点间实现便利往来的时间距离问题。

二、旅游交通在旅游业中的作用

旅游业的产生和发展与交通业的发展是紧密结合在一起的,无论古代旅游、近代旅游还是现代旅游,交通都是联系旅游者与旅游对象、客源地与目的地的重要环节。

1. 旅游交通是实现旅游活动的先决条件

旅游者在外出旅游时,首先需要解决的问题便是如何抵达旅游目的地。由于旅游者的闲暇时间有限,如果旅途时间超过可以接受的限度,旅游者要么会改变对旅游目的地的选择,要么则会取消出游计划。所有这些问题的解决都有赖于交通运输这一条件。

2. 旅游交通是旅游目的地发展的重要保障

对于一个旅游目的地来说,旅游业的生存和发展有赖于客源的充足。只有在该地的可进入性程度能够使众多旅游者前来光顾的情况下,该地的旅游业才有可能实现生存和发展。交通运输网络犹如旅游目的地的血管,担负着在各地间输送游客的任务,因而成为目的地旅游业发展的重要保障。

3. 旅游交通是旅游收入的重要来源

人们在外出旅游期间,用于支付交通运输的开支属于必不可少的基本旅游消费,因而也是目的地旅游收入的稳定性来源。就国内旅游而言,无论哪个国家旅游交通的收入在该国国内旅游总收入中都占有相当大的比重。

4. 旅游交通丰富了旅游活动的内容

乘坐不同的交通工具可以领略到不同的风光,获得不同的享受和经历,有的旅游项目本身就是对新的交通工具的一种体验和参与,如漂流、骑马、爬山、游船等。

三、现代旅游交通的类型及特点

目前,人们外出旅游的主要交通方式是乘坐汽车、飞机、火车和轮船。这些旅行方式的相互配合和相互补充为旅游活动的开展提供了便利的物质条件。

(一)公路旅游交通

公路旅游交通是最普遍、最重要的短途运输方式,该方式所占比重高达66%～69%。

1. 公路客运

在旅游客运服务方面,由于汽车客运比其他运输方式的运营成本低,很多国家的汽车客运服务价格较为低廉,特别是汽车旅游公司的客运价格更是如此。更重要的是,在旅游公司利用汽车组织包价旅游的情况下,公司派车接送游客十分方便,从而克服了行李和转车的问题。在乘车旅游过程中,除旅游公司专派陪同和导游人员外,通常情况下往往都是由汽车司机兼任导游工作。所以汽车包价旅游不仅受老年市场欢迎的旅游形式,也吸引着越来越多的消费层次较低的旅游者,特别是青年学生。

然而,就一般的长途客运服务而言,大部分国家的汽车公司活动范围都有限。从国际上看,美国的全球性汽车客运经营公司较多,有名的灰狗汽车公司和大陆汽车公司已建立起纵横美国大陆的庞大线路网,并且包括经营通往加拿大和墨西哥的汽车客运服务。但人们一般认为乘汽车外出旅游的距离不宜过长,最好不超过两小时的旅行路程,否则便会使人感到不舒服。尽管汽车公司采取了很多措施,如改进座位的舒适性,在长途汽车上增设厕所等设施,但人们对乘汽车旅行的传统看法仍未完全消除。

2. 自驾游

由于自驾车外出度假灵活方便、行止自由,并且可使家庭外出旅游的交通费用相对较低,特别是人们往往只注意到自驾车旅行的直接费用,而不顾及私人汽车的磨损、折旧之类的间接费用。而且,自己驾车旅游还有其他一些优点,如容易携带行李和娱乐器具,可以观赏沿途风光等,因而在欧美国家中,人们普遍喜欢自己驱车在国内旅游。针对人们喜欢自己驾车旅游这一特点,许多国家的旅游业也设置了相应的业务来迎合这一市场的需要。

3. 公路旅游交通的优缺点

(1)公路旅游交通的优点

① 灵活自如。公路旅游交通汽车种类繁多、规格全、营运灵活,公路网里程长、密度大、四通八达,汽车站数量多、分布广、遍及城乡各地。因此,与其他交通方式相比,公路交通更加灵活、方便,可以把旅游者直接送到目的地,实行"门对门"的服务。而且,乘坐私人汽车旅游不受旅游时间和线路的局限,可以随时安排和调整旅游行程和目的地。

② 节约时间。公路交通可以免去提前预订座位、购买车票、托运行李和办理登机等一系列手续,而且可以在居住地与旅游目的地之间、目的地内各旅游活动场所之间进行直达旅行,不必考虑往返于居住地和机场(火车站、港口、码头)之间的换乘问题,因此在200千米左右的近距离旅行中比其他方式更为省时。

③ 便于游览。使用公路旅游交通方式，旅游者不仅可以观赏沿途自然风光和城乡风貌，还可以直接抵达旅游景点，便于观光游览和参加动态旅游活动。乘坐汽车的旅游者，包括部分有组织的旅游团，都可以临时增减所游览的旅游景点和参加的活动项目，延长和缩短旅游时间，从而使旅游者游得尽兴、玩得开心。

（2）公路旅游交通的缺点

① 速度较慢，舒适程度偏低。汽车的速度在每小时 70～80 千米，高速公路最高车速也不超过每小时 120 千米，与火车和飞机的速度相比较慢。虽然公路旅游交通不断改进，不断提高服务质量，甚至增加了卧铺车，但舒适度仍然偏低，不适合长途旅行。

② 载客量有限，能量消耗大。由于汽车容量的限制，载客量有限。一般大型客车也只能乘载 40～50 人，与火车几千人的运载能力无法相提并论。同时，乘客人均能量消耗量也相对较大。

③ 安全系数低。据统计，在各种交通方式中，公路上的事故率是最高的。

④ 对旅游地产生负面影响。自驾车旅游会造成旅游地的拥挤和环境污染。旅游度假地一般地租较贵，加上要保护旅游景观，不可能无止境地修建停车场和道路设施，人们大量开车前往旅游目的地势必造成该地的拥挤和环境污染。

（二）水路旅游交通

水路旅游交通是利用自然和人工水域作为航线，以船舶作为主要交通工具载客的一种运输方式。

1. 内河旅游交通

内河旅游交通通常是指利用各种船舶、排筏和其他浮运工具，在内陆的江河、湖泊、运河、水库等水道运送旅游者的一种水上旅游交通方式，通常又简称"河运"。大多数内河旅游交通是在一个国家范围内进行，只有少数内河旅游交通属于国际性的，如欧洲的多瑙河、北美洲的五大湖、连接地中海和红海的苏伊士运河及连接太平洋和大西洋的巴拿马运河等。

2. 远洋旅游交通

远洋旅游交通是指利用各种远洋客轮、游轮及其他海上运输工具，用于跨大洋的洲际旅游或环球旅游的水路交通方式。在 20 世纪 50 年代以前，这是跨海进行洲际或环球旅游的唯一交通方式。早期的旅游者多是搭乘邮轮出海远行，因此远洋游轮又有远洋邮轮之称。后来除了极少量的上层人使用的豪华游轮外，旅游交通船只与普通客运船只是混淆不分的。20 世纪 50 年代末期，大型喷气式客机的使用代替了普通游轮的运输作用，造成了大批轮船公司停运，只有少数豪华游轮保留了下来。于是，远洋游轮向集服务、娱乐、运动、休憩等各种功能于一体的大型豪华游轮方向发展，这种交通工具具有良好的抗颠簸、抗摇摆的航行性能，乘坐安逸舒适，目前多为时间充足、经济实力雄厚的老年旅游者选用。大型豪华游轮集中在欧美经济发达国家和地区，现在国际上主要的世界远洋环球航线有南北两条：北线是纽约—欧洲—贝鲁特—塞得港—孟买—中国香港—日本—檀香山—旧金山—纽约；南线是悉尼—毛里求斯—开普敦—里约热内卢—瓦尔帕莱索—复活节岛—塔希提岛—悉尼。

3. 沿海航运

沿海航运是指游船在一个国家或地区的沿海各景点间航运的交通方式。在沿海旅游资源集中分布的地区,人们可以边航行边游览,这种融"旅"与"游"为一体的突出特点是其他交通方式所无法比拟的。除高速水上交通工具外还运行着一种叫作"水上旅馆"的游轮,船上设施近似于远洋豪华游轮,但规模较小。由于在经济发达国家盛行汽车旅游,于是在 20 世纪 60 年代以来,沿海旅游交通从单纯载客发展到载运汽车并兼顾旅游的汽车游轮。

4. 水路旅游交通的优缺点

(1)水路旅游交通的优点

① 豪华舒适。现代远洋游船和内河豪华游船在很大程度上已超越了传统意义上单一客运功能,成为集运输、食宿、游览、娱乐、购物等多种功能于一体的水上豪华旅游交通工具。7 万吨级左右的巨型远洋游船,在波涛汹涌的大海中仍然可以平稳行驶,为旅游者提供迥异于陆地的浪漫与幽静环境,适于度假、游览和娱乐旅游。巨型游船庞大的运载能力和硕大的船体,为配备完善而豪华的旅游设施提供了可能,是其他交通方式无法比拟的。例如,美国荷美航运公司的六艘豪华游船,载客量一般为 1 200 人,平均每 2 人配备 1 名服务员,服务十分周到。船上有甲板观景台、夜总会、健身房、温泉浴室、游泳池、音乐酒吧间、赌场、图书馆、计算机工作间和免税商店等,设施齐备、极为奢华。

② 价格低廉。水运交通由于多利用天然水道,而且载客量较大,降低了单位运输成本,约为铁路运输的四分之一至八分之一。

③ 运力大,载客量多。水路运输的运力很大。欧洲莱茵河德国段的航运能力相当于 19 条铁路的运输能力,北美洲密西西比河相当于 11 条铁路的运输能力,长江干流相当于 40 条铁路的运输能力。现代远洋游轮一般载客量在 500～700 人,有的甚至超过 1 000 人。

(2)水路旅游交通的缺点

① 受自然条件影响大。水路旅游交通方式虽然豪华舒适、价格低廉,但是只能在有水道的地方才能利用,而且对水深要求高。另外,风速大、雾大、封冻都会引致停航。可见,水运交通受自然条件的限制较大。

② 速度较慢。水运交通航速较慢,作为长距离客运费时较长,比较适合时间充裕的旅游者。

知识链接

上海获批创建中国首个邮轮旅游发展示范区

2019 年 8 月,文化和旅游部正式批复上海创建中国首个邮轮旅游发展示范区,这是上海 2012 年获批中国首个邮轮旅游发展实验区的全面升级,是上海邮轮旅游发展的又一里程碑,将在邮轮旅游政策创新、辐射范围、发展格局、服务能级等方面实现重大跨越。

1. 上海港邮轮运营能级进入全球第一梯队,稳居全球前四

上海港邮轮业务连续三年登顶亚洲第一,五年问鼎全球前四,占全国邮轮市场的 63%,嘉年华集团、皇家加勒比集团、诺唯真集团、地中海邮轮、云顶集团全球前五大邮轮

公司先后将全球最大、最新、邮轮科技最先进的豪华邮轮投入中国运营,在上海宝山开启亚洲首航。上海港在全国 15 个邮轮港口中稳占鳌头,成为全国首个邮轮港口服务标准化试点,建设全球第一个邮轮港海事交管中心,为提升中国邮轮市场国际地位、打造邮轮港建设"中国标准"、推动国际邮轮经济进入"中国时代"奠定了坚实基础。

2. 上、中、下游整体推进,邮轮全产业链实质性启动

上游,积极推动邮轮设计建造,与中船、芬坎蒂尼、招商局等深化战略合作,推动中船与嘉年华、芬坎蒂尼签订总价近 50 亿美元的"2+4"艘大型邮轮制造合同,国产大型邮轮制造正式启动。中游,推动邮轮总部基地建设,吸引占据全球 82%市场份额的前四大邮轮公司——嘉年华集团、皇家加勒比集团、诺唯真集团、地中海邮轮,先后在上海开启亚洲首航。下游,完善邮轮港购物休闲配套,加快推进邮轮物资分拨中心建设,不断优化邮轮货物补给海关监管服务链,2018 年邮轮船供总量超过 3.5 亿元。

3. 邮轮政策体系逐步完善,制度创新取得突破

积极推动国家、上海市政府及相关部门出台邮轮经济专项政策。上海市文化和旅游局牵头首创邮轮旅游合同示范文本,发布全国首个邮轮旅游经营规范,首创中国邮轮综合保险,发布《关于推进上海中国邮轮旅游发展实验区与中国(上海)自由贸易试验区联动发展的实施意见》,着力推进"区港联动";上海市交通委牵头首创邮轮船票制度,得到交通运输部认可并在全国推动实施;上海市商务委出台《关于支持宝山邮轮服务贸易发展的若干措施》,推动邮轮服务贸易政策创新发展;上海海事局出台《"国际邮轮优先"工作职责及操作流程》,明确邮轮通行"五优先",更好地保障邮轮准点和安全通行;口岸部门创新实施 144 小时过境免签政策和国际邮轮旅游团 15 天入境免签政策,首创邮轮通关条码,以 3 秒通关速度达到全球领先水平。政策体系的完善和制度的创新突破,为上海邮轮经济发展注入了"催化剂"、安上了"新引擎"。

未来十年是上海邮轮经济转型升级的关键时期,也是实现"换道超车""国际并跑"的关键阶段。通过创建邮轮旅游发展示范区,努力建成亚太地区邮轮旅游枢纽港、世界一流邮轮母港和邮轮旅游目的地,建成亚太邮轮企业总部基地和具有全球影响力的邮轮经济中心,上海将更好地代表国家参与全球邮轮合作与竞争,打造邮轮经济高质量发展全国样板,进一步增强服务国家战略能力。

(资料来源:上海市文化和旅游局)

(三)铁路旅游交通

铁路旅游交通是以铁道为交通线、旅客列车为交通工具、机车为动力的现代化交通运输方式。铁路长期以来在运输业中一直占据重要地位,特别是在中长途旅行客运中所占比重很大。

目前,世界上不少地区的铁路客运与其说是交通客运服务,不如说是观光游览项目。很多人乘坐火车主要是对火车本身感兴趣,而不是为了解决交通问题。例如,有些铁路公司在沿途景观优美的线路上重新采用蒸汽机,有的更是利用铁路组织专项服务,如印度推出的"流动宫殿"游、南非推出的"蓝色列车"游,以及横贯欧洲的古老东方快车的复兴,都说明这类列车不仅仅是作为交通运输手段,而是已成为特定的旅游项目或旅游内容。

1. 普通铁路

普通铁路也叫普速铁路,即普通速度的铁路,区别于快速铁路和高速铁路。

2. 快速铁路

快速铁路(冠名型)是设计开行时速 160～250 千米的铁路(东南亚国家称为中速铁路),大多是时速 200 千米,车辆用一般动车组(D),一般是客货混线,也可作客运专线。

3. 高速铁路

中国 2014 年元旦起实施的《铁路安全管理条例》规定:高速铁路是指设计开行时速在 250 千米以上(含预留),并且初期运营时速在 200 千米以上的铁路客运专线。

高速铁路(高铁)因时代不同、国家不同而标准有异。例如,西欧早期把新建时速达到 250～300 千米,旧线改造时速达到 200 千米的定为高速铁路,但 1985 年联合国欧洲经济委员会在日内瓦签署的《国际铁路干线协议》规定:新建客运列车专用型高速铁路时速为 350 千米以上,新建客货运列车混用型高速铁路时速为 250 千米以上。

"东北最美高铁"串起东北美景

吉图珲高铁也称吉图珲客专,2011 年 8 月 16 日正式开工建设,全线建设里程为 360.976 千米,设计运行时速为 250 千米。与前段时间开行的"中国最美高铁"合福高铁相比,吉图珲高铁称得上"东北最美高铁"。这趟列车基本上穿行在东北部山区,沿途经过的景区有松花湖、红叶谷、镜泊湖、长白山,以及有着"一眼望三国"之称的防川。

吉图珲高铁位于吉林省境内,设吉林、蛟河西、威虎岭北、敦化、大石头南、安图西、延吉西、图们北、珲春 9 座车站。其中终点站珲春是东北重要的口岸城市,位于吉林省东部的图们江下游,是吉林省最东端的城市,也是中国唯一地处中、俄、朝三国交界的边境窗口城市,与俄罗斯、朝鲜山水相连,与韩国、日本隔海相望,经济文化区域优势明显。吉图珲高铁的开通运营,将结束珲春不通旅客列车的历史。

4. 铁路旅游交通的优缺点

(1) 铁路旅游交通的优点

① 运力大。一列火车可同时运载上千名旅客。

② 票价低。对于中低收入或价格敏感的旅游者具有较大的吸引力。

③ 安全性高。在所有各类交通运输手段中,铁路运输事故的人员伤亡率最低。

④ 不会受到交通堵塞问题的干扰。铁路有自己专门的轨道,因此,不与其他交通方式发生冲突。

⑤ 车内活动自由。乘客能够在车厢内自由走动和伸展放松,并可观赏沿途风光。

(2) 铁路旅游交通的缺点

① 灵活性较差。火车由于是按照既定的路线行走,因此,不能像公路旅游交通一样,可以按照自己的想法随意停车游览。

② 线路建设投资大。修建铁路尤其是高速铁路成本很高,所需要的人力、物力、财力的投资都非常大,而且建设周期很长,大大增加了成本。

（四）航空旅游交通

半个多世纪以来，随着喷气推进技术在民用航空运输中的应用以及大型宽体喷气客机的广泛运用，加之航空运输业中的竞争和机票价格的不断下调，航空旅行市场的规模在不断增大。航空业在远程客运，特别是在国际旅游交通中的地位也因此而得到确立。

1. 定期航班服务

定期航班服务是指航空公司在既定的运营航线上按公布的航班时刻表提供客运服务，届时不论乘客多少，飞机都须按航班时刻表规定的时间启程（除非有意外情况发生）。对于那些不能维持全年经营的航线，航空公司则需根据对需求波动情况的评估，规定季节性的定期航班时刻表。定期航班服务的最大特点是航班时间固定，乘客能够预知旅行时间。因此，定期航班服务不但能够吸引那些重视效率的商务旅游者，而且为那些不愿在旅途上耗费时间和精力的消遣旅游者所欢迎。

2. 包机服务

包机服务是指根据公共航空运输企业与包机人所签订的包机合同而进行的点与点之间的不定期飞行，包括普通包机飞行、专机飞行、急救包机飞行、旅游包机飞行等。自20世纪60年代以来，随着大众旅游的兴起，航空公司的旅游包机业务有了很大的发展。特别是在欧美国家中，很多旅游经营商在组织包价旅游时，都将包机旅行作为主要的团体旅行方式。

3. 航空旅游交通的优缺点

（1）航空旅游交通的优点

① 快捷。飞机的时速可以达到800～1 000千米，大大缩短了运输的时间，令游客节省了大量的时间。

② 安全性好。飞机相对于汽车来讲，事故发生率是极低的，因此，飞机的安全性是比较高的。

③ 舒适。飞机座椅舒适，卫生间干净，提供餐食、报纸、杂志、毛毯等多种服务，因此，舒适度比较高。

④ 可跨越各种天然障碍。由于在天空中飞行，因此，不必考虑地面是草原、森林还是河湖，因此，大大缩短了空间距离。

（2）航空旅游交通的缺点

① 费用高。铁路、水路等旅游交通的费用基本是固定的，即使价格上涨也是要经过一个较长的周期才能实行；而飞机票价在淡季时比较便宜，而在旺季时的全票价格是比较高的，这就给出行增加了成本。

② 能耗大。飞机运输所消耗的能量远比火车和轮船大，所以对机场周围的环境质量影响很大。

③ 不能深入旅游区内部。由于机场选址具有很强的硬性要求，所以机场往往远离市区，更远离景区和景点，因此，乘坐飞机出行，还需要转乘公路交通方式抵达市区或景区。

四、影响旅游者选择交通工具的主要因素

一般来说,旅游者对交通运输服务的要求普遍涉及安全、便利、快速、高效、舒适、经济等诸多层面。实际上,不同的旅行者对上述各层面的强调重点往往会有顺序上的区别,这意味着,人们在外出旅行时,对旅行方式往往会有不同的选择。

1. 旅游目的

公务旅游者的最大特点是他们外出旅行的目的旨在完成既定的工作任务,这不但决定了他们不能随意更改外出旅行的目的地和动身出发的时间,而且决定了他们在一定程度上不大考虑旅行费用的问题。对于外出旅行,除了安全因素之外,他们最关心的往往是便利、快速和舒适。因此,他们乐于选择的旅行方式通常是航空、铁路和汽车旅行,一般很少乘坐长途汽车和轮船。

消遣型、观光型、保健型等因私出游,其旅游者的外出目的是消遣或度假,他们在外出动身时间的安排上不像公务旅游者那样严格受限,因而对不同旅行方式的选择余地较大。由于这类消费者对价格敏感,所以他们可能会尽量选择那些运输价格较为低廉的旅行方式,有时甚至可能会不使用商业性的运输服务,而采取诸如徒步、骑自行车、自驾车或顺路免费搭车等方式外出旅行。一般来说,对于距离较短的旅行,在条件允许的情况下,多数消遣型旅游者都喜欢采取自驾车的方式。在远程旅游,特别是出国旅游的情况下,乘飞机或乘火车则是其常会选用的旅行方式。总之,对于因消遣性目的而外出旅行的人来说,他们在选择旅行方式时,除了安全因素之外,所着重考虑的因素往往是经济和效率。

2. 运输价格

公务旅游者由于旅费报销的缘故,外出旅行时一般对运输价格都不敏感,但其他各类旅游者对运输价格都很敏感。由于后者在旅游市场中占极大比重,因而交通运输公司在客运服务价格上的稍微变动,都有可能导致营业量发生很大变化,特别是在客运市场供大于求、竞争激烈的情况下更是如此。由于人们的收入毕竟有限,所以对于大多数人来说,生活中的各个方面,包括旅游度假在内,都会有其预算,旅游者所关切的问题之一便是在自己的旅游预算限额之内,如何使旅游活动更充分、更有效率。所以,在计划外出旅行时,人们往往会考虑和比较各种可供选择的旅行方式的价格,甚至在选定某一旅行方式之后,如选定航空旅行之后,人们还可能会比较不同航空公司的服务价格,并且可能会进一步选择适合自己需要的舱位等级,甚至会考虑前往机场所需的费用。

3. 旅行距离

旅行距离通常涉及空间距离和时间距离两个方面。空间距离越大,完成旅行所需要的时间也就越多,旅行的代价也就越高。人们可用于外出旅游度假的时间有限,因此,对于长距离的旅行,特别是 1 000 千米以上的旅行,人们通常会选择航空这种旅行方式,这不仅是因为航空旅行速度快,也因为它相对比较经济。反之,对于中短距离的旅行,人们则较倾向于选择乘火车或乘汽车作为旅行方式,因为这不但比航空旅行经济,而且也比较便利。

4. 旅行偏好和经验

在同时有多种旅行方式可供选择的情况下，即使是其他条件完全相同的人，对旅行方式也可能会有不同的选择。这一情形的出现往往是因个人旅行偏好和经验的不同而导致的结果。

外出旅行者对某些旅行方式的偏好主要是受其个性或心理类型的影响。帕洛格在其所提出的关于旅游者心理类型的理论中，将人的心理类型划分出两个极端，即依赖型和冒险型。依赖型心理的人远不及冒险型心理的人富有冒险精神，因而，表现在对旅行方式的选择上，不论旅途远近，他们往往都倾向于自驾车前往，而不愿甚至惧怕乘飞机旅行。而冒险型心理类型的人恰恰相反，特别是在中远程旅行时，所喜欢的是乘飞机而不是自驾车。

任务五　旅游景区

旅游业是由多个部门组成的综合性经济产业，在这一产业体系中，旅游景区导致游客产生旅游动机并作出旅游决策的核心因素。可以说，没有旅游景区就不会出现旅游业。

旅游景区是指具有吸引国内外游客前往游览的明确的区域场所，能够满足游客游览观光、消遣娱乐、康体健身、求知等旅游需求，应具备相应的旅游服务设施并提供相应的旅游服务的独立管理区。

一、旅游景区的类型

1. 按设立性质划分

按设立性质可以将旅游景区划分为纯商业性的旅游景区和公益性的旅游景区。前者是指投资者完全是出于营利目的而建造或设立的旅游景区，因而这类旅游景区属于纯商业性质。后者是指政府部门和社会团体出于社会公益目的而建造或设立的旅游景区，这类旅游景区中虽然也采用收费准入的管理方法，但收费的目的不是营利，更不是为了借以回收其建设投资。

2. 按景区所依赖的吸引因素的形成原因划分

按景区所依赖的吸引因素的形成原因可以将旅游景区划分为自然旅游景区和人造（或人文）旅游景区。前者的吸引因素属于大自然的赋予，后者的吸引因素或为人类历史遗产或为现代人为产物，但无论如何都属于人为的结果。

3. 按景区展示内容的多寡划分

按景区展示内容的多寡可以将旅游景区划分为单一性旅游景区和集合性旅游景区。前者是指仅有一项参观游览内容的旅游景区，如某一历史建筑或人类遗址、名人故居等。后者是指由多项参观游览内容共同构成的一个旅游景区。

4. 按景区的内容和表现形式划分

（1）古代遗迹。古代遗迹尤指挖掘出土和加以保护的古迹，如古遗址、古墓葬等。我国西安的半坡遗址、秦俑坑,北京周口店的猿人遗址,洛阳的古墓葬展览馆等都属于这类景区。

（2）历史建筑。历史建筑是指以历史上遗留下来的各种建筑物为主要游览内容而设立的旅游景区。这些建筑物包括历史上遗留下来的城堡、宫殿、名人故居、庙宇寺院、历史民居等。

（3）博物馆。博物馆的体系十分庞大,其中可分为两大类：一类是以特定收藏品为展示内容的博物馆,如中外的各种科学博物馆、历史博物馆、军事博物馆、交通运输博物馆等；另一类则是以特定场址为展示内容的博物馆,如我国的故宫博物院、美国的殖民地时期威廉斯堡博物馆、英国的铁桥堡博物馆等都属于此类。另外,博物馆还可按其收藏品来源范围进行划分,如国家博物馆、地区博物馆、地方博物馆等。

 **知识链接**

第三届文明古国论坛部长级会议学者论坛开幕

2019 年 10 月 28 日,故宫博物院、北京故宫文物保护基金会主办的第三届文明古国论坛部长级会议学者论坛在故宫博物院开幕。文化和旅游部副部长张旭、新华通讯社副社长刘正荣出席论坛开幕式。故宫博物院院长王旭东出席 10 月 27 日举办的欢迎仪式。

张旭在开幕式上表示,近年来,中国文化遗产保护和世界文化遗产保护越来越多地表现出不可分割的互动关系,中国正在以更加积极的态度参与国际文化遗产保护,越来越有力地推动世界文化遗产保护事业的发展,本次论坛的举办正是这一发展情况的体现,论坛的举办也将进一步为各文明间的交流、互动与创新注入强大动力。

王旭东在欢迎仪式上发表题为"敦煌与故宫：两大世界文化遗产的当代启示"的演讲。他说,敦煌与故宫的文化成就启示我们：要坚持国家意志与民间力量相结合的方式,来推进当代文化遗产的保护、传播与弘扬。

本届论坛为期 2 天,以"保护人类文明遗产,促进遗产可持续发展"为主题。来自中国、玻利维亚、埃及、希腊、伊朗、伊拉克、意大利、秘鲁、亚美尼亚 9 个成员国和多个观察员国以及国际组织的学者就"古代世界诸文明形态的异与同""现代文明中继承的古代文明遗产""考古视野下的丝绸之路"等议题展开讨论,交流对于当下人类文明遗产处境的认知,探讨保护和传承人类文明遗产的有效途径。

由希腊和中国共同倡议发起的"文明古国论坛"除部长级会议外,还同步举办平行的学者论坛,旨在通过对话与交流,使历史文明和传统在当代社会发展中焕发活力,为促进不同文明、不同种族、不同宗教间的相互了解和包容发挥积极作用。

（资料来源：《中国旅游报》）

（4）美术馆。美术馆多数以收藏和展览历史或传统美术作品为主。

（5）公园和花园。公园和花园是指以具有特色的自然环境和植物景观为主要内容的旅游景区,如国家公园、自然保护区、著名的花园和园林等。

（6）野生动物园区。野生动物园区是指以观赏野生动物为主要活动内容的旅游景区,如动物园、水族馆、观鸟园、天然动物园、蝴蝶庄园等。

（7）主题公园。这类旅游景区多为以某一中心主题为基调而兴建的大型人造游览娱乐园区，以美国的迪斯尼乐园最为著名。我国北京的世界公园、深圳的世界之窗（图5-9）和锦绣中华等旅游景区也属于此类。

图 5-9　世界之窗

（8）早期产业旧址。早期产业旧址是指那些在已经遗弃的早期工矿产业旧址基础上形成的参观景区，主要使参观者了解当地早期的社会生产和技术状况，如早期的采矿业、纺织业、铁路运输业以及运河码头等旧址。

二、旅游景区的特点

旅游景区相对于一般产品具有以下特点。

1. 专用性

旅游景区是指专供游人参观、游览或开展某类休闲活动的场所。这种专用性或出于商业性决策，或出于政府有关部门的公益性决策。不管出于哪一种决策，旅游景区的职能都是不可改变的，如果发生改变，则不再属于真正意义上的旅游景区。例如，学校和部队军营都可供旅游者参观、游览，但它们都不属于规范意义上的旅游景区，因为它们的职能都不是专供游人参观。换言之，那些职能是专供游人参观、游览或开展其他休闲活动的场所，才属于真正意义上的旅游景区。

2. 长久性

这里所说的长久性是指作为一个旅游景区，必须有其长期固定的场所，并利用这一场所发挥其固有职能。这里对长久性的强调，主要是用于同那些没有固定场所的旅游吸引物区别开来，如某时某处临时举办的展览、娱乐活动、流动演出及民间盛会等。由于这类暂时性的旅游吸引物有其不同的组织和营销方式，并且没有长期专用的固定场所，因而不属于规范意义上的旅游景区。

3. 可控性

旅游景区必须有人管理，必须能够对游人的出入实行有效的控制，否则，从旅游经营的意义上讲，便不属于真正意义上的旅游景区，而只能是一般的公众活动区域。按照这一定义，旅游景区并非仅限于那些对来访游人收费的旅游景区，同时也包括那些有人管理，但对游人实行免费参观的旅游景区,后者多见于政府部门和社会团体出于社会公益目的而兴办和管理的参观与游览场所。

三、旅游景区在旅游业中的作用

1.旅游景区是目的地旅游业发展的基础

人们之所以前往某地旅游,根本原因是受到当地旅游资源的吸引,旅游资源越丰富、越独特,就越能吸引旅游者前往游览。旅游景区作为当地旅游资源精华的集中所在地,在整个旅游业中发展的作用也显得尤为重要。

2.旅游景区促进旅游目的地的经济发展

旅游景区通过收取门票和提供接待服务,创造了大量的旅游收入,为旅游企业带来经济收益的同时,也增加了地方政府的财政收入,提高了当地老百姓的收入水平和生活水平。此外,旅游景区的建设必然带动当地饮食业、交通业、建筑业、商业及通信业等相关行业的发展,促进当地的劳动就业和经济发展。

3.旅游景区是塑造旅游业形象的窗口

旅游景区是旅游目的地的形象代表、城市名片。旅游者在旅游目的地活动,主要是围绕旅游景区进行的,所以,旅游景区形象的好坏往往直接影响旅游者对当地形象的评价及旅游者对旅游目的地的满意程度。一个高品质的旅游景区,对当地旅游业的发展乃至整个地区社会、经济的发展,都会起到积极的推动作用。

任务六　旅游购物业

旅游购物业是旅游行业重要的组成部分,旅游商品的生产和供应是旅游业中创汇、创收的一个极为重要的途径,为当地旅游业的发展起到了重要的作用。

广义上的旅游购物业是指为旅游者提供在旅游目的地国家或地区购买的各种物质产品的产业,狭义上的旅游购物业是指提供旅游者在旅游活动中购买当地旅游购物品的产业。

一、旅游购物业的行业特征

1.旅游购物业具有行业的基本特征

旅游产业是由娱、游、购、食、住、行一系列行业群组成的,其中旅游购物业由一些单个的生产经营旅游商品和服务或相近的同类企业组合而成。从行业层次来看,旅游六要素构成了旅游的行业链,它们提供旅游活动所需的产品和服务,如满足旅游者住宿需求的是饭店业,满足旅游者旅行需求的是交通运输业,满足旅游者游览娱乐需求的称为游览娱乐业。同样,满足旅游者的购物性需求的行业称为旅游购物业。

2.旅游购物业具有相对独立的市场结构和生产经营体系

旅游购物业是随着旅游业的高速发展和人们旅游购物需要的扩大而逐渐产生的。它是相对独立的,其中有相对集中的旅游购物需求与供给,形成相对独立的市场结构和生产经营体系,具有独立的分工领域,并在长期的发展过程中形成了自己的主体部门和行业结构体系,具备成为一个经济行业的基础。

3. 将旅游购物作为行业研究更有利于旅游购物的发展

旅游购物是我国旅游业中最薄弱的环节,因为没有将其当作一个行业来发展,而缺乏发展规划,导致市场管理混乱。把旅游购物作为行业来发展,有利于政府部门进行有效规划和管理以及提升旅游的整体效益。

二、旅游购物业的构成

旅游购物业是以旅游业为依托,以实物性生产和销售为主要业务,以旅游者为销售对象,通过提供商品销售与服务满足旅游者多样化购物及相关需求的企业综合体行业。

旅游购物业具体包括旅游商品生产企业、旅游商品专营商店、旅游商品直销企业、大型商场(商店)、超级市场、连锁商业企业、纪念品经营商贩(摊点)、传统手工艺制作销售专门店、专业旅游用品生产经营企业、旅游商品研究院(所)、旅游商品鉴定机构、旅游商品信息传播企业、旅游商品会展机构、旅游商品市场管理机构、旅游商品经营管理咨询机构和旅游购物经营管理人才培养机构等。

三、旅游商品的类型

旅游商品是旅游业的重要组成部分,承载了满足旅游者购物需求和展示旅游地形象的双重价值。其主要类型如下。

1. 旅游纪念性工艺品

旅游纪念性工艺品包括旅游纪念章、旅游纪念图片,带有地方特色的各种器具、玩具、雕塑、编织物以及各种印刷品等。这类商品品种极多,数量极大,题材广泛,旅游纪念性质最鲜明,也最受广大旅游者喜爱,在整个旅游纪念品中占有重要地位,如无锡泥人、桂林山水画片等。

2. 文物及其仿制品、艺术品

文物及其仿制品、艺术品包括古玩、文房四宝、仿制古字画以及仿古模型等。这类商品种类相对较少,但价格昂贵,适宜于豪华旅游、高消费的游客。但一般仿制品也颇受广大旅游者欢迎,如西安出售的仿制秦始皇陵兵马俑、洛阳仿制的唐三彩,都深受国内外游客喜欢。

3. 实用工艺品、生活用品及土特产品

实用工艺品、生活用品及土特产品种类繁多,并带有地方特色,很有开发价值,如杭州丝绸、北京景泰蓝、宜兴紫砂壶、景德镇瓷器,在海边出售的用贝壳粘制的工艺品等。这类商品具有实用及欣赏双重功能,因此深受旅游者欢迎。

4. 特种工艺美术品

特种工艺美术品包括金银装饰品、精制雕塑、陶瓷、豪华地毯、稀有珍品等,产品一般销售量不大,但价格高。

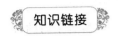

文创产品怎么就火了

2019 年的元宵节,有 600 年历史的故宫成为"网红",这也是故宫博物院建院以来首次开放夜场——"紫禁城上元之夜"。就在故宫元宵夜亮灯美景刷屏的同时,一则"2017 年故宫文创营销收入超过 1 500 家 A 股上市公司营收水平"的新闻也引发社会广泛关注,尤其引发文化旅游行业热议。

时任故宫博物院院长的单霁翔透露,2017 年故宫文创产品收入达 15 亿元,以故宫为主题的文创产品种类已突破 1 万种。

1."唤醒"馆藏文物

把龟兹画师绘制壁画的场景创意成古朴而又神秘的书灯,将表情严肃的高昌贵族供养人形象变身为憨态可掬的卡通人物……记者了解到,当前新疆各地博物馆的这些奇思妙想正在"唤醒"馆藏的古老文物,让它们变身为萌趣又新潮的产品。

新疆维吾尔自治区博物馆只是目前我国博物馆文创产品火热的一个缩影,好的文创产品成为博物馆历史文化最轻便的载体。作为首个推出文创蛋糕的博物馆,广东省博物馆 2018 年文创收入达 1 941 万元,相比 2017 年的 1 330 万元,增幅明显。而在 2019 年年初刷屏朋友圈的粤博文创蛋糕,已经卖出了 3 000 多件。

2.产业化发展

文创产品火了,从事这个行业的人也越来越多。据厦门曾厝垵文创协会负责人介绍,近年来,从事旅游文创产品的人不断增多。2012 年,曾厝垵总共有三四百家店,做旅游文创的有 20～30 家。现在,店铺总数暴增至 1 000 多家,其中有 100 多家是做文创旅游产品的,从业者平均年龄还不到 27 岁。

数据显示,发达国家旅游购物占旅游收入的比例在 60%～70%,目前我国这个数字还不到 40%。我国一些博物馆文创营销的成功经验证明,能入眼入心的文创产品有着广阔的市场。

3.回归文化的本质

文创产品代表着一个国家、一个城市的旅游形象,它除了带给游客无尽的美好回忆和纪念外,更是将当地的历史与文化撒播到了世界的各个角落。文创产品最终还需回归文化的本质,做到与历史、与传统文化的真正融合,从"网红"走向"有故事的智者",才能具有持久的市场生命力。文旅经营者需要在对文化资源深入挖掘的基础上,融入独特的文化创意,并加以功能创新,以满足消费者审美、使用等多重需求。

(资料来源:《工人日报》)

四、旅游商品的特点

游客购买旅游商品的目的一般有三种:自己留作纪念、欣赏;馈赠亲朋好友;旅途中使用。游客对旅游商品的需求数量不多,但要求品种繁多,以便供其选择,还要求讲究质量和装饰,体积小,重量轻,便于携带。具体来说,其具有以下特点。

1. 纪念回忆性

旅游商品必须具有纪念意义,能展现旅游目的地国家或地区的特点、旅游者来访的日期和参加活动的标志,便于旅游者带回以留下或引起其美好的回忆。

2. 艺术欣赏性

旅游商品通常是以艺术品形式出现的,它的整体设计要新颖、美观,能给人以美的艺术享受,同时要具有较高的质量,要把民族特色、地方特色、时代特色及现代人的艺术欣赏习惯结合起来。

3. 地方特色性

旅游购物品要有地方特色,这是由旅游活动的异地性特征决定的。只有具有浓厚地方色彩的旅游商品才具有特色及较强的纪念性。

4. 民族性

旅游者在异域他乡旅游购物时,总想买些该国该地富有民族性的商品。之所以有这样的选择,是因为这些商品均极富浓郁的民族性,如俄罗斯套娃(图 5-10)是俄罗斯特产的木制玩具,一般由多个同样图案的空心木娃娃一个套一个组成,最多可达十多个,由于世世代代工匠精湛的雕刻和绘画技巧以及俄罗斯民族文化的积淀,受到了各国游客的喜爱。

图 5-10　俄罗斯套娃

5. 实用性

实用性是指旅游商品具有的使用价值,这一特性对于一般旅游者来说也是十分重要的。许多旅游者很想购买具有一定实用价值的旅游商品,如手镯、拐杖等实用性物品。

6. 礼品性

礼品性是指一件精美的旅游购物品不但能给人带来美的享受,而且能够使旅游者显示出自己的经历、身份和富有。因此,当其完成一次旅游活动,把旅游购物品带回常住地馈赠亲朋好友时,受礼者也会感到荣幸。所以,旅游商品不但要制作精致,而且要注意其颜色、规格,既要便于携带,又能给人以高贵的感觉,使之成为赠友的佳品。

7. 宣传性

旅游商品的宣传性是指以旅游纪念品为核心的旅游商品具有宣传旅游目的地、吸引更多潜在旅游者来访的功能。旅游商品具有特色性,往往能成为一个旅游目的地的象征。旅游者购买当地的旅游商品,并将之带回居住地,在他们与亲戚朋友交流旅游经历时,达到宣传目的地的效果。

五、旅游购物业的作用

旅游购物业为旅游业六个环节(交通、游览、住宿、餐饮、购物、文娱)之一,是旅游活动不可缺少的重要组成部分。

1. 满足旅游者的多种需求

传统意义上的旅游商品尤其是纪念品,主要满足旅游者纪念性需求。如今,随着旅游业的进一步发展和旅游商品范围的扩大,旅游商品的社会化作用不容忽视。既可以通过赠送旅游商品表达自己的心意,也可以用它作为一种话题、一种兴趣,来表达自己的一种感受。现在,旅游商品已成为含有各种目的和情感的商品。这种派生目的现在越来越占有更大的比重。在这种情况下,旅游商品不一定要具有地方特色,只要能很好地表达自己的心意、感受就可以。因此,即使是别致的装饰品或者有新意的日用品也都可以成为一种旅游商品。

2. 增加旅游产业的附加值

按旅游需求弹性的不同,旅游收入可分为基本旅游收入和非基本旅游收入。基本旅游收入较稳定,主要来源于游客的食、住、行、游,而非基本旅游收入则是游客根据自身收入水平、支付能力、需求层次、兴趣偏好等来自愿、灵活地进行选择消费,是旅游活动中可能发生的消费支出,弹性较大,购、娱就属于非基本旅游收入。一些发达国家和地区纷纷倡导购物旅游,以一些质量和价格有优势的商品及舒适的购物环境作为吸引物招徕旅游者。而旅游商品更是发展购物旅游的关键和基础。因此,发展旅游商品能直接提升一个国家和地区旅游产业的附加值。

3. 扩大旅游地的知名度和传播旅游地的形象

一件精美的旅游商品可以使旅游者长久地保存,或将其赠送亲友,或展示给周围朋友,都是旅游者旅游印象的物化。因此,旅游商品对旅游地形象的传播发挥着不可忽视的作用,是一个很不错的渠道,有助于扩大旅游地的知名度。另外,旅游商品是重要的旅游宣传促销手段、新产品的活广告,可以反映一国或地区的经济发展程度和市场发育程度。

4. 可以带动和促进当地相关行业的发展

旅游商品的关联性很高,大多数旅游商品的生产都是由工业部门和农业部门完成的,同时旅游商品的销售也离不开商贸业与运输业的支持。旅游商品的开发可直接利用城乡现有的技术力量及劳动力,有利于扩大就业,带动相关产业发展,为旅游目的地居民带来良好的经济收益,有效缓解就业压力及社会矛盾,促进社会发展。

任务七　旅游娱乐业

旅游娱乐业是旅游业态发展的产物,是旅游者以追求心理愉悦为过程和目的,在旅游目的地营业性文化娱乐场所购买和消费旅游娱乐产品或服务的经济文化行为,是现代旅游综合型非观光旅游的重要内容。

　　旅游娱乐业是指向旅游者提供娱乐型产品以满足其在目的地娱乐需求的行业。旅游娱乐作为旅游者旅游活动中的重要组成部分,在旅游业发展中发挥着日益重要的作用。通过发展旅游娱乐业,可以满足旅游者较高层次的旅游需求,提高旅游业经济效益,丰富目的地文化娱乐生活。

　　旅游娱乐与娱乐消遣型旅游是有所区别的。娱乐消遣型旅游是指以娱乐消遣为主要动机的旅游活动,是一次独立的旅游活动;而旅游娱乐是指一次旅游活动中的一种旅游行为,其旅游活动并不一定以娱乐为主要动机,也可能是其他类型旅游活动过程中穿插的一种文娱活动项目,两者共同之处是都注重旅游活动的娱乐性和参与性。

一、旅游娱乐产品的特点

1. 人工创造性

　　旅游娱乐业所经营的产品虽然属于资源型旅游产品,但这些产品并不像旅游观赏产品那样以景观资源为依托,而主要是人工设计生产出来的产品。

2. 经历参与性

　　旅游娱乐产品通常以设施的形式展现在旅游者面前,对这种产品的消费过程往往是旅游者和产品的各构成要素相结合的过程,旅游者必须通过自身参与来满足其旅游需求。

3. 主题鲜明化

　　树立鲜明的主题、深入挖掘主题、创造独特主题,是旅游娱乐业共同追求的目标。其中,深入挖掘主题,主要是挖掘民族文化,在此基础上,努力形成新的旅游吸引物。例如,美国夏威夷的波利尼西亚文化中心,就是以当地土著民族文化为主体并通过进一步深入挖掘内涵而形成的一种文化。而我国冬季的东北地区,除了以滑冰雪、泡温泉吸引各地游客外,看二人转、瞧扭秧歌、吃农家菜、放烟花爆竹,欢欢喜喜过一个具有浓郁关东风情的大年,也是旅游亮点之一。

4. 时尚性

　　旅游娱乐产品必须满足旅游者观光和娱乐需要,因此,它具有强烈的时代色彩,反映了社会文化、人们生活价值趋向和精神向往的发展趋势。例如,以往人们喜欢到国际化的大都市感受现代气息,而现在更多的人喜欢回归原始,去海边、山庄、农村等地体验当地的文化和活动,这种变化集中反映了旅游娱乐产品所包含的时代内涵。旅游娱乐产品在市场上刚刚推出时,往往能够兴盛一时,而当社会、科技迅速地变化和发展,人们的休闲娱乐观念随着时代和社会而变化时,如果不能及时满足客户更新的需求,那么,现有的产品就会被淘汰。

二、旅游娱乐产品的类型

　　旅游娱乐产品伴随着旅游者需求的不断提高,产品也在不断地更新,根据不同的划分标准,目前旅游市场上的娱乐产品主要分为以下几种。

1. 按设施的空间位置划分

　　按设施的空间位置不同,可将旅游娱乐产品划分为室内娱乐产品和室外娱乐产品,其中室内娱乐产品包括各种形式的俱乐部、舞场、保龄球室、室内游泳池、文娱室和健身房等;室外娱乐产品包括游乐园、靶场、高尔夫球场、海水浴场和滑雪场等。

2. 按经营性质划分

按经营性质不同,可将旅游娱乐产品划分为商业娱乐产品和公益性质产品,其中商业娱乐产品以营利为主要经营目的,而公益性质产品则服务于公益事业。

3. 按娱乐设施的活动项目划分

按娱乐设施的活动项目不同,可将旅游娱乐产品划分为专项娱乐设施和综合娱乐设施,专项娱乐设施只提供单项的旅游娱乐产品,仅能满足旅游者某一方面的需求;而综合娱乐设施则提供综合的娱乐产品,是多种旅游娱乐项目的汇总,如大型的游乐场等。

知识链接

香港迪士尼庆开园 10 周年推出多个全新项目

香港迪士尼乐园度假区 2015 年 9 月 11 日晚举行典礼,启动开园 10 周年庆祝活动。香港迪士尼宣布,将推出多个全新项目,进一步提升香港作为世界级旅游城市的吸引力。

香港特区行政长官梁振英当晚出席典礼时表示,特区政府与迪士尼在商议香港迪士尼第二期发展上有良好的进展,相信广深港高速铁路、港珠澳大桥以及香港国际机场第三条跑道,会为香港迪士尼及香港带来机会。

据香港迪士尼娱乐事务及服装总监利百为介绍,迪士尼故事剧场将于 11 月 17 日起呈献舞台表演"迪士尼魔法书房",25 分钟的音乐剧将云集多个迪士尼故事和人物,包括米老鼠、高飞、小雪人等。

此外,香港迪士尼还将在 11 月推出加入全新城堡投影效果的"星梦奇缘"烟花表演,引入崭新科技、灯光效果和投影技术;全新的"童话园林"将于 12 月推出,引领来客走进多个迪士尼童话。

利百为还透露,2016 年年底全球迪士尼乐园中首个以漫威漫画英雄为主题的游乐设施将在香港迪士尼开幕,这个名为"铁甲奇侠(钢铁侠)飞行之旅"的项目还将有以漫威漫画人物为主题的商店等。

香港迪士尼自 2005 年开园至今,已接待世界各地游客逾 5 000 万人次。

三、旅游娱乐业的作用

旅游娱乐业无论对旅游业本身,还是对国民经济的发展,都有重要的作用。

1. 在旅游收入中比重的增长潜力大

旅游娱乐在旅游业中创汇、创收比重并不大,但旅游娱乐在旅游需求中的弹性较大,因此其经济收入具有相对的无限性,利润可观,发展前景广阔。随着人们生活水平和生活质量的提高,人们对精神性消费的需求增加,因此,旅游娱乐收入比重会越来越大。

2. 使旅游产品增强了吸引力

旅游娱乐活动已渗透到旅游业各个组成部分中,它特有的文化内涵与参与性强烈地吸引着旅游者,对旅游活动起到增彩的作用,提高了旅游活动的质量。旅游娱乐融艺术性、娱乐性和参与性为一体,是一个国家或地区民族文化、艺术传统的生动反映。它不仅在专业娱乐场所出现,更多的旅游业经营者把旅游文娱引入旅游景区景点、旅游饭店,甚至各种旅游商品交易会和展示会上,为旅游活动及其促销工作增添更多的文化娱乐色彩,满足了旅游者生理、心理及精神需求。

3. 刺激旅游消费

随着旅游者对旅游体验度和质量要求的不断提高,旅游者越来越追求多元化、刺激性强、参与度高、收获性大的旅游娱乐活动,而旅游娱乐活动正好满足旅游者的这一需求。因此,高质量和高品质的旅游娱乐活动会刺激旅游者一次甚至多次消费。

4. 促进旅游业的发展

与经济落后地区相比,经济发达地区的人们对娱乐和休闲的需求相对较大,因此也带动了旅游娱乐业的发展。

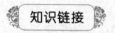

推动"旅游+互联网"投融资创新

2015年9月20日,中国"旅游+互联网"大会在常州举行,大会提出了"推进旅游区域互联网基础设施建设""推动'旅游+互联网'投融资创新"等十大措施。

推进旅游区域互联网基础设施建设。加快推进机场、车站、码头、宾馆饭店、景区景点、旅游购物店、主要乡村旅游点等旅游区域及重点旅游线路的无线网络、3G/4G等基础设施的覆盖,保障"旅游+互联网"基础条件。到2020年,实现3A级以上旅游景区和三星级以上宾馆无线网络全覆盖。

推动旅游相关信息互动终端建设。在机场、车站、码头、宾馆饭店、景区景点、旅游购物店、游客集散中心等主要旅游场所提供PC、平板、触控屏幕、SOS电话等旅游信息互动终端,使旅游者更方便地接入和使用互联网信息服务与在线互动。

推动旅游物联网设施建设。到2020年,全国所有旅游大巴、旅游船和4A级以上旅游景区的游客集中区域、环境敏感区域、旅游危险设施和地带,实现视频监控、人流监控、位置监控、环境监测等设施的合理布设,将旅游服务、客流疏导、安全监管纳入互联网范畴。

支持在线旅游创业创新。鼓励各类创新主体充分利用互联网,开展以旅游需求为导向的在线旅游创业创新。支持旅游创新平台、创客空间、创新基地等旅游新型众创空间发展。鼓励有条件的地区建立"旅游+互联网"创业园区,给予资金和政策支持,国家旅游局每年认定一批国家级"旅游+互联网"创客基地,推出一批国家级"旅游+互联网"创客示范项目。

大力发展在线旅游新业态。支持企业利用互联网平台整合私家车、闲置房产等社会资源,规范发展在线旅游租车和在线度假租赁等新业态。创新发展在线旅游购物和餐饮服务平台,积极推广"线上下单、线下购物"的在线旅游购物模式和手机餐厅服务模式。积极推动在线旅游平台企业的发展壮大,整合上下游及平行企业资源、要素和技术,推动"旅游+互联网"的跨界融合。

推动"旅游+互联网"投融资创新。大力推广众筹、PPP等投融资模式,引导社会资本介入"旅游十互联网"领域,加快"旅游十互联网"创新发展。鼓励旅游企业和互联网企业通过战略投资等市场化方式融合发展,构建线上与线下相结合、品牌与投资相结合的发展模式。

开展智慧旅游景区建设。加快制定出台国家智慧旅游景区标准。2020 年,推动全国所有 4A 级景区实现免费 Wi-Fi、智能导游、电子讲解、在线预订、信息推送等功能全覆盖。

推动智慧旅游乡村建设。运用互联网和移动互联网,全面提升乡村旅游的管理、服务、营销水平。积极支持社会资本和企业发展乡村旅游电子商务平台,推动更多优质农副土特产品实现电子商务平台交易,带动农民增收和脱贫致富。支持有条件的地方通过乡村旅游 APP、微信等网络新媒体手段宣传推广乡村旅游特色产品。支持有条件的贫困村发展成为智慧旅游示范村。鼓励各地建设集旅游咨询、展示、预订、交易于一体的智慧旅游乡村服务平台。

完善智慧旅游公共服务体系。加大旅游公共信息的互联网采集和运用,推动旅游公共信息数据向社会开放。建设好国家智慧旅游公共服务平台,完善统一受理、分级处理的旅游投诉处置机制,健全旅游公共产品和设施、旅游投诉和旅游救援等公共信息网络查询服务。运用互联网,建立旅游诚信信息交流平台,加强对旅游企业信用的监管。运用互联网开展文明旅游引导,定期发布游客不文明旅游行为记录,积极运用互联网开展旅游应急救援。

创新旅游网络营销模式。积极发展旅游电子商务平台,鼓励各地利用互联网开展旅游营销信息发布、旅游产品在线预订和交易支付。支持旅游目的地利用旅游大数据挖掘分析手段,建立广播、电视、报纸、多媒体等传统渠道和移动互联网、微博、微信等新媒体渠道相结合的旅游目的地营销体系。支持旅游企业与 OTA 平台合作,利用平台优势,扩大企业产品销售规模。鼓励旅游企业加强与门户网站、搜索引擎、UGC 旅游网站等的合作,进行产品和服务营销。鼓励旅游企业通过微博、微信等网络新媒体方式,培育黏性客户,提升企业精准营销能力,激发市场消费需求。

课后习题

一、思考题

1. 什么是旅游业?

2. 旅游业具有哪些功能?

3. 什么是旅行社? 它有哪些分类?

4. 旅行社有哪些业务?

5. 旅游饭店在旅游业中具有什么样的作用?

6. 现代旅游交通有哪些类型? 各有何特点?

7. 什么是旅游景区? 旅游景区具有什么特点?

8. 旅游景区在旅游业发展中的作用有哪些?

9. 旅游商品有哪些特点?

10. 旅游娱乐产品主要有哪几种类型?

二、分析题

1. 由于我国国民经济水平和人们生活水平的不断提高,越来越多的旅游者产生了出境旅游的意愿。对于这种良好的局面,作为一家国际旅行社应该如何把握这一发展机遇?

2. 小组同学合作,完成对所在城市的旅游饭店、旅游景区、旅行社数量和类型的调研,并将结果制成信息表。

3. 请结合一个旅游购物商品,说明其产地、材质、特色、作用等相关信息。

项目六

旅游市场

 引导案例

云南整治旅游市场秩序,力推产业转型升级

近年来,"不合理低价游"带来的种种乱象,将云南旅游一次次推到舆论的风口浪尖。寄生于"低价游、高价购"模式上的既得利益者,织成一张盘根错节的"网",成为旅游市场秩序整治的障碍。云南省委和省政府以强有力的举措推进旅游市场秩序整治,向旅游市场乱象"开刀",根除"不合理低价游",力推旅游产业转型升级。

针对这种市场乱象,2017年4月,云南出台旅游市场秩序整治"22条措施",重点对灰色利益链、不合理低价游、强迫消费等游客反应重点的问题进行整顿,尤其是取消旅游定点购物等举措,得到游客拥护。

旅游市场乱象是浮出来的表象,根子却在于粗放、落后、畸形的旅游经营模式。云南旅游高端供给严重不足,游客多集中在观光游,与目前度假游、体验游的发展趋势尚有距离。

如何推进旅游发展? 云南省"一手抓整治,一手抓转型升级",按照"国际化、高端化、特色化、智慧化"的发展原则和"云南只有一个景区,这个景区叫云南"的全域旅游理念,推动"一部手机游云南",线上线下深度融合,加快旅游产业转型升级进程。

2019年开年,云南旅游在转型升级中迎来"开门红":低价团少了,但游客没少。春节假期,云南接待游客超过3 400万人次,同比增长超过20%,实现旅游收入241.73亿元,同比增长超过 25%。

2019 年 2 月 12 日,云南省丽江市旅游市场监管综合调度指挥中心发布最新一期旅游"红黑榜":两名导游受到游客来信表扬,登上"红榜";擅自变更旅游行程、与经营者串通欺骗旅游者消费的两名导游则被纳入"黑榜"。"红黑榜"背后,是云南越来越重视"游客体验"。

游客需求的改变,促进云南不断丰富旅游业态,拓展市场。接下来,云南将着力实施"一部手机游云南",完善提升、旅游厕所建设、智慧景区建设、旅游品质提升、自驾旅游推进、康养旅游建设、全域旅游示范区创建、文旅品牌塑造、旅游市场持续严打严管九大工程,力争云南旅游发展再上新台阶。

(资料来源:云南省人民政府网)

学习导航

1776 年,"古典经济学之父"亚当·斯密在他的《国富论》中就把市场经济描述为是"看不见的手"调节的经济。市场这只"看不见的手"能保证资源得到最佳配置并发挥最大的效能。21 世纪的今天,中国特色社会主义经济已经完全顺应了市场经济的发展,并实现了市场的合理调配。旅游市场作为我国市场经济发展中的一个非常重要的因素,正在发挥着日益重要的作用。如何开发我国的国内、国际旅游市场,成为旅游业界人士共同关注的话题。

任务一　旅游市场的基本概念

一、市场与旅游市场

(一)市场

市场是社会生产力发展到一定阶段的产物。在一定的社会经济形态下,有社会分工和商品生产,就会有市场,市场随着商品经济的发展而发展。市场是买卖双方采取各种交易方法,使商品或劳务发生转移,或使转移得以实现的场所。这个场所一头沟通生产,一头联系消费,完成商品和劳务的流通。

从经济学的角度看,市场是商品交换的场所,它反映买卖双方的供求关系。

从市场营销学的角度看,市场是在一定时间、地点、条件下,具有购买力、购买欲望和购买权利的群体。

(二)旅游市场

旅游市场是商品市场的一个组成部分,是社会分工进一步深化、商品生产发展到一定阶段的产物。它是在商品经济条件下,随着旅游活动的出现而发展起来的。旅游市场有理论意义和现实意义之分。从理论上来讲,旅游市场是指在旅游产品生产和交换过程中所反映的旅游者与经营者之间各种经济行为和经济关系的总和。从现实上来讲,旅游市场是指在一定时间、一定地点和一定条件下对旅游产品具有支付能力的消费群体,也就是旅游客源市场。

旅游市场也有广义与狭义之分。广义的旅游市场是指旅游交换过程中各种经济活动和经济关系的总和,狭义的旅游市场是指旅游产品交换的场所。

旅游市场是由以下三个要素构成的。

1. 旅游者

旅游产品的消费者是旅游市场的主体,旅游者的多少直接影响着整个旅游市场的规模。通常来说,一个国家、一个地区旅游者数量的多少是由该国或该地区的总人口、人口的性别构成、人口的年龄构成、人口的地理分布、人口的职业与文化水平等因素决定的。

2. 旅游购买力

旅游市场的大小不仅取决于旅游者人数的多少,还与该国或该地区人口的旅游购买力有直接的关系。旅游购买力是指人们在其可自由支配收入中用于购买旅游产品的能力。一般来说,旅游购买力是由人们的收入水平决定的。随着人们收入水平的提高,用于生存需要的开支部分所占比重就会逐渐下降,而用在享受需要和发展需要上的开支就会逐渐上升。旅游是满足人们享受需要和发展需要的一个重要方面,它已由少数人的特权转变为满足多数人发展、享受需要的活动,进而成为大众生活中的一种普遍需要。因此,随着人们收入水平的提高,用于旅游的开支在个人消费总额中所占的比例会越来越大。当然,如果没有较高的收入水平和足够的支付能力,一个国家的人口再多,旅游市场也只是一种潜在的市场。

3. 旅游购买欲望

旅游购买欲望是旅游者购买旅游产品的动机、欲望或要求,它是由消费者的生理需要和心理需要引起的。旅游购买欲望是把旅游者潜在购买力变成现实购买力的重要条件,也是构成市场的基本要素。如果没有旅游购买欲望,即使有旅游购买力,也不可能形成现实的旅游市场。因此,只有当旅游者既有旅游购买力,又有旅游购买欲望时,才能形成现实的旅游市场。

二、旅游市场的作用与细分

（一）旅游市场的作用

1. 交换作用

旅游市场是连接旅游产品生产者和旅游需求者的纽带。通常,旅游市场上有许多不同的旅游产品生产者和需求者。旅游产品生产者通过市场为自己的产品找到买者,旅游需求者通过市场选择并购买自己感兴趣的旅游产品,从而旅游市场是实现旅游产品供给者和需求者之间交换的桥梁。旅游市场把旅游需求和供给衔接起来,解决了供求之间的矛盾,因而更好地满足旅游者的需求,更充分地发挥旅游接待设施的能力,促进旅游经济的健康发展。

2. 信息交流作用

在市场经济条件下，旅游者的经济活动是通过市场动态变化表现出来的。旅游市场通过自身传递信息，为旅游目的地国家或地区制定旅游业发展规划和经济决策提供依据。

3. 调节作用

旅游市场的调节作用首先表现在它是调节旅游供求平衡的重要杠杆这一方面。

旅游市场对旅游经营的调节作用还体现在通过市场调节，可以实现整个旅游业按比例配置各种资源，进一步实现社会经济资源的优化配置，并通过市场调节，使旅游部门和企业根据市场需求和供求状况合理分配劳动。

4. 检验评价作用

旅游市场还可以检验旅游企业及其产品质量的优劣，推动旅游企业改善经营管理，提高服务质量。在旅游经济活动中，旅游者因支付一定的旅游费用而成为旅游服务的权利享有者，旅游企业则因获得一定的旅游收入而成为旅游服务的承担者。在旅游市场中，这种权利与义务、服务与被服务的相互关系，是通过买卖的形式而实现的。所以，旅游费用价格高低，旅游服务质量好坏，旅游住宿等级如何，旅游交通和旅游景点状况如何，都必然反映到旅游市场上来，旅游市场成了检验旅游企业经营管理的一面镜子。

（二）旅游市场的细分

1. 旅游市场细分的含义

市场细分就是企业根据消费者群体之间的需求差异，把一个整体市场划分为多个消费者群体，从而确定企业目标市场的过程。每一个需求特点相似的消费者群体就是一个细分市场。旅游市场细分就是根据游客的需求差异，将复杂的旅游市场划分为若干个部分，并将其中基本需求相同或相似的消费群体划归为一个细分市场。

市场细分是旅游企业开展营销活动的前提。旅游企业之所以要进行市场细分，主要有两个方面的原因。一是人们的需求是多种多样的。在任何一个市场上，消费者的需求都不会完全一样，如人们对于饮料的需求就很不相同，有人爱喝可乐、有人爱喝雪碧、有人爱喝牛奶等。市场细分实际上是辨别具有不同欲望和需求的消费群体，并把他们加以分别归类的过程。通过细分，企业可以准确地选定自己的服务对象。二是企业无论规模有多大，资金有多雄厚，都不可能满足整体市场的全部需求。旅游者的需求千差万别，旅游企业只有在市场细分的基础上确定了自己的目标市场，才能制定出企业的经营战略，也才能在竞争激烈的市场中占据一席之地。

市场细分并不是根据产品而是根据消费群体而进行的分类。消费者的需求、动机、购买行为的差异性是市场细分的理论基础。当然，市场上消费者需求的同类性也只能是求大同存小异，消费群体的需求不可能达到完全相同。

2. 旅游市场细分的原则

（1）可衡量性原则。可衡量性原则主要包含两重含义。一方面，细分旅游市场所选择的标准要能被具体测定，以能明确划分各细分市场的界限。如旅游者的勇气、胆量等对旅游项目、交通工具的选择虽然有较大影响，但这样的因素却难以衡量。另一方面，所选择的细分标准要与旅游者的购买行为有必然的联系，这样各细分市场的旅游购买行为特征才能被明显地区分开来,为旅游营销者有效地针对不同细分市场制定营销组合提供实际可能。如旅游者的出生地虽然可以被确定,但与旅游者选择旅游项目并无必然联系,因此也不能作为细分标准。

(2)可进入性原则。可进入性原则要求细分出的市场旅游产品能够进入,从而占有一定的市场份额,主要包括两个方面。一是细分市场客观上有被接近的可能性,营销人员与客源市场要能够进行有效沟通,且具有通畅的销售渠道。假如旅游景区的广告根本无法让旅游者看到或难以理解,或者旅游者受到种种条件的制约,根本不可能到达旅游目的地,这样的细分市场即使开发潜力再大,对景区来说也没有任何价值。二是主观上要具有开发细分市场的实力。几十年以来,人们对于迪士尼乐园的热情都一直不减,如果一个普通景区把喜欢迪斯尼乐园的游客作为自己的细分市场进行开发,这显然是不现实的。

(3)可营利性原则。可营利性原则即要求细分的市场具有可开发的经济价值。首先,市场细分尽管有使整体市场小型化的趋势,但又不能过分细分到失去一定的规模经济效应的程度。其次,细分市场在整体市场中尽管比重较小,但其绝对规模或购买力应足以达到盈利水平,甚至具有很大的经济开发价值。比如,老人旅游市场和探险旅游市场,前者绝对规模大,后者的探险人应付的费用多,各有其开发价值。

(4)稳定性。细分后的市场应具有相对的稳定性,以便企业制定较为长期的市场营销策略,从而有效地开拓并占领目标市场,获得预期的经济效益。如果细分市场变化太快或太大,会使制定的营销组合很快失效,使企业的市场营销活动前后脱节,给企业带来很大的风险,并容易造成资源的浪费。

3. 旅游市场细分的方法

旅游业的发展必须以资源为依托。旅游企业受资源条件的限制,往往不可能满足所有旅游市场的需求。因此,只有在充分了解消费者市场的基础上,根据一定的细分变量对市场进行细分,才能进行有效的产品开发。具体的旅游市场细分方法如下。

(1)按照地理变量细分。地理变量是市场细分的基本变量,它主要根据旅游者所居住的地理位置、环境、气候等把市场进行细分,从而确定自己的目标市场。

在国际市场上,根据世界各地旅游业发展状况和全世界国际旅游的客源分布格局,世界旅游组织将全球旅游市场分成了六个部分,即欧洲旅游市场、美洲旅游市场、东亚及太平洋旅游市场、南亚旅游市场、中东旅游市场及非洲旅游市场。其中,欧洲是世界上最大的旅游市场,目前它不仅是世界上最大的旅游需求市场,也是世界上最大的旅游供应市场;美洲是世界上第二大旅游市场,其客源主要集中在北美和加勒比海地区;东亚、太平洋地区是国际旅游迅速崛起的旅游区,也是世界上第三大旅游市场。

地理位置的空间距离通常是影响旅游者到达目的地旅行的一大重要因素。从客源地与接待国(或地区)之间的距离来看,旅游市场可以分为近程旅游市场和远程旅游市场。近程旅游因为旅途需要的时间短,花费少,所以旅游者大多都是那些空闲时间短、收入一般的临近居民。而远程旅游需要的时间长,旅游消费较高,游客多属于闲暇时间较长、经济收入较高、生活条件十分优越的中上层人士。近年来,交通工具的现代化大大缩短了旅游的空间距离和时间距离,近程旅游市场与远程旅游市场的界限也变得越来越模糊。就我国的旅游市场而言,日本、韩国、东南亚市场、蒙古等是近程旅游市场;美国、英国、法国、德国等是远程旅游市场。对于旅游企业来说,近程旅游市场和远程旅游市场同等重要,为了挖掘市场潜力,在大力发展近程旅游市场的同时,也要有针对性地扩大远程旅游市场。

此外,根据客源地与旅游目的地之间自然环境的差异也可进行市场细分。地质地貌、气候、水文、生物等是自然环境的主体,地域不同,自然环境也会存在着很大差异。这种差异性往往是吸引游客旅行的一大动力和原因。例如,海边生长的人会向往神秘的积雪高原;南国热带的游客会惊奇于北国的雾凇与冰雕等。海滩旅游市场、潜水旅游市场、避寒旅游市场、避暑旅游市场、滑雪旅游市场等都是因自然环境的不同而划分出的市场。

(2)按照人口变量细分。人口变量包括年龄、性别、职业、家庭生命周期、宗教、民族、种族等。按这些特征进行细分,是目前旅游市场细分中最为流行的方法,因为这些变量容易被定义和测量,有利于营销人员对市场进行识别。

① 年龄。年龄是景区市场细分中最常见的变量。国外市场把24～65岁称为旅游年龄,按照年龄细分,旅游市场可以分为老年旅游市场、中年旅游市场、青少年旅游市场。各个市场的消费特征如表6-1所示。

表 6-1　细分市场的消费特征

细分市场	消费特征
老年旅游市场	怀旧、喜静、收入稳定、时间充裕、比较关心旅游服务质量
中年旅游市场	理智、逗留时间短、人数多、潜力大、商务旅游居多、消费水平高
青少年旅游市场	年轻、活泼、喜欢新颖与刺激的产品、消费水平较低、发展前景好

在我国,老年旅游市场的开发一直是个被旅游业界长期忽略的问题。近年来,随着人口老龄化的加剧,尽管老年旅游市场的发展态势良好,但其速度仍然滞后。从我国旅游部门获得的信息表明,我国老年旅游者所占的比例明显偏低,只占老年人的20%左右,而美国老年旅游者约占老年人的60%。中年旅游市场是我国旅游市场的主力,主要原因有两个:一是这一年龄阶段的旅游者人数最多,潜力最大;二是这个市场的消费水平高,旅游者进行的多是会议、商务旅行,消费档次高。青少年旅游市场消费水平偏低,且多为短途旅行,但极具开发潜力。

② 性别。性别不同,消费行为会有很大区别。男性多追求参与性强、运动量大、刺激性强的旅游活动,因此在体育旅游、探险旅游、商务旅游等活动项目上男性居多。而女性喜欢购物,注重旅行的安全、卫生、舒适,对色彩、气氛、价格等较为敏感,因此,充满浪漫气息的购物天堂往往是女性旅游者的向往之地。

 知识链接

女 子 客 房

在全世界酒店行业中,希尔顿酒店是最早注意到单身女性顾客的特殊性的,早在1974年就在美国阿尔克蒋希尔顿酒店开辟了专门的女子专用楼层。

在希尔顿酒店女子专用客房中,所有的设备和装饰色调都从女性的生理特点与旅途需要出发,不仅配备有特制的穿衣镜、各种牌号的洗涤剂和沐浴用芳香泡沫剂,同时还提

供女士睡袍、挂裙架、卷发器及其他女性专用的产品。客房通常会被装饰成温馨的色调，在床头柜或是小茶几上还有专供女性阅读的书刊和最畅销的妇女杂志。

在女子客房楼层，配有专门的便衣女保安，这是一个独立的空间，甚至出入大堂都可以选择专门的途径。

讨论：谈谈旅游企业对市场进行细分的必要性及注意事项。

③ 职业与收入。职业不同，旅游机会就不同，旅游消费也会不一样。根据旅游者的收入状况，可以把市场分为高档旅游消费市场、中档旅游消费市场和低档旅游消费市场。收入不同，对旅游项目的选择会有很大差异。收入高的旅游者，消费能力相应较强，对旅游产品的选择范围较大，要求一般也较高；收入低的旅游者，消费能力较弱，对旅游产品的选择也有较大局限，消费水平相对较低。

（3）按照心理变量细分。人们外出旅游主要是追求一种精神享受，所以旅游者的行为也取决于他们的心理特征。个性、兴趣、爱好等是心理特征的主要表现形式，人们的购买行为受这些心理特征的影响较大。按照心理变量细分，常见的分类方法有以下两种。

① 按照生活方式细分。旅游者的生活方式与其旅游需求有着密切的关系。生活保守的人胆小，不愿意接受新鲜事物，对冒险刺激的旅游活动没有太多热情，即使决定出游也是选择一些安全、有保障的近距离旅行；性格开朗的人，热爱生活、对新鲜事物有着强烈的兴趣，新开发的热点景区往往是他们旅行的首选之地。

② 按照性格特点细分。性格不同的旅游者在旅游产品的选择上和旅游过程中的行为上都存在着很大的差异。内向性格的人，往往以自己的理想为中心，只注意自己生活范围内的狭小问题，因此他们通常希望旅行地是设施设备齐全的、安全的、自己熟悉的、有着良好氛围的景区；外向性格的人，对多种事物都有很大兴趣，并且行为上是自信的，他们具有很大的冒险性，不希望去自己熟悉的景区旅行，总希望在旅途中有新发现、新经历。

（4）按照购买行为变量细分。根据旅游者购买过程中比较关键的行为特征，可细分出一些需求各异、具有综合性特征的旅游细分市场。如按照购买组织形式细分，旅游市场可分为团体旅游市场和散客旅游市场。团体旅游市场具有省心、省事、省时、节省费用、众人结伴旅行热情高、旅行安全系数大、语言障碍小等优点，但同时又存在着个体适应性和过程灵活性较差的突出缺点。散客旅游市场近年来在世界范围内得到很大的发展，已成为世界旅游市场的主体。其旅游形式也越来越多样化，包括独自旅游、结伴同游、家庭旅游、驾车旅游、徒步旅游等，不一而足。

此外，购买动机、购买时间、购买频率、购买次数等也可以作为旅游细分市场的依据。各市场细分标准及变量如表 6-2 所示。

表 6-2 各市场细分标准及变量

细分标准	具体细分变量因素列举
地理环境标准	综合地理区域（洲别、国别、地区等）；空间位置（远程、中程、近程等）；气候与自然地理环境（热带、寒带、高原、沙漠地区等）；聚落与人文地理环境（人口密度、各类城镇等）；经济地理环境（发达国家、发展中国家等）
人口环境标准	年龄、性别、职业、收入、家庭生命周期、家庭规模、受教育程度、社会阶层、种族、宗教、国籍、民族等
心理标准	生活方式、性格特征、态度、兴趣、动机等

续表

细分标准	具体细分变量因素列举
行为标准	购买时机(旺季、淡季、节假日) 追求的利益(迅速便捷、温馨浪漫、经济实惠) 购买频率(未旅游者、首次旅游者、多次旅游者) 购买方式(团体、散客) 偏好程度(极度偏好、中等程度偏好、摆动偏好、无偏好) 购买行为特征(理智型、冲动型、积极型、猎奇型、享受型)

三、世界旅游市场的划分

1. 欧洲旅游区

欧洲历来是世界上最大的旅游市场,经济发达,人民生活比较富裕,又普遍实行带薪休假制度,无论出国旅游、国内旅游还是国际旅游接待都是强项,规模大,而且稳定发展,是目前世界上最大的旅游需求市场,也是世界上最大的旅游供应市场。

2. 美洲旅游区

美洲是世界上第二大旅游市场,主要是指北美和加勒比海地区,其中,美国、加拿大和墨西哥的旅游业比较发达。

3. 东亚及太平洋旅游区

东亚及太平洋旅游区是国际旅游迅速崛起的旅游区,也是世界上第三大旅游市场。40 多年来,其国际旅游接待人数和旅游外汇收入的增长率均居世界各大旅游区之首。

4. 南亚旅游区

南亚旅游区是指亚洲南部地区,其中,尼泊尔、不丹为内陆国,印度、巴基斯坦、孟加拉国为临海国,斯里兰卡、马尔代夫为岛国,这些国家,旅游业的发展比较落后且不稳定。

5. 非洲旅游区

非洲旅游区的国际旅游业从 20 世纪 80 年代以后有了较快的发展。低廉的旅游价格和当地独特自然环境吸引着世界各地旅游者。其中,突尼斯、摩洛哥的旅游业发展较快,坦桑尼亚也凭借丰富独特的旅游资源优势,加大开放和引进外资的力度,以求后来居上。

6. 中东旅游区

中东是连接欧、亚、非三洲的中间地带,对发展国际旅游本应是一种有利条件,但由于战乱频繁,旅游经济发展起伏较大,占世界旅游市场的份额较小。

根据上面的分析,可以得知欧美地区在世界旅游市场中占绝对优势,不但是国际旅游者的主要产生地,而且是国际旅游的主要接待地。按照旅游经济的发展必须同国民经济的发展相适应的规律,可以预见,在未来较长的一段时期内,世界旅游业的主导市场仍然在欧洲。但随着亚太地区旅游经济的高速发展,根据世界旅游组织的预测,到 21 世纪中叶,亚太地区的国际旅游业有可能超过美洲地区居世界第 2 位。

四、旅游市场营销组合策略

市场营销活动的核心在于制定并实施有效的市场营销组合。1953年,尼尔·博登创造了"市场营销组合"这一术语,其意是指市场需求在某种程度上会受到所谓"营销变量"或"营销要素"的影响。旅游市场营销组合就是企业的综合营销方案,企业对自己的可控制的各种营销因素的优化组合和综合运用,使之扬长避短、发挥优势,以便更好地实现营销目标。随着营销组合理论的提出,20世纪60年代,营销组合的4PS理论在美国产生。此后,营销界尽管又提出了5PS、7PS、10PS以及4C理论等概念,但4PS营销理论一直是最为营销学家们所推崇的一种营销理论,图6-1为4PS营销组合。

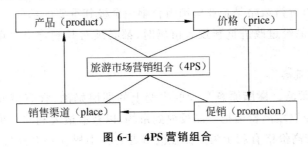

图6-1　4PS营销组合

(一)产品策略

产品策略在旅游市场营销中是一个核心环节。旅游经营者只有开发出能满足市场需求的产品和服务,才能进一步执行价格策略、促销策略和销售渠道策略,所以说,产品策略是整个市场营销组合的基础。产品组合通常以能最有效地利用资源、最大限度地满足消费者的需要和最有利于市场竞争为原则。一般来说,有以下几种产品组合策略。

1. 全线全面型策略

采用全线全面型策略的企业或公司同时经营了多条产品线,产品线的广度较宽。企业之所以运用这种策略,就是要充分运用现有的资源,让本企业的产品或服务尽可能地覆盖整个市场。如有些饭店除了经营餐饮外,还经营住宿、旅行社、旅游景点等。这种策略有利于旅游企业满足不同市场的需求,同时也分散了经营风险。但经营成本较高,容易造成资源过于分散,难以实现大规模经营。

2. 产品专业化策略

产品专业化策略是指企业专门经营某一类型的产品以满足不同目标市场的同一类型的需求。如中国某一旅行社只经营商务旅游,除了在国内开拓市场外,还把市场向海外发展,先后开发出了东南亚市场、日本市场、韩国市场、美国市场、欧洲市场等。采用这种经营方式因为产品单一,所以开发成本相对较小,企业可以集中精力对产品进行专业化的开发。同时,采用这种方式也具有较大的风险性。

3. 市场专业型策略

市场专业型策略是指企业面向同一目标市场提供不同类型的产品,以满足市场不断变化的多样化的需求。如有的旅行社只把女性作为自己的目标市场,既按照年龄把市场细分成老年女性市场、中年女性市场、青年女性市场和少女市场,也按照她们的消费特点,把市场细分成时尚旅游市场、购物旅游市场、美食旅游市场和娱乐旅游市场等,分别设计出满足这些细分市场需求的产品。这一组合策略有利于企业集中力量充分了解其目标市场的需求,从而使开发出的产品更容易为消费者所接受。但由于市场面太过单一,市场规模有限,经营者的销售量受到一定的限制。

(二)价格策略

价格是市场营销组合中十分敏感而又难以控制的因素。因为它直接关系到消费者对产品的接受程度,也影响着市场需求和企业利润,它同时涉及生产者、经营者和消费者等各方面的利益,所以价格策略是企业营销组合中一个极其重要的部分。一般来说,当新产品投放市场或旧产品经过改进重新投入市场时,都必须对其制定出合理的价格。常见的价格策略如下。

1. 新产品定价策略

(1)撇脂定价策略。撇脂原意是指取牛奶上的那层奶油,含有捞取精华之意。所谓撇脂定价,是指企业以较高价格把产品投放到市场,以获取最大利润。采用这种价格策略的原因有:首先,较高价格有利于为产品在消费者心目中树立一个高价值、高质量的高档产品形象;其次,较高价格能使企业迅速地收回产品或服务的开发费用,并能很快积累资金;最后,较高价格进入,为将来降价留有较大的空间。尽管这种价格策略对于经营者来说有诸多好处,但它在占领市场方面却具有一定的局限性。为了迅速地占领市场,扩大产品的市场占有率,必须加大宣传力度。

(2)渗透定价策略。渗透定价策略是将新产品以较低价格投放市场,目的是迅速占领市场,取得较高的市场占有率。它是利用消费者的求实惠、求廉价的心理,以较低价格吸引消费者,迅速打开产品销路的一种策略。对于一些特点不显著、易仿制的旅游产品实行低价策略,可以阻止其他竞争者的进入,减少本企业的竞争压力。但对于经营者来说,采用这种策略收回投资期长,加大了他们的经营风险。

2. 心理定价策略

心理定价策略是运用消费者对价格的心理反应,采取一定的定价技巧以激发其购买欲望。

(1)尾数定价法。尾数定价是利用消费者对数字认知的某种心理,尽可能在数字上不进位而保留零头,使消费者产生价格低廉和卖主经过认真的成本核算才定价的感觉,从而对企业产品及其定价产生信任感。如 100 元的商品通常定价为 98 元或者99.8 元,给消费者东西便宜的感觉,满足了消费者的求廉心理。对于价值较低的商品,如饭店里的许多大众菜和饮料等,可以采用这一定价方法。

(2)声望定价法。声望定价就是企业利用消费者仰慕名牌名店的心理为产品制定价格,故意把价格定成整数或高价。对于质量不易鉴别的商品,可采用这种定价方法,因为消费者有崇尚名牌的心理,往往以价格判断质量,认为高价格代表高质量。旅游商品中的工艺品、星级酒店的高级客房等通常都用声望定价。如房价为 1 000 美元的总统套房,其价格不能定为980元,因为总统套房本来就是身份和地位的象征,如果采用尾数定价,给消费者质量下降的感觉,会影响他们的购买决策。当然,采用声望定价价格也不能高得太离谱,质量与价格应该相符,这样才能树立起企业的声誉。

（3）折扣定价法。折扣定价法是旅游企业为了鼓励顾客尽早付清货款、大量购买、淡季购买,而采取的向顾客或中间商让利减价的一种策略,主要有现金折扣、数量折扣和季节折扣等几种方法。

（三）促销策略

促销是旅游企业通过一定的传播媒介,将企业及产品的信息传递给消费者,促使其了解、信赖本企业的产品,同时激发他们的购买欲望与兴趣,达到其购买旅游产品的目的。旅游促销实质上就是旅游企业营销者和消费者之间的一种信息沟通。促销是整个营销组合中最灵活和最具创意的部分。为了在竞争激烈的环境中获得生存与发展,就必须灵活地运用促销工具。

在众多的促销方式中,最常采用的促销方式有广告、营业推广、营销公关和人员推销四种。

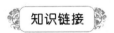 知识链接

“美丽中国”亚洲旅游推广活动迪拜落幕

2019年10月,由中国文化和旅游部主办的2019“美丽中国”亚洲旅游推广活动21日在阿联酋迪拜落幕。中方代表团通过举办主题推介会,向阿联酋旅游业界展示了中国悠久的历史文化和丰富的旅游资源。

来自中国吉林、上海等11个省、市、区的相关代表团与阿联酋政府、文化及旅游业界人士近220人参加主题推介会活动。

中国驻迪拜总领事李旭航在推介会上致辞时说,旅游对中阿双边关系十分重要,是增进两国人民相互了解的重要桥梁,也是在其他领域开展务实合作的催化剂,希望双方旅游业界不断拓展旅游合作的广度和深度,促进共同繁荣和发展。

迪拜旅游局副总裁胡尔·哈贾致辞时说,迪拜旅游部门高度重视中国客源市场,中国是迪拜主要客源国之一,2019年前8个月,到访迪拜的中国游客人数达到65万人次,同比增长12％。

中国文化和旅游部旅游推广团团长、中国驻新加坡旅游办事处主任肖江华表示,中国高度重视入境旅游业,将继续大力完善旅游基础设施,不断丰富旅游产品供给,全力提升游客满意度,以期为各国赴华旅游者提供更加优质的旅游服务。

这次活动以交流洽谈、公众推广、快闪、少林武术和传统舞蹈表演等多种形式吸引了许多阿联酋民众参加或关注。

据悉,2019“美丽中国”亚洲旅游推广活动此前分别在新加坡和泰国曼谷举行。

（来源:《中国旅游报》）

1. 广告策略

旅游广告是一种非人员促销方式,是旅游企业通过媒体,以支付费用的方式将本企业

产品或服务的有关信息传递给消费者。广告在商业界被称为"采购员的耳目,推销员的喉舌,消费者的导向"。可见,广告在整个营销过程中起着非常重要的作用。

旅游企业在实施广告策略时,通常要对五个方面进行决策,如图6-2所示。

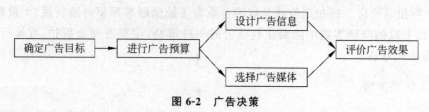

图6-2 广告决策

2. 营业推广策略

营业推广又称销售促进,它是为在短期内刺激消费者和中间商的购买行为而采取的一系列促销活动。美国市场营销协会委员会认为,营业推广是指"除了人员推销、广告、宣传以外的,刺激消费者购买和经销商效益的各种市场营销活动,例如,陈列、演出、展览会、示范表演以及其他推销努力"。

营业推广的方式很多,有针对旅游消费者的营业推广,也有针对旅游中间商的营业推广。旅游企业可以根据自己的营销目标和市场对象灵活地选择推广方式。

荷兰"海平面下的艺术之光"

为更好地推广荷兰深度游产品,继成功推广"探访世界上最美丽的春天"及"海平面下的骑行"大型主题活动后,荷兰旅游局结合凯撒国际旅行社"缤纷荷兰6日体验之旅"产品,与荷兰5家著名旅游机构一起合作推出"海平面下的艺术之光"网络游戏推广活动,目的在于巩固并提高荷兰旅游业在中国市场中的知名度,促进更多本地业者参与荷兰旅游推广活动,同时吸引更多中国旅游者选择荷兰作为他们的旅游目的地。

第一,"海平面下的艺术之光"通过网络游戏的形式将荷兰特色展示给参与游戏的消费者,游戏简单、有趣、轻松,内容活泼、丰富。所有参与者都有机会获得丰富的奖品,数量多多,周周惊喜不断;另外,荷兰旅游局还将在活动最后通过抽奖的方式产生"荷兰双人游大奖",中奖者可以亲身前往荷兰,领略这座海平面下国度的艺术魅力。网络营销专家认为,网络时代的营销需要遵循网络营销4I原则,其中首当其冲的是intesting(趣味)利益原则,网络营销要趣味化,而游戏恰恰是娱乐化程度最大的。旅游美景与游戏融合自然让网民流连忘返。

第二,将艺术作为主线贯穿整个行程是产品的一大亮点,参观阿姆斯特丹国立博物馆和凡·高美术馆作为重点,穿插乌特勒支音乐盒博物馆以增加产品的多样性及参观情趣,使消费者在花费较少费用的条件下,尽可能地享受更多精彩。此产品极具竞争力的市场价格,以及独特、鲜明的旅游亮点,自投放市场以来,已经受到许多消费者和业者们的高度关注。

3. 营销公关策略

营销公关是一种非人员促销方式,通过在权威的旅游杂志或报纸上发布重要商业信息,或者在广播、电视上报道对自己产品有利的信息,来刺激目标顾客对其产品或服务的需求。这种策略覆盖面广,可信度高,且容易树立良好形象。

4. 人员推销策略

所谓人员推销,是旅游企业通过派出推销人员与一个或一个以上可能成为购买者的人交谈,作口头陈述,以推销商品,促进和扩大销售。人员推销一般有三种设计方法。一是建立自己的销售队伍,使用本企业的推销人员来推销产品。这种推销人员又分为两类:一类是内部推销人员,他们一般在办公室内用电话等来联系、洽谈业务,并接待可能成为购买者的人来访;另一类是外勤推销人员,他们作旅行推销,上门访问客户。二是使用专业推销人员推销产品,如雇用销售代理商等,根据其代销额付给佣金。三是雇用兼职的售点推销员推销,如在各种零售营业场合的产品操作演示、现场模特、咨询介绍等都使用兼职的售点推销员。他们按照销售额比例提取佣金。

五、旅游营销渠道策略

营销渠道策略是市场营销组合中的重要环节,是产品从生产者顺利到达消费者的关键。企业生产出来的产品,只有通过一定的市场营销渠道,才能在适当的时间、地点,以适当的价格供应给广大消费者或用户,从而满足供需双方的需求,实现企业的市场营销目标。旅游产品从企业到达旅游者的过程中,由于多种因素的影响,表现出各种各样的营销渠道。即使是同一种旅游产品,也可能通过不同的营销渠道到达消费者。具体来说,营销渠道可以分为直接营销渠道和间接营销渠道、长渠道和短渠道、窄渠道和宽渠道、单渠道和多渠道等,此处主要介绍以下两种类型。

1. 直接营销渠道和间接营销渠道

直接营销渠道又称零层次渠道,如图 6-3 第四层所示,是指旅游产品直接由旅游企业销售给旅游者,中间不经过任何环节。这是一种传统的营销模式,主要依靠旅游企业的销售部门开展产品的营销,主要有三种情况。其一,旅游者直接到旅游企业的生产现场购买旅游产品。如消费者到旅游景区直接买票游玩等,这是旅游景区最常采用的一种营销模式。其二,消费者利用电话、电传、互联网等现代通信工具直接向旅游企业预订产品。随着现代高科技的发展,这种模式利用得越来越广泛,很多大的公司或集团都设有预订部门,直接向消费者出售产品。其三,旅游者在旅游企业自营网点购买旅游产品。如旅游景区在许多地方设有售票处或订票处,这些自营网点是旅游产品生产者自设的零售机构,消费者通过这些网点购买产品,仍然属于直接营销模式。直接营销渠道的优点是便捷,灵活。由于省却了中间环节,因此可以及时将产品投放市场,并迅速获得反馈信息。这种营销渠道需要旅行社有强大的实力。

间接营销渠道如图 6-3 第一、二、三层所示,是旅游企业借助于中间商把旅游产品销售给旅游消费者的途径,介入了中间环节的销售分配系统,如我国的国际旅行社通过国外的旅游批发商或旅游零售商销售其旅游产品时,采用的就是间接营销渠道。间接营销渠道的优点是覆盖面广,拥有广泛的市场影响力,并有针对性地进行营销。间接营销渠道是旅游产品的主要营销渠道,对于旅游景区来说,目前旅行社是其主要中间商。

一个旅游企业往往有多个营销渠道。通过中间商销售产品,可以大大节省企业开发市场的人力和物力,这样企业就可以集中精力进行产品的生产。营销渠道的中间环节越

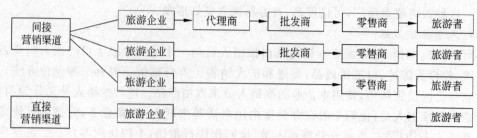

图6-3　旅游产品营销渠道

多,产品开拓市场的可能性就越大,但旅游产品生产者对旅游产品销售的控制能力就越弱,企业对消费者信息反馈的灵敏度也就越差。

2. 长渠道和短渠道

长渠道和短渠道如图6-4所示。长渠道是指生产者经过两道或两道以上的中间环节,把产品销售给消费者。如生产者通过批发商、零售商,将产品销售给消费者。长渠道的优点:渠道长、分布密、触角多,能有效地覆盖市场,从而扩大产品销售,有利于商品远购远销,在全社会范围内调剂余缺、沟通供求。长渠道的缺点:由于环节多,销售费用增加,不利于生产者及时获得市场情报而迅速占领市场。

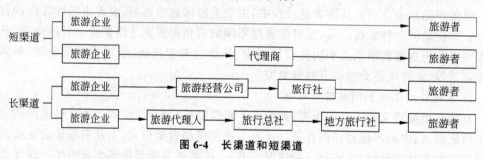

图6-4　长渠道和短渠道

短渠道是指产品在从生产者向消费者转移过程中,只经过一道环节的分销渠道。有产需直接见面和中间经过零售商两种形式。短渠道的优点:有利于加速商品流通,缩短产品的生产周期,增加产品竞争力;有利于减少商品损耗,从总体上节省流通费用;有利于开展售后服务,利于生产者和中间商建立直接、密切的合作关系,维护生产者信誉。短渠道的缺点:短渠道尽管减少了流通环节,可是却增加了直销费用,这些直销费用必然要加至商品价格中,此时不仅没有降低产品价格,反而提高了价格,不利于生产企业组织大批量生产。

任务二　国际旅游市场

一、国际旅游客流规律

旅游客流又称为旅游流,是指在一个区域内由于旅游需求的近似性而引起的旅游者的集体性空间位移现象。旅游流是旅游者的流动,旅游者从常住地流向旅游目的地去观光、消遣、娱乐,便构成了具有一定流向、流量特征的游客群体。世界旅游者的流向与流量具有一定的特征,具体如下。

1. 国际旅游主流在发达国家之间移动

国际旅游主流在发达国家之间移动的特征非常明显,这可以从两个方面来体现。其一,发达国家集中的两大旅游区——欧洲旅游区和美洲旅游区一直是国际旅游的重心,从来都没有改变过。虽然近几十年来,东亚及太平洋旅游区、非洲旅游区和中东旅游区(区内多为发展中国家)在世界旅游业中的地位不断上升,但无论如何,国际旅游客流的主流在发达国家之间移动的格局仍然没有改变。其二,输出国际旅游客源的最主要国家均为发达国家,同时这些国家旅游接待占世界旅游市场的份额也比较稳定。

2. 国际旅游客流以近距离(前往邻近国家)为主

不论是国际旅游流向还是国内旅游流向,都呈现出以近距离为主的特点,人们出游大都是按照先近后远的原则。近程游客在全部游客中总是居多数,全球近距离旅游人数占国际旅游总人数的80%。以欧洲为例,出境旅游多为洲内旅游,远途旅游仅占其出境旅游总量的4%。亚洲出境旅游也以洲内移动为主。一个普遍的特征是一个旅游目的地国家的邻国往往是它最大的客源国。例如,加拿大、墨西哥最大的客源国是美国,与此相对应的是,加拿大出境旅游去美国者占80%。法国人最推崇的旅游目的地依次是西班牙、英国、意大利,意大利人最喜欢去的旅游目的地依次是法国、西班牙、奥地利。而在亚洲,日本、韩国互为最大的客源国。我国入境游客流向如图6-5所示。

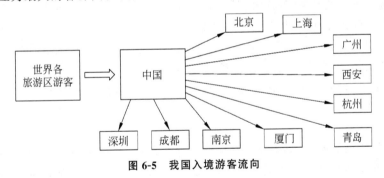

图6-5　我国入境游客流向

3. 国际游客多流向风景名胜区和政治经济文化中心

风景名胜区是旅游资源的重要组成部分,也是旅游经营者重点销售的旅游产品。而政治经济文化中心是一国或地区的象征,汇集了该国或地区的经济发展水平、城市建筑和现代文化等各个方面的精华,又是交通枢纽,所以成为该国或地区的游客集散地。旅游者出国旅行,就是想通过旅行游览等活动,既愉悦身心,又增长见识,欣赏到本国、本地区所没有的自然景观和人文景观,开阔视野,丰富阅历。游览风景名胜区和政治经济文化中心,能使旅游者从心理和精神上都得到极大的满足,所以这些地区往往成为出国游客的首选地。

4. 国际旅游客流向亚太地区移动

随着亚太地区经济的发展,旅游业的发展也异常迅速。从旅游接待人次来看,尽管区内各部分呈现一定的非均衡性,但总体增长势头十分强劲,国际旅游的重心开始向亚太地区移动,国际旅游业正在逐步形成欧、美、亚太地区三足鼎立的分布格局。

5. 国际游客大量地在具有某种特殊关系的国家或地区之间流动

在国际旅游市场上,国际游客大多流向与本国或本地区有某种特殊联系的国家或地区。首先,民族亲缘关系是影响游客流动的一个很重要的因素。比如,东南亚国家有大批的早期中国移民,出于寻根问祖的需要,这些华侨出国旅行的首选地通常是中国。美国是一个典型的移民国家,现代的美国人很多都是欧洲人的后裔,出于剪不断的亲缘联系,多年以来,英国和德国一直都位居美国客源国的前 5 位。其次,语言文化背景的相似性也是影响游客流动的一个关键因素。以澳大利亚为例,其游客出境旅游,首选目的地是新西兰,其次就是美国和英国。美国和英国与澳洲相距甚远,可见语言文化对游客的吸引力非同一般。最后,政治、经济等方面的联系也是导致游客在这些特殊国家或地区之间流动的很直接因素。

二、影响国际旅游客流的因素

国际旅游客流的形成和发展由旅游客源国与旅游接待国的各种因素所决定,同时还受到市场距离远近、气候因素、交通因素、国际关系等多种因素的影响。

1. 市场距离远近

通常,国际旅行距离越长,则在旅途中所花费的时间和费用就越多,旅游者对该旅游目的地的需求也会相应降低,这就是"距离衰减效应"。两国之间的距离越近,它们之间的旅游客流强度就越大;反之,则越小。因此,国际旅游者的移动大多数是在附近国家之间发生的。世界上旅游业发达国家的客源主要都来自邻近国家。如欧洲,到达奥地利的国际旅游者,约 65％来自与其邻近的德国、意大利、瑞士、斯洛文尼亚、南斯拉夫、匈牙利、捷克、斯洛伐克;到达比利时的旅游者,55％以上来自邻近的荷兰、法国和德国;到达意大利的旅游者,55％以上来自邻近的法国、瑞士、奥地利和斯洛文尼亚等。

2. 气候因素

在国际旅游格局中,气候差异也是影响旅游客流的一个不容忽视的因素,因为它主导着旅游客流的流向和强度。欧洲和北美洲的主要旅游客流流向是自北向南的,因为南部地区有比较温暖和稳定的气候。在欧洲,游客主要流向地中海。最典型的例子是斯堪的纳维亚(北欧,约处于北纬 55°至北纬 70°)的旅游者,因为这里的冬季漫长而严寒,白昼短促、黑夜漫长,所以一进入冬季,就有大批的旅游者到加那利群岛(非洲西北海岸外,处于北纬 28°附近)进行包价度假旅游。这种旅游一般每年要占离开斯堪的纳维亚地区出外旅游人数的 1/4～1/3。由于同样的原因,在南半球,国际旅游客流流向为自南向北。如新西兰人常常向北到太平洋上的岛屿去旅游。

3. 交通因素

国际旅游客流的形成有赖于国际旅游交通条件,随着现代国际旅游交通条件的改善,尤其是高速公路、高速列车和民用航空的快速发展,使国际旅游更加方便、快捷,从而对国际旅游客流的流向、流量和结构变化也带来了深远的影响。

4. 国际关系

一般来说,国与国之间在政治、经济、文化、外交、军事等方面的联系越密切,则它们之间国际旅游客流的流量及规模就越大;反之,则越小。可见,国与国之间的关系如何,直接影响着国际旅游者对旅游目的地的比较和选择,从而也影响着国际旅游客流的流向、流量及规模。因此,要促进国际旅游的健康发展,创造一个和谐友好的国际环境非常必要。

三、我国出境旅游市场

中国公民出境旅游快速发展,已成为亚洲最大、全球重要的新兴客源大国。

目前,国家已批准 146 个国家和地区成为中国公民出境旅游目的地,其中实施的有111 个。在中国公民出国客流结构中,2013 年赴亚洲国家旅行的人数占出国总人数的71%,赴欧洲的人数占 11%,赴美洲的人数占 9%,赴非洲的人数占 5%,赴大洋洲的人数占 4%。亚洲国家仍然是中国公民出国旅行的主要目的地。

 知识链接

2019 年上半年入境、出境旅游市场情况

1. 出境旅游

2019 年上半年,全国旅行社出境旅游组织 3 067.50 万人次、15 469.19 万人天。

2019 年上半年,旅行社出境旅游组织人次排名前十位的目的地国家和地区由高到低依次为泰国、日本、中国香港地区、越南、中国台湾地区、中国澳门地区、新加坡、马来西亚、印度尼西亚、韩国,如图 6-6 所示。

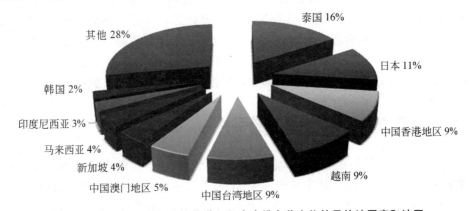

图 6-6　2019 年上半年出境旅游组织人次排名前十位的目的地国家和地区

2. 入境旅游

2019 年上半年,全国旅行社入境旅游外联 597.10 万人次、2 149.09 万人天,接待 856.16 万人次、2 624.56 万人天。

2019 年上半年,旅行社入境旅游外联人次排名前十位的客源地国家和地区由高到低依次为中国香港地区、中国台湾地区、中国澳门地区、韩国、日本、马来西亚、美国、泰国、新加坡、俄罗斯,如图 6-7 所示。

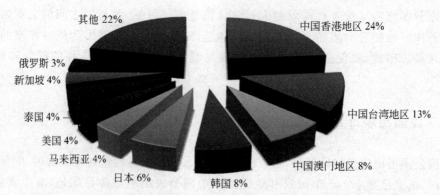

图 6-7　2019 年上半年入境旅游外联人次排名前十位的客源地国家和地区

2019 年上半年，旅行社入境旅游接待人次排名前十位的客源地国家和地区由高到低依次为中国香港地区、中国台湾地区、韩国、中国澳门地区、美国、马来西亚、日本、泰国、新加坡、俄罗斯。

（数据及图片来源：中华人民共和国文化和旅游部）

任务三　中国旅游市场

我国的国内旅游市场是在改革开放以后逐渐发展起来的，20 世纪 90 年代开始呈现迅猛发展的局面。国内旅游需求的发展是国民经济持续、快速、健康发展，人民生活水平不断提高的体现和必然结果，也是社会进步的重要标志。1985 年，我国的国内游客数量仅为 2.4 亿人次，国内旅游收入为 80 亿元。2013 年，国内游客共 36.1 亿人次，比上年增长 10.7％；国内旅游收入为 30 312 亿元，增长 15.4％。旅游业的三大支柱——国内旅游、入境旅游、出境旅游呈现出均衡发展的局面，中国的旅游市场从此走上了健康发展的道路。

一、我国旅游业的主要海外客源市场

入境旅游是我国旅游业"三大市场"中开发最早、发展最快的市场。1978 年，我国的入境游客仅为 180.9 万人次，其中外国人为 23 万人次。近年来，随着中国经济的飞速发展，中国的入境旅游也呈现出了良好的发展势头，2004 年中国就已成为全球第四大入境旅游接待国。

我国旅游业的主要海外客源市场可以划分为近程旅游市场和远程旅游市场两大部分。近程旅游市场主要包括中国港澳台地区，以及韩国、日本、俄罗斯、东盟各国、中东国家和澳大利亚。远程旅游市场则主要包括北美和西欧国家。

（一）近程旅游市场

1. 中国港澳台市场

港、澳和华侨游客自新中国成立以来一直是旅游客源市场的主体。1988 年后，随着海峡两岸关系的变化,台湾旅游者成为旅游客源市场的又一重要组成部分。在入境游客中,港、澳、台同胞占 80%～90%,外国人占 10%～20%。前 20 年来,中国入境客源市场基本上保持这种格局,近 10 年来,旅游者逐渐增多。自 1978 年我国旅游业发展步入正轨以来,港、澳、台地区一直是内地旅游业的最大外来客源市场。

2. 韩国市场

韩国自 1992 年同我国正式建立外交关系以来,便成为我国重要的国际客源市场。1991 年,韩国旅华人数只有 8.1 万人次,2004 年达到了 284.48 万人次,增长了 34 倍之多。2010 年 1—6 月,韩国旅华人数就达到了 196.18 万人次,同比增长了 27.58%。

2005 年,韩国的入境旅游人数首次超过日本,成为中国第一大入境旅游客源国。这主要是因为近些年来韩国经济迅猛发展,韩国民众的收入水平大幅度提高,而韩国国土面积狭窄,文化单一,景点景区比较集中,所以更多的韩国人愿意到国外去旅游。作为韩国近邻的中国,人文风情、古迹景点众多,选择面广,且价格便宜,对韩国游客具有极大的吸引力。此外,中韩之间经贸关系的迅速发展及中国巨大的市场潜力也不断吸引着越来越多的韩国工商界人士来华访问和投资。随着两国间政治、经济、文化交流的不断扩大,韩国逐渐成为中国一个极有潜力的旅游客源市场。

3. 日本市场

日本是我国的近邻,有地理交通之便;经济发达,在文化上与中国源远流长,很多日本人都对中国文化有着很深的了解。在旅游市场规模上,日本出国旅游的市场规模已超过每年 1 000 万人次。这些都是将日本划为我国旅游业重要客源国的基础。但目前,日本游客在出国旅游的目的地选择上,美国是其首选,韩国居其次,而中国仅位列第三,日本来华旅游者总量仅占日本出国旅游者总量的 10%～12%。由此可见,日本旅华市场潜力仍有待进一步挖掘。

4. 俄罗斯市场

俄罗斯也是我国重要的入境旅游客源市场,目前中国已经成为俄罗斯第二大远程旅游目的地。俄罗斯同我国有着漫长的边界线,也有着友好交往的历史,随着两国边境的开放以及经贸关系的不断发展,特别是随着俄罗斯经济的复苏和发展,其作为我国重要客源国的地位是不容动摇的。

5. 东南亚市场

长期以来,东南亚地区都是我国的一个重要的入境旅游客源市场。2010 年 6 月,排名中国前 18 位的客源国中,东南亚国家就有马来西亚、新加坡、越南、缅甸、菲律宾、泰国、印度尼西亚 7 个国家,入境旅游人次达到 45 万。其主要原因有:其一,东南亚距离我国较近,而且交通方便,来我国旅游可以节省时间和旅游开支;其二,这些国家中有着大量的华侨和华人,由于有着血缘的联系,所以中国成为东南亚华人、华侨出国旅游的首选地;其三,东南亚和中国同属东方文化,有着相似的文化背景。

6. 中东市场

中东地区的产油国都是经济上富有的国家,尤其是沙特阿拉伯和科威特。这些国家的人口虽然有限,但出国旅游者的消费能力很强,就此而言,这些国家应当是比较理想的客源市场。但这些国家的出国旅游者多为社会上层,以欧美为目的地,广大普通民众的旅游活动尚未形成传统和习惯。对于中国旅游业而言,开发这一市场目前尚有一定的难度,所以短期内似乎只能将其作为待开发的潜在客源市场。

7. 澳大利亚市场

澳大利亚是目前世界上前20个主要国际旅游客源国之一,也是亚太地区屈指可数的发达国家之一。目前,澳大利亚的工薪阶层每年享有为期4周的带薪假期,人均年工资收入为2万~4万澳元。同欧美地区相比,澳大利亚距离我国较近,而且航空交通十分方便。由于受文化因素的影响,澳大利亚人出国旅游的主要目的地是新西兰、英国和美国。但尽管如此,在历年来华旅游的外国人市场中,澳大利亚在来华旅游人次方面一直居我国旅游业重要国际客源国之列。

(二) 远程旅游市场

亚洲和东太平洋区域市场是主体,欧洲和北美远程洲际市场是两翼。

1. 欧洲市场

欧洲地区是全世界最主要的国际旅游客源市场之一,对我国旅游业而言也是如此,其中特别以英国、德国和法国最为重要。

英国是世界上主要的国际旅游客源国之一。

德国是世界上的经济大国之一。

法国也一直是世界上位居前10位的国际旅游客源国,无论是从其出国旅游人次上看还是从其国际旅游支出上看,都是如此。对于我国旅游业来说,法国也是重要的客源国。

2. 北美市场

北美地区的人口规模、富裕程度、教育水平和城市化程度等条件都决定了该地区是世界上国际旅游的重要客源地。美国作为第一大经济强国,长期以来一直是世界上最大的旅游客源输出国,也是我国最大的远程旅游市场。从入境人次来看,在中国所有客源国中,美国常居第三或者第四位。美国之所以能成为中国重要的客源市场,主要是因为中国的旅游资源,特别是悠久的历史、丰富的文化以及社会环境和人们的生活方式等,都对美国旅游者有着很大的吸引力。自20世纪80年代以来,北美居民对赴亚洲旅游的兴趣越来越大,赴亚洲目的地的远程旅游也发展得十分迅速,而且这种趋势可望持续下去。

二、我国的国内旅游市场

在我国的入境旅游、出境旅游和国内旅游三大市场中,国内旅游起步虽晚,但发展速度最为迅猛。十一届三中全会以前,我国的国内旅游基本上还是一片空白,但到2009年国内出游人数达19.0亿人次,比2008年增长11.1%;国内旅游收入10 184亿元,增长16.4%。据世界旅游组织预测:2020年我国国内旅游人次数将达到19.82亿人次,国内旅游收入将达到30 436.6亿元,相当于2020年国内生产总值的8.7%左右,中国将成为世界上名副其实的旅游大国。

目前,国内旅游者人数虽然增长很快,但消费水平较低,而且国内的客源大多分布在经济比较发达地区和沿海的一些开放城市。目前,我国的国内客源市场主要集中在以下几个地区。

1. 北方地区

以北京、天津为代表的北方市场,主要以观赏自然风景和购物等为目的。

2. 西北地区

以新疆、内蒙古等为主的西北旅游者,他们大多数是去广州、深圳、上海、北京、杭州、桂林等发达的大城市购物或观光。

3. 华东地区

华东地区以上海为主,一直是我国传统的国内旅游客源市场和旅游接待市场。过去,他们的旅游目的地以苏州、无锡、杭州为主。现在可选择的旅游目的地的范围已大大扩大了,北京、桂林、广州、福建的厦门和石狮等地都是他们喜爱的旅游目的地。

4. 广东地区

广东地区,特别是广州市及近郊乡镇,信息灵通,工业发达,市场繁荣,经济活跃,居民收入较高,具有旅游的经济条件。同时,他们思想比较开放,舍得花钱买享受,因而出游人数多,消费水平较高。

三、我国旅游业的出境旅游市场

1. 我国对出境旅游类别的划分

(1)出国旅游是指我国公民自己支付费用,在有出境旅游经营权的旅行社的组织下,以旅行团的形式,前往经国家批准的旅游目的地国家或地区开展的国际旅游活动。

(2)边境旅游是指我国公民在有特别经营权的旅行社的组织下,以旅行团的形式,集体从指定的边境口岸出境,到邻国指定的边境区域进行的国际旅游活动。

(3)港澳游是指我国内地居民在准营旅行社的组织下,以旅行团的形式前往中国香港和中国澳门地区开展的旅游活动。

2. 出境旅游市场的特点

(1)增长速度快,首先是出游人次增长速度快;其次表现为出境旅游消费开支的增长速度快。

(2)出游目的地以亚洲国家和地区为主。

3. 出境旅游的发展

20世纪80年代中期,我国出境旅游开始萌芽,随着我国经济的不断发展、人民生活水平的不断提高,出境旅游在20世纪90年代开始了真正的大发展。从1984年开始,我国的出境旅游先后经历了试探性发展阶段(1984—1989年)、初步发展阶段(1990—1996年)、规范发展阶段(1997—2000年)、快速发展阶段(2001年至今)四个阶段。

1984年,国务院正式批准的港澳探亲游首次为中国内地游客提供了机会。

1987年,丹东市居民赴朝鲜新义州市的"一日游"标志着中国出境旅游的雏形——边境旅游拉开序幕。

1990 年,对泰国、新加坡、马来西亚三国探亲游的开放使边境游升级为出境游,也掀起以东南亚为目的地的出国旅游热潮。东南亚旅行深入人心,时至今日,很多国民仍将其作为认识世界的第一站。

1997 年 3 月,国家旅游局、公安部颁布了《中国公民自费出国旅游管理暂行办法》,标志着我国出境旅游市场的形成。随着《中国公民自费出国旅游管理暂行办法》的颁布实施以及 140 余个 ADS 协议(旅游目的地协议)的不断签署,中国游客可旅行的范围已扩展到世界一半以上的国家。进入 21 世纪,我国出境旅游市场迎来了突飞猛进、飞跃发展的"黄金十年"。10 年间,我国出境旅游市场蓬勃发展,出境旅游持续高速增长,出境旅游秩序大大改善,出境旅游产品不断更新。我国跻身世界第三大出境旅游消费国,是全球增长最快的新兴客源输出国。

国家旅游局发布数据显示,2015 年共有 41.2 亿人次国内旅游或出境旅游,相当于全国人口一年旅游近 3 次。世界旅游业理事会(WTTC)把它放到 GDP 里面一比较,中国旅游产业对 GDP 综合贡献达到了 10.1%,超过了教育、银行、汽车产业。中国国内旅游、出境旅游人次和国内旅游消费、境外旅游消费均位列世界第一。随着我国出境旅游市场的不断成熟完善,中国游客在境外旅行的需求、方式及其国际形象都发生了不小的变化,中国出境旅游市场的世界影响力正在增强。出境旅游规模的扩展、空间范围的扩大,以及消费规模的提升,必将推动产业要素在世界范围内更大规模地流动,在推动全球旅游产业转型升级方面发挥一定作用。

任务四　旅游产品

一、旅游产品的含义

旅游产品,从供给者的角度来说,是旅游经营者凭借其所拥有的旅游资源和旅游设施,向旅游者提供的各种服务的总和。旅游经营者通过经营旅游产品,一方面可以达到自己赢利的目的;另一方面也可以满足旅游者的需求。

从旅游目的地的角度出发,旅游产品是指旅游经营者凭借旅游吸引物、交通和旅游设施,向旅游者提供用以满足其旅游活动需求的全部服务。旅游产品是一个整体概念,它是由多种成分组合而成的混合体,是以服务形式表现的无形产品。具体来讲,一条旅游线路就是一个单位的旅游产品。在这条线路中,除了向旅游者提供各类吸引物外,还包括沿线提供的交通、住宿、餐饮等保证旅游活动顺利进行的各种设施和服务。

从旅游者角度出发,旅游产品是指游客花费了一定的时间、费用和精力所换取的一次旅游经历。这个经历包括旅游者从离开常住地开始,到旅游结束归来的全部过程中,对所接触的事物、事件和所享受的服务的综合感受。旅游者用货币换取的不是一件件具体的实物,而是一种经历。

二、旅游产品的分类

1. 按旅游产品组成状况分类

按旅游产品组成状况分类,旅游产品可分为整体旅游产品和单项旅游产品。

整体旅游产品是指满足旅游者在旅游活动中所需要的全部物质产品和服务。对于旅行社来说,开发的一条旅游线路就属于一项整体旅游产品,如新马泰8日游等;对于饭店来说,组织的一次次大的宴会,接待的一次次婚宴等也属于整体旅游产品。

单项旅游产品是指整体旅游产品中所包含的住宿、餐饮、交通、游览、娱乐等单方面的物质产品和服务。每个单项旅游产品都是整体旅游产品结构中的一个组成部分,但经营单项旅游产品的部门和企业的经营活动则是各自独立的,围绕着各自目标市场的特定需要,各自组织其特定服务。如旅游者在团队旅游过程中所购买的饭店的一个床位、飞机或者火车上的一个座位、旅游景点的一张门票等都是属于单项旅游产品。整体旅游产品是由一项项单项旅游产品构成的。

2. 按旅游者的需求程度分类

按旅游者的需求程度分类,旅游产品可分为基本旅游产品和非基本旅游产品。

基本旅游产品是指旅游者在旅游活动中必须购买的,且需求弹性较小的旅游产品,如住宿、饮食、交通等,都是旅游活动中必不可少的。

非基本旅游产品是指旅游者在旅游活动中不一定购买的,且需求弹性较大的旅游产品,如旅游购物、旅游娱乐、医疗保健、通信服务等。对于旅游经营者来说,通过对基本旅游需求和非基本旅游需求的区分,可以让其对旅游者的需求有更加清楚的认知。只有这样,才能在开发好基本旅游产品的同时,最大限度地挖掘非基本旅游产品的潜力。对于旅游者来说,通过分清基本旅游需求和非基本旅游需求,可以有计划地调整好自己的消费结构和消费水平,使旅游行程轻松而愉快。

3. 按旅游者的消费内容分类

按旅游者的消费内容分类,旅游产品可分为食、住、行、游、购、娱等,旅游者在旅游途中可享受到饮食、住宿、交通、游览、购物和娱乐六个方面的服务。饮食和住宿是满足旅游者基本生活需要的消费;交通是旅游者实现旅游活动的主要手段;游览是旅游者旅游活动的中心内容;购物是旅游者享受辅助性消费的主要形式和内容;娱乐是旅游活动中旅游者所享受到的一种参与性体验和享受。旅游产品的这六大要素的消费潜力各不一样。饮食、住宿和交通存在着一定的消费极限,增加消费的途径主要是提高饮食质量、增加服务内容和多档次经营;游览和娱乐的消费弹性较大,增加消费的方式是尽可能地增加游乐项目,丰富游乐内容;购物的消费弹性最大,只有通过提供物美价廉、适销对路、品种多样的旅游产品,才能提高旅游者的消费水平。

4. 按旅游产品形态分类

按旅游产品形态分类,旅游产品可分为团体包价旅游、散客包价旅游、半包价旅游、小包价旅游、零包价旅游、组合旅游、单项服务。

此外,旅游还可以按距离、计价形式、费用来源和旅游方式分类。

三、旅游产品的特点

旅游产品是能够满足旅游活动中多种需要的服务性产品。服务是一种行为，是一种可以被用以交换的无形产品。因此，旅游产品除了具有一般的有形产品的使用价值和价值之外，还具有自己的特殊性质。

1. 综合性

旅游产品的综合性主要表现在它是由多种旅游吸引物、交通设施、住宿餐饮设施、娱乐场地以及多项服务组成的混合型产品。

首先，旅游产品的综合性表现在旅游产品的生产涉及众多行业和部门。其中，既有直接为旅游者提供服务的饭店业、餐饮业、交通运输业、娱乐业等，也有间接为旅游业提供服务的农业、建筑业、商业、制造业等行业和海关、邮电、银行、保险、医疗等部门。据美国工业标准分类系统的一项调查表明，有 30 多种主要工业部门为旅游者服务，而与旅游相关的其他行业和部门多达 270 多个。

其次，旅游产品的综合性还表现在它包括食、住、行、游、购、娱六大要素。旅游企业凭借其旅游吸引物、交通设施、住宿餐饮设施、娱乐场所设施等多项旅游基础设施，满足旅游者食、住、行、游、购、娱六个方面的需求，是一种组合型产品。另外，它不仅是物质产品和服务产品的综合，又是旅游资源、旅游设施和旅游服务等多方面的结合。

2. 无形性

无形性是服务性产品的普遍特点，因为服务是一种活动、一种行为，无法被人们触摸或以数量衡量，因此许多服务产品在购买者心中只是一种感受。在整体旅游产品中，除了旅游资源、旅游设施和一些以实物形态而存在的纪念品等属于有形产品外，其他所包含的单项产品都是无形的。旅游产品的主体内容是旅游服务，而只有当旅游者到达旅游目的地，并在旅游活动中享受到住宿、餐饮、交通、导游服务等多方面的服务时，旅游服务的价值和使用价值才能体现出来。旅游产品的无形性特点，要求旅游企业进行产品推广时，把无形产品有形化，即利用多种沟通手段，把旅游产品的特征和质量转化成旅游者能看到或者感觉到的信息，传递给潜在的目标市场，使潜在的旅游者能对旅游产品有所认知。旅游者不能看到服务，但可以看到与服务相关的各种有形物质，这些有形物质能在旅游经营者和顾客之间起到沟通作用。

3. 生产和消费的同一性

旅游产品是一种服务性产品，它的生产和消费与物质产品有很大不同。物质产品的生产和消费是分开的，通常是先生产后消费。而旅游产品的生产，是以旅游者到达旅游目的地消费为前提的。旅游者到达旅游目的地，旅游产品的生产才开始。旅游者享受服务的过程，也是旅游产品生产的过程。旅游者享受服务完毕，旅游产品的生产也就完毕。所以说，旅游产品的生产和消费具有同一性。

由于旅游产品生产和消费具有同一性，所以其质量很难控制。另外，因为顾客的需求、偏好、个性有很大区别，所以旅游产品的生产过程也很难标准化。即使是相同的服务，顾客在不同环境、心情之下，感受也会有很大的不同。因此，旅游企业到底该生产什么样的旅游产品很难达成共识。

因为旅游产品不存在独立的"生产"过程,只有当游客购买产品并现场消费时,旅游资源、设施与服务相结合的旅游产品才得以存在,所以旅游产品生产与消费的同一性特点也导致了其具有不可储存性。

4. 不可转移性

旅游产品与一般实物产品的另外一个不同之处是销售方式的不同。实物产品是产品生产出来后,经过一定的运输和中间环节,把产品转移到消费者手中,消费者才开始享用产品,其购买行为表现为物质的流动和所有权的转移。旅游产品的销售是通过旅游者的移动来实现的。因为旅游产品的重要部分如旅游资源、旅游设施等都不能移动,所以旅游者购买旅游产品,只能依赖于游客到达旅游产品的生产地,才能实现旅游产品的生产与消费。而且,游客购买旅游产品,购买到的也只是产品的使用权,产品的所有权并没有发生转移。如游客在旅游途中所购买的饭店的一个床位,他只能对它有使用的权利,并不拥有所有权。

5. 脆弱性

旅游产品的脆弱性表现在其价值和使用价值的实现很容易受外界多种因素的影响与制约。首先,旅游产品是一种综合型产品,它包括食、住、行、游、购、娱六个方面的服务。在旅游接待过程中,任何一个环节的超前或者滞后都会影响旅游经济活动的正常运转,从而影响旅游产品整体效能的发挥。其次,旅游产品是一种外向型产品,国际市场的竞争、客源国政治经济政策的变化、贸易壁垒、汇率的变化等,都会影响旅游客源的变化。此外,旅游产品的生产和销售容易受各种不可控因素的影响,如战争、瘟疫、疾病、自然灾害、环境污染等因素,都会影响旅游产品的销售和价值的实现。

6. 不可储存性

由于旅游服务和旅游消费具有时空上的同一性,所以当没有旅游购买和消费时,以服务为核心的旅游产品就不会生产出来,也就无法像其他有形产品一样进行储存。

四、旅游产品的构成

旅游产品是一个整体概念,从层次上主要由核心部分、外形部分和附加部分三个部分组成,如图 6-8 所示。

1. 核心部分

核心部分是指消费者购买某种产品时所追求的实际利益,是顾客真正要买的东西,因而在产品整体概念中也是最基本、最主要的部分。顾客购买旅游产品,并不是要购买产品本身,实际上是要享受到一种让自己满意的服务。所以,旅游经营者的各项活动,都是以服务为中心而展开的。旅游服务是旅游产品的核心,根据经营阶段划分,可分为售前服务、售中服务和售后服务三部分。

(1)售前服务。旅游活动前的准备性服务,如旅游咨询、签证、办理入境手续、财政信贷、货币

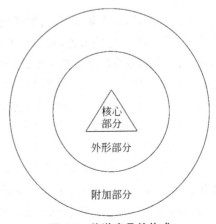

图 6-8 旅游产品的构成

兑换、保险等服务,甚至包括旅游产品的设计和线路编排等技术性服务。

(2)售中服务。在旅游活动过程中向游客直接提供的食、住、行、游、购、娱及其他服务。

(3)售后服务。当游客结束旅游后离开目的地时的服务,如机场、港口、办理出境手续、托运及委托代办服务等,甚至包括游客回家以后的跟踪服务。

2. 外形部分

外形部分是核心部分的载体,是旅游产品的外部形象,主要是指产品的质量、风格、声誉和品牌等。对于饭店来说,建筑风格、房间装饰装潢、周围环境、价格、员工素质等,都属于饭店产品的外形部分,饭店的外部形象主要通过这些因素来体现。

3. 附加部分

附加部分是指旅游者在购买产品时所获得的附加利益或者优惠条件,是一项产品区别于其他产品而独具特色的部分。一般来说,即使旅游经营者不提供附加利益或者优惠条件,购买者也没有理由抱怨或者投诉。

五、旅游产品的生命周期

产品生命周期是指一个产品从它进入市场开始到最后撤出市场的全部过程,这个过程大体要经历导入、成长、成熟、衰退的周期性变化。旅游产品也是如此,也有导入期、成长期、成熟期、衰退期四个阶段的生命周期变化。

1. 导入期

在这个阶段,旅游新产品正式推向旅游市场,具体表现为旅游景点、旅游饭店、旅游娱乐设施建成,新的旅游线路开通,新的旅游项目、旅游服务推出等。由于旅游产品尚未被消费者了解和接受,销售量增长缓慢而无规律,因此旅游者的购买很多是试探性的,几乎没有重复购买,导致销售量缓慢增长。并且为了使旅游者认识旅游产品,旅游企业又需要做大量广告和促销工作,使旅游产品的投入和销售费用较大,导致销售水平低,往往利润极小,甚至亏损。

2. 成长期

在这个阶段,旅游景点、旅游地开发粗具规模,旅游设施、旅游服务逐步配套,旅游产品基本定型并形成一定的特色,前期宣传促销开始体现效果。由于前期旅游宣传促销的效果出现,旅游者对旅游产品逐渐熟悉,越来越多的人购买旅游产品,重复购买者也逐渐增多,使旅游产品在市场上开始有一定的知名度,旅游产品销售量迅速增加,销售额大幅增长。旅游者对产品有所熟悉,越来越多的人试验使用这一产品,重复购买的选用者也逐步增多,旅游企业的广告费用相对减少,销售成本大幅度下降,利润迅速上升,市场上开始出现竞争。

3. 成熟期

在这个阶段,由于很多的旅游产品进入市场,扩大了旅游者对旅游产品的选择范围,使旅游市场竞争十分激烈,加上一些新产品对原有旅游产品的替代性,使旅游产品差异化成为市场竞争的核心。很多同类旅游产品和仿制品都已进入市场,市场竞争十分激烈,旅游产品的市场需求量已达到饱和状态,销售量达到最高点。在前期销售量可能继续增加,中期处于不增不减的平稳状态,后期的销售增长率趋于零,甚至出现负增长。

4. 衰退期

衰退期一般是指旅游产品进入了更新换代的阶段,由于新的旅游产品已进入市场并逐步地替代老产品,除少数名牌旅游产品外,大多数旅游产品销售量逐渐减少。旅游者或丧失了对老产品的兴趣,或由新产品的兴趣所取代。原来的产品中,除了少数名牌产品外,市场销售量日益下降。市场竞争突出地表现为价格竞争,价格被迫不断下降,利润迅速减少,甚至出现亏损。这时,旅游企业若不迅速采取有效措施使旅游产品进入再成长期,以延长旅游产品的生命周期,则旅游产品将随着市场的激烈竞争以及销售额和利润额的持续下降而被迫退出旅游市场。

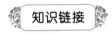 知识链接

创新旅游产品"印象·刘三姐"

"印象·刘三姐"是世界上最大的山水实景剧场,山水实景、经典文化与高科技实现了完美的结合,堪称世界级的文化旅游项目,它集漓江山水风情、广西少数民族文化及中国精英艺术家创作之大成,是全世界第一个全新概念的"山水实景主题"民族文化旅游景区。

课后习题

一、思考题

1. 简述旅游市场的基本概念。

2. 旅游市场有哪些特点?

3. 什么是旅游市场细分?旅游市场细分的方法有哪些?

4. 旅游市场细分对旅游企业有何重要意义?

5. 旅游市场细分应遵循哪些原则?

6. 影响国际旅游客流的因素有哪些?简述国际客流的规律。

7. 旅游产品有哪些类型?具有什么特点?

8. 简述旅游产品生命周期及营销策略。

二、分析题

1. 结合自己的旅游决策经历,谈谈旅游消费者的个人因素对其购买行为的影响。

2. 黄山区浓郁年味旅游产品迎来山东旅游团。

为进一步丰富冬季旅游市场并使之升温,黄山区旅委日前推出以"赏黄山美景、品徽州民俗""吃杀猪饭、过徽州年"为主题的冬游产品,并积极引导各旅行社加强该主题旅游线路在客源地市场的营销推广,"品民俗""吃杀猪饭"这样充满乡土气息和浓郁年味的旅游线路受到了城市游客的欢迎。近日,一批山东省的团队游客来到黄山区品味地方民俗、吃农家特色杀猪饭。后期将有多批次团队抵达黄山区,欣赏冬季美景、体验地方民俗、拍摄自然美景。

讨论:为什么黄山区带有浓郁年味旅游产品能吸引众多游客?

项目七

旅游活动的影响

引导案例

中国首个被取消 5A 级资质的景区

国家 5A 级景区是中国旅游景区最高等级。山海关汇聚了中国古长城的精华,是明长城的东北关隘之一,有"天下第一关""边郡之咽喉,京师之保障"之称。山海关与嘉峪关遥相呼应,闻名天下。2007 年,原国家旅游局批准山海关为首批 5A 级景区。2015 年 10 月,原国家旅游局决定,取消河北省秦皇岛市山海关景区 5A 级资质。

山海关景区发展过程如下。

(1) 1985 年,山海关被列为"全国十大风景名胜"之首;

(2) 1987 年,"万里长城——山海关"被联合国教科文组织列入"世界自然和文化保护遗产"名录;

(3) 1991 年,山海关暨老龙头长城被评为"中国旅游胜地四十佳";

(4) 1992 年,山海关被确定为"92 中国友好观光年"国家级旅游路线;

(5) 1993 年,山海关被确定为"93 中国山水风光游"重点游览延伸点;

(6) 1994 年,山海关被确定为国家文物古迹重要旅游线路;

　　（7）1995年，山海关被确定为"中国民俗风情游——长城风情"旅游线路；

　　（8）1999年，山海关所在的秦皇岛市成为全国首批"中国优秀旅游城市"，长寿山、角山、燕塞湖被命名为"国家森林公园"；

　　（9）2000年，山海关被中央精神文明建设指导委员会办公室、原国家旅游局授予"全国文明风景旅游区示范点"称号；

　　（10）2000年，山海关成为全国首批被原国家旅游局评定的"国家4A级旅游景区"之一；

　　（11）2001年，山海关被命名为"中国历史文化名城"；

　　（12）2002年，长寿山、角山、燕塞湖被命名为"国家地质公园（柳江盆地国家地质公园）；

　　（13）2007年，经全国旅游景区质量等级评定委员会审核批准评为首批国家5A级旅游景区。

　　（14）2015年10月9日，山海关被原国家旅游局通报批评，取消5A级资质。

　　山海关景区被取消5A级资质主要存在以下四个方面的问题。

　　一是存在价格欺诈。强迫游客在功德箱捐款现象普遍，老龙头景区擅自更改门票价格。

　　二是环境卫生脏乱。地面不洁、垃圾未清理，卫生间湿滑脏乱，清洁工具、施工材料随意堆放。

　　三是设施破损普遍。设施普遍老旧，电子设备、寄存柜、展品等损坏严重，长时间无人维修。

　　四是服务质量下降严重。导游、医务等岗位人员缺失严重，保安、环卫人员严重不足。

　　根据原国家旅游局2012年印发的《旅游景区质量等级管理办法》，被评选为A级的旅游景区要进行定期监督检查和复核，复核达不到要求的，将面临通报批评、降低或取消等级等处罚。景区摘牌预示着景区评定打破"终身制"，动态考核将成为旅游管理新常态。

　　（资料来源：中华网科技频道）

　　思考：随着旅游业的发展，旅游活动的影响越来越大，同时也暴露出哪些问题值得我们思考？

学习导航

　　旅游活动是一种以不同地域、不同民族、不同社会以及具有不同文化传统的人群之间的相互接触为其根本特征的活动。

　　旅游影响又称旅游效应，是指由于旅游活动所引发的影响，不仅表现为对旅游活动主体本身的影响，也包括对其他相关的利益集团产生的超越活动主体范围的影响。旅游影响有多种类型，根据内容结构可分为经济影响、环境影响和社会文化影响；根据社会价值的性质可以分为积极的旅游影响和消极的旅游影响；根据表现形式可以分为隐性影响和显露影响；根据产生的时间可分为即时影响和滞后影响；根据作用来源可以分为旅游者效应和旅游产业活动效应。美国学者弗克斯的一句名言"旅游是把火，可以煮熟你的饭，可以烧毁你的屋"形象鲜明地道出了旅游影响是把双刃剑，既有积极的影响，也有消极的影响。本项目从旅游活动对经济、社会文化和生态环境的影响进行阐述。

任务一　旅游活动对经济的影响

现代旅游业从第二次世界大战结束后开始兴起,到了1992年旅游业就超过了钢铁、石油、汽车等传统产业成为世界第一大产业。根据世界旅游组织的研究结果,20世纪90年代世界经济处于衰退阶段,但世界旅游业却仍以年均4.4%的速度持续增长。旅游业的高速发展,也同样引起学术界的重视,研究的热点之一就是旅游对经济的影响。

一、旅游活动对经济的积极影响

旅游活动对经济的积极影响可以理解为旅游业为国家和地区经济发展所带来的正面影响。随着旅游业的发展,旅游业的经济效应也会越来越大。旅游业的经济效应主要取决于旅游业的性质、发展规模及运营状况。从当代旅游经济发展分析,国家经济越发达,旅游业在国民经济中的地位就越高,对经济的影响就越明显。

旅游作为一种高层次的消费活动,不仅直接为旅游企业提供了商业机会,还通过其对接待国家或地区经济中的其他方面产生积极影响,主要表现在以下几个方面。

1. 平衡地区经济发展

世界上不同国家或者一个国家的不同地区,其经济发展水平往往是不平衡的,而旅游活动在平衡这种差别方面可起到一定的积极作用。其中,国际旅游的发展可以促使旅游客源国的财富向旅游目的地国转移,在一定程度上使世界财富进行再分配,而国内旅游则是把国内财富从旅游客源地向旅游目的地转移,是国内财富在地区间进行再分配。就一般情况而论,经济较发达地区的外出旅游人次较多,而经济落后地区的外出旅游人次较少。当经济落后地区的某些旅游资源足以吸引经济发达地区居民前去旅游时,这些游客在旅游目的地的消费开支,即经济落后地区的旅游收入,对当地来说显然也是一种外来的"经济注入"。经济欠发达地区通过发展旅游促进经济社会发展,提供大量就业机会,增加居民收入,吸引外资,同时促进当地市政、道路、建筑、供电、通信等基础设施的建设,提高当地居民的生活水平。

2. 带动相关产业,增加目的地的经济收入

旅游消费是一种综合消费,涉及食、住、行、游、购、娱等各个方面,所以旅游业也是综合性的产业,它不仅包括旅行社业、饭店业、交通运输业、旅游景区业、娱乐业等,还与建筑、房地产、园林、市政建设、商贸、邮电、信息、金融保险以及工农业生产的众多部门有直接或间接的关系。旅游业的发展一方面有赖于这些经济部门或行业的配合和支持;另一方面也可带动和促进它们发展,促进资源合理配置,优化产业结构。对旅游接待地区来说,无论是发展国际旅游还是国内旅游,都可以使当地的社会财富和经济收入得以增加。从国际旅游发展来说,旅游者进入旅游接待地,在接待地进行消费,直接为接待地带来收入。对于国内旅游来说,虽然国内旅游并不能使国家财富总量增加,但是可以引起社会财富在不同地区的重新分配。对旅游目的地而言,不仅增加了当地的经济收入,同时也使得

不同地区之间经济的发展相对趋于平衡。

3.增加政府税收

无论是发展国际旅游还是国内旅游,都能够增加国家税收,国家的旅游税收目前主要来自两方面:一是从国际旅游者获取的税收,主要包括入境签证费、出入境缴付的商品海关税等;二是来自旅游业的各有关营业部门,包括各旅游企业的所得税等。此外,由于旅游业涉及其他许多相关的行业和部门,带动这些行业和部门的发展,所有这些部门的生产与经营因旅游的发展获得的收入也为国家和政府提供了更多的税收。

4.增加外汇收入

外汇是用于国际经济结算的以外国货币表示的一种支付手段。一个国家拥有外汇数量的多少,体现着其经济实力的强弱和国际支付能力的大小。扩大国家的外汇收入,一靠增加外贸收入;二靠增加非贸易收入。外贸收入主要是指物质商品出口所带来的外汇收入,而非贸易收入主要是指国际有关保险、运输、旅游、利息、居民汇款、外交人员费用等方面带来的外汇收入。其中,旅游业收入是非贸易收入的重要组成部分。当接待国际入境旅游者时,主要从游客的购物及为游客提供的服务中收汇,人们形象地称为旅游出口。

在当今世界贸易竞争激烈、关税壁垒林立的背景下,旅游业作为非贸易外汇收入的来源渠道具有以下几点优势。

(1)旅游业提供的是服务产品,不需要付出很多物质产品,不消耗很多能源,持续地利用旅游资源即可创汇。

(2)旅游商品和服务的价格由本国控制,旅游目的地可以通过价格调整来吸引旅游者。

(3)旅游收入是现汇收入,资金可马上投入周转使用。

(4)换汇成本低,获得高。中国的旅游换汇成本明显低于贸易出口换汇成本,一般仅为贸易换汇成本的2/3左右。旅游在赚取外汇,弥补国家对进口稀缺原材料和机械产品外汇不足方面具有很大的潜力。

因此,通过旅游业增加外汇收入已成为许多国家平衡外贸收支的主要手段之一。其特点是它不同于一般贸易那样以物资流动为主,而是以人员流动为主。随着旅游者的流动,大量货币从客源地流向接待地。而且,客流流向一般以经济发达国家或地区流向发展中国家或地区为主,因而非常有利于促进世界经济的全面发展。

5.促进货币回笼

这是国内旅游产业发展的重要功能之一。众所周知,一个国家发行的货币数量超过市场商品价格的总和时,就会发生通货膨胀,引起一系列的经济社会问题,所以任何一个国家和政府都十分重视货币的投入与回笼。其中,国家回笼货币的渠道主要有四条,即商品回笼、服务回笼、财政回笼、信用回笼。旅游业是通过提供各类商品和服务,满足人们享受和发展需要的行业,它可以收回大量货币。在旅游业收回的货币中,既有商品回笼部分,也有服务回笼部分。国内旅游越发达,旅游消费越多,商品供应和商品需求的矛盾就越能得到缓解,商品市场的压力会得到减轻,从而促进国民经济的健康运行。

6.吸引外资,改善投资环境

旅游业的发展,还可以从多个角度改善投资环境,加强国际间的合作与交流。

（1）国际旅游的发展为外国人来华投资提供了前提条件，不少外国人了解中国，都是通过到中国旅游来完成的。在旅游的过程中，他们逐渐了解认识中国，了解中国的投资环境、政府的政策、中国的市场行情，然后才决定是否进行投资，因此，旅游效果的好坏影响着外商的投资决定。

同时，旅游业的发展带动了相关基础设施的建设，为外商来华投资提供了物质基础，例如，道路交通、电信业、医疗卫生业、保险业等基础设施的建设和住宿业、餐饮业、娱乐、写字楼等服务业的发展，为外商投资提供了食、住、行、游、购、娱等良好的条件。

（2）旅游业本身就是外商来华投资的重要行业之一。对我国来说，旅游业是目前吸引外商投资最多的行业之一，也是将来很多外商乐于投资的行业。迄今为止，在中国境内已有很多家国际饭店连锁集团，像喜来登、希尔顿、假日、四季、凯悦等，就是其中的佼佼者。而旅行社方面，德国TUI集团、MB中国投资有限公司等在北京正式签署了组建"中旅途易旅游有限公司"，成为我国第一个由外资控股的国际旅行社。一些与旅游相关的行业，如餐饮、服装、娱乐等，也是吸引外商投资的热门项目。外商投资旅游行业，带来了先进的管理经验和技术，也对我国旅游业管理水平和服务质量的提高产生了积极的影响。

此外，国际旅游的发展还在一定程度上促进了科技和信息的交流。有时，旅游活动本身就是一种技术和信息交流过程，如会议旅游、商务旅游等，旅游者大多数是某些领域中的专家、学者、企业家，他们带来了相关行业最新的科技和信息，通过交流密切了合作关系，促进了国家和地区间的经济、文化与科技的发展。

7. 扩大就业机会

就业问题是任何国家经济发展中都面临的一个重要问题，它不但关系到每个劳动者的生存发展，而且关系到社会的安定。所以，安排就业是国家政府的重要大事之一。当然，任何部门、行业的发展都能为社会带来一定的就业机会。但旅游业同其他行业相比，特别是同重工业相比更有利于解决就业问题，因为旅游业是一门综合性的服务行业，对其他行业的关联带动性强，它要满足旅游者在旅游活动中的食、住、行、游、购、娱等多方面的要求，就必须带动为旅游业直接或间接提供服务的各行各业的发展，从而为人们提供了大量的就业机会。

另外，旅游业是季节波动性较大的产业，旅游就业也会受季节性变化的影响，这为那些只需季节性就业的人如学生等提供了就业机会，由于这些岗位中很多工作并不需要很高的技术，只要进行短期的培训便可以胜任，所以在解决就业问题上更具有特殊作用。

8. 国民经济新的增长点

在世界上任何国家和地区，经济越发达，人民生活水平越高，闲暇时间越多，旅游需求就会越大，旅游产业就会越发达。由于对国民经济的特殊作用，旅游业已成为许多地区的支柱产业和国民经济新的增长点。目前，我国已经有22个省、自治区、直辖市把旅游业作为本地的支柱产业加以发展。尽管各地旅游业对国民经济的作用程度还是存在一定差异，但在大多数地区，旅游业已成为第三产业的主要组成部分，在扩大消费、赚取外汇、带动就业、保护生态、节约资源、提高国民素质等方面发挥着日益重要的作用，形成了社会消费热点和投资重点。旅游业已成为国民经济中发展速度最快、资源消耗少、投资回报高、生机活力强的优势产业和经济增长点。

二、旅游活动对经济的消极影响

虽然旅游活动的发展对国民经济的发展有积极的促进作用,但是如果旅游目的地仅仅片面地强调旅游活动对经济的积极作用,不考虑实际情况发展旅游业,有可能对经济产生的消极作用,主要表现为以下几点。

1. 由物价上涨开始的一系列的社会资源成本增加

旅游者对当地商品和服务的需求增加,带来物价上涨。一般来说,旅游者的收入水平是比较高的。他们有很强的消费能力和支付能力,在旅游消费心理的影响下,往往能以较高的价格来购买衣、食、住、行等生活所需要的物品,所以难免会引起旅游目的地的物价上涨,使当地居民生活成本上升。此外,旅游业的发展还会加大旅游目的地房地产的需求,增加土地价格和建筑成本。大量事实表明,在早期游客不多的地区兴建饭店时,土地投资成本很少,但是当旅游业一旦发展起来,土地所占投资成本会出现几十倍的增长,这些也影响到当地群众的房产需求和承受能力。再者,旅游目的地所在地政府为了有效吸引旅游者,会加大基础设施的建设,比如兴建机场和大型旅游接待设施,相应地在教育和医疗方面的投入会减少,势必会影响居民的福利收益和生活条件的改善。

2. 在一定程度上影响稳定

旅游业的发展使得旅游目的地的物资产生短缺,这样就有可能导致旅游者和当地居民争夺物质资料、生活资料,给当地居民的经济生活带来不便,由此产生排斥情绪。此外,部分资源相对缺乏的地区过分依赖旅游业会给该产业带来很大压力,如果把旅游业作为经济繁荣的唯一途径,一旦这一易受冲击的行业由于不可控因素出现波动,就会使国民经济受到严重影响。很明显的事例就是 2002 年和 2005 年度巴厘岛的大爆炸对印度尼西亚的打击,2003 年"非典"对整个东南亚旅游的冲击,2004 年印度洋的海啸对泰国和马尔代夫经济的重创。

3. 在一定地区具有明显的时效性

一方面,在相当多的度假胜地旅游就业的季节性使员工对工作没有安全感,没有收入保障,缺乏与就业相关的医疗福利等;另一方面,由于旅游就业往往集中于低技能岗位,岗位薪酬较低,面临的培训机会少,缺乏晋升更高职位的相关认证,会造成对旅游就业失去信心,这在一定程度上损害了旅游业的发展,进而影响到当地经济发展。

4. 在一定程度上会造成旅游目的地内需的漏出和外汇漏损

一方面接待国必须大量进口需要物品;另一方面投资者在接待国产生的利润回到投资者所在国。近年来,我国出境游发展迅猛,造成外汇漏损。2004 年,我国出境旅游总花费大约为 400 亿美元,相当于人民币 3 320 亿元;而同期我国国内旅游消费为 4 711 亿元,入境旅游总收入 257 亿美元,旅游业对内需的总贡献为 6 844 亿元。2004 年,出境旅游的过快发展对内需的漏出占我国旅游业总收入的 48.5%,几乎相当于旅游业对内需贡献的一半。一段时期以来,我国内需严重不足,特别是最终消费不足,已经成为制约我国经济发展的重要原因,而发展国民旅游的一项重要原因就是发挥旅游业扩大内需的作用。其中,入境和国内旅游对我国的产业结构调整,对贫困地区居民的脱贫致富,对缓解就业压力等具有不可替代的作用,而出境旅游的作用与此相反。近年来,中国公民出境旅游目的地陆续开放,高收入者集聚的消费能量开始向国外释放,客观上造成了有效需求和就业机会的流失。

三、经济发展对旅游的影响

旅游是人类社会经济发展的产物,是人们的一种享受型需要,导致旅游消费的不是一般维持人的生命延续而必须发生的生存性消费,而是在其基本物质资料得到满足后,追求更高的精神上的享受需要而产生的消费。因此,一个人或家庭只有在经济收入达到一定水平后才能外出旅游。从宏观上分析,经济发达的国家和地区就自然而然地成为旅游活动的主要客源国或地区;经济不够发达的国家和地区可自由支配收入有限,所以外出旅游人数不多。同时,经济的发展水平不但影响旅游出行与否,而且影响出行距离和消费结构。实践证明,国际性大众旅游的兴起同各国的国民收入的提高以及家庭收入的增加是分不开的。

相应地,发达国家和地区不仅是主要的客源地,其本身也大量开发了独特的旅游资源吸引旅游者,除了美丽的自然景色外,它们往往还有迷人的城市风光和独特的现代文化。另外,经济发达国家和地区之间,经济联系较为密切,商业往来频繁,因而商务旅游者人数非常多,旅游与经济的互动效应尤为明显。

具体而言,经济发展对旅游的影响表现如下。

1. 经济水平的提高使人们有更多的时间和机会出门旅游

如前所述,随着世界经济和科学技术的发展,人们的劳动生产率不断提高,经济收入和生活水平也在不断提高,工作日相对减少,闲暇时间则不断增加。旅游是人们度过闲暇时间的最佳方式之一。随着社会的进步,旅游将逐渐成为人们一种新的生活方式。人们对物质需求是有限的,而对精神需求则是无限的,旅游活动主要满足人们的精神需求。通过旅游,人们增长见识,陶冶情操,放松精神,恢复体力。因此,对旅游需求的满足将是无止境的。

2. 促进旅游景区进一步开发,旅游产品更加丰富

经济的发展、社会的进步,使人们的观念逐渐发生改变。人们以新的视野、新的思路来审视和认知旅游活动,而不是抱着传统观念不放。旅游作为经济与文化的互动,引发了旅游与商业设施的结合、旅游与高科技的结合等一系列的旅游新概念,旅游的需求也越来越多样化。人们从传统的"景点+观光""景点+饭店"之类的自然风光旅游逐渐转向度假型的休闲旅游。20 世纪末以来,为了满足旅游者不断增长的旅游需要,各国旅游产品开发趋于多样化,4S(sun——阳光、sea——大海、sand——沙滩、sex——性感)旅游产品尚在流行,3N(nature——自然、nostalgia——怀旧、nirvana——神往)旅游产品又接踵而来,开始引领新的旅游时尚。同时,诸如绿色旅游、生态旅游、农业旅游、森林旅游、修学旅游、寻根旅游等专项(或主题)旅游活动也越来越受人们青睐;新兴的体育健康旅游、休闲娱乐享受旅游和探险等刺激性旅游产品层出不穷,旅游活动的内涵得以扩展和丰富。

　　伴随着旅游业质和量的新变化,旅游活动的分工也越来越走向多样化,档次也越来越高。观光旅游和单一的度假旅游已不再受人青睐,为满足旅游者感官需求的专题旅游新产品和社会可持续发展需要的后大众的旅游产品方兴未艾,旅游产品的开发将进入新的阶段。不少国家,尤其是发达国家正在开发满足旅游者享受需求的新旅游产品,如美食旅游、豪华游船旅游、豪华列车旅游、超豪华旅游等。在欧美一些发达国家还出现了超豪华旅游新产品。这种为极少数旅游者提供的新产品又被称为"极品旅游",其特点是:花费特别高,可以自己安排线路和住宿地,所有消费都追求最高级的品牌等,可以自由参加各种娱乐活动,配有专门服务员等。与此同时,一些为满足旅游者某种感官刺激的旅游产品也发展起来,其中有探险旅游、海底旅游、赛车旅游,以及与探险旅游紧密相关的冒险旅游,如南极旅游、北极旅游、摩托车飞越等非常惊险的表演活动。

　　3. 提供更好的旅游服务设施

　　纵观旅游发展的历史,旅游服务设施的改进无不与经济的发展密切相关。在古代,人们出游时主要依赖于畜力及用畜力作动力的交通工具,很容易造成旅途的疲劳,更限制了出行的距离。近代旅游产生于近代交通工具发明之后,因此,人们出游的方式多了,除仍有少量游客继续使用马车等交通工具外,火车成了主要的旅游交通工具。铁路不但能运送更多的人,而且可以花少量的钱到更远的地方去旅行。轮船的大型化和高速化,极大地便利了海上旅行。到了近代旅游的后期,随着汽车大量投入使用,乘汽车旅行也成为一种潮流。与此相应,供游客住宿的设施也有了很大的改进。在近代旅游之前,人们外出旅游时一般住在只提供基本食宿的小客栈或小旅店里,设施相当简陋,有的甚至规定只为旅游者提供一个晚上的休息时间,更谈不上卫生间等服务设施。近来,这种情况得到了很大的改进,供游客住宿的设施,不但类型多样,如出现了豪华饭店、商业饭店、交通饭店、度假饭店等,而且食宿的设施相当完善,可为旅游者提供食宿、休闲、娱乐、交流等多种服务。

　　4. 更好地改善旅游环境

　　旅游环境主要包括交通干线、水电供应、医疗保险、旅游景观外围绿化、娱乐购物等基础设施。欧洲作为世界经济最发达的地区之一,基础设施建设完善,是该地区旅游活动相当活跃的重要条件。同时,经济发达地区往往还较注重软环境的营造,提供优质的服务,解除游客的后顾之忧,使旅游者虽身在异地却没有不方便的感觉,得到真正的享受而不是旅途的劳顿。

　　旅游环境的改善还包括旅游宣传促销手段的不断更新。中国的传统观念是"酒香不怕巷子深",但是在竞争激烈的现代信息社会,还应走出巷子,推销自己。旅游促销宣传的手段很多,可以通过电视、新闻发布会、专栏报道、杂志、广告、直接邮件等方式,还可以直接邀请新闻记者或著名作家进行免费旅游尝试来推出产品,或者举办旅游节庆活动等方法,刺激与激励旅游消费,从而使旅游者产生强烈的购买动机和行为。而这些措施的落实也都需要相应的经济支撑。

任务二　旅游活动对社会文化的影响

一、旅游活动对社会文化的积极影响

旅游与文化的关系十分密切,可以说文化是旅游活动的灵魂,旅游活动是文化传播的重要载体。旅游业的发展不仅具有经济作用,还有助于弘扬民族文化、传播先进文化、促进传统文化的开发与保护。

1. 开阔眼界,陶冶爱国情操

现代社会的一个显著特征是人口向城市聚集,城市化进程的加快虽然给我们的生活带来了很大的便利,使我们的生活质量得到了一定的提高,但伴随城市进程加快出现的生活节奏加快、环境恶化等使人们感到疲劳或乏味。这迫使人们向往能够适时地换一下生活环境,回到优美的大自然中去,以便恢复体力、焕发精神。而旅游正好可以满足人们的这个愿望。在旅游过程中,人们通过游览秀丽的自然景色,领略异地他乡的风土人情,可以获得短暂的休息与娱乐,还可以开阔眼界,增强体质,陶冶情操,培养高尚情趣,提高审美能力,促进身心健康。

旅游是进行爱国主义教育最好的内容和形式之一。知之深,爱之切,"江山如此多娇,引无数英雄竞折腰"就道出了其中的真谛。无论是在国内旅游时亲眼看见各地的自然名胜、历史文化和建设成就,还是在外国旅游时看到或听到对祖国历史文明和建设成就的称颂,都会激发和增强人们的民族自尊心与自豪感,从而会加深人们对自己祖国的热爱。

2. 推动科技文化的交流与发展

旅游增长了人类的学识,是人类求知的重要途径,也是人们洞察世界,探索奥秘的实践过程。中国有句名言"读万卷书,行万里路",指明了旅游在增进学识方面的作用。中国春秋战国时期,诸子百家学说的繁荣和古希腊哲学的发展,都离不开当时知识分子的游历活动。英国资本主义萌芽时期盛行一时的年轻人赴欧"大旅游",对英国后期的社会文化发展有着深远的影响。在旅游发展的各个阶段,总有人以科学考察为主要目的,为完成某项研究而参与旅游活动。许多主观上处于其他目的的旅游,客观上也起到了传播和交流知识与技术的作用。因此,旅游能丰富阅历、增长知识,无数科学家正是通过旅游实践来调查研究,才有了新发现、取得新成果,为人类文化的发展作出了卓越的贡献。徐霞客、达尔文等就是这方面的杰出代表。

此外,旅游在发展过程中也不断对科学技术提出新的要求,尤其是在交通工具、通信以及旅游服务设施和设备方面,要求更加快速、便利、舒适和安全,从而带动了相关领域科学技术的发展。

3. 密切人际交往

人际交往在旅游者的旅游过程中占据着重要的地位,具有不可忽视的意义。从世界旅游组织每年提出的旅游主题中可以看出,从交往的角度理解旅游和发展是很重要的主题。例如,1980年的主题是"旅游为保存文化遗产,为和平及相互了解做贡献",1984年的

主题是"旅游为国际谅解、和平与合作服务",1986年的主题是"旅游——世界和平的促进力量"等。这说明通过旅游交往,可以沟通不同地区、不同国家、不同民族、不同文化背景下的人们的思想感情,增进相互理解,促进世界和平。对个人而言,愉快而有效的交往也是获得旅游预期的前提。这是由于人类具有和客体相对应的自主意识,意识到自己与外部世界的差异和区别,意识到自己在特定社会领域所担负的独特角色以及与此相关的个体权利与义务。可见,人具有全体沟通和个性确认的双重需求。

由此,我们不难理解旅游团队亲和性的文化意义,外国游客"当一天上海人"的跨文化沟通作用,酒店大堂所担负起的人际交流共享空间的功能以及乡野古镇、都市社区之所以吸引人的魅力之所在。

4. 有助于促进民族文化的保护和发展

旅游活动除了观赏文物古迹、游览自然风光等活动外,在客观上还起到了促进民族文化交流和发展的作用。世界旅游组织曾经指出:具有文化价值和旅游文化价值的东西,旅游业有能力、有义务保护、拯救和复兴它们。民族文化不仅是一个国家或地区的社会基础,也是相当重要的旅游资源。人们旅游的目的不仅是享受变换生活方式所带来的愉悦,还希望通过旅游增加自己的地理、历史和文化知识,通过参观博物馆、欣赏艺术表演、购买民族传统工艺品来深入了解各民族文化的特征。为了广泛吸引旅游者,许多国家都在开发利用具有民族特色的旅游项目。在此过程中,当地一些原先几乎被人们遗忘了的传统习俗和文化活动重新得到恢复与开发;传统的手工艺品因市场需求的扩大而进一步得到发展;传统的音乐、舞蹈、戏剧等再度受到重视和发掘;长期濒临湮灭的历史建筑重见天日,得到较好的维护和管理。所有这些原先几乎被遗忘和抛弃的文化遗产不但随着旅游的开发而获得了新生,而且成为其他旅游接待国或地区所没有的独特文化资源。它们不但受到外来旅游者欢迎,而且增添了当地人民对自己的文化新的自豪感。如把在"文化大革命"中遭到破坏的杭州净慈寺、承德外八庙等修茸一新,已被毁灭的武汉黄鹤楼得以重建等。

5. 促进国际间的民间交往,推动世界和平

国际交往的形式主要有三种:第一种是政府之间的官方外交;第二种是社会集团之间的半官方外交;第三种是民间外交。前两种外交形式受到的约束较多,包括国际惯例、外交政策、经济利益等,而民间外交受到的约束较少,不管两国政府之间是否建立正式的外交关系,两国人民总会通过各种途径进行接触。国际旅游就是民间外交的一种重要形式。国际旅游者具有阶层、职业、信仰和年龄等的广泛性。多数以普通平民的身份出现,思想和行动一般不受官方外交礼节或政治上的严格约束,容易接触和相互交谈,可以广泛地交结朋友,增强与各国人民之间的友谊。国际旅游的大力发展促进了世界各国人民的友好往来,有利于各国之间的和平共处。

旅游就其民间交流的意义而言,是国家外事工作的一部分,它作为官方外交的补充和先导,常常能起到官方外交所起不到的作用。特别在国家之间尚未正式建交的情况下,旅游变成了人民之间相互交往的重要途径。许多国际旅游者的旅游目的不但是想领略异地的自然风光和名胜古迹,而且想了解异地人民的生活方式和道德风貌。接待地(国)通过热情友好、彬彬有礼的服务工作和真诚待人的美德,给旅游者留下美好难忘的印象,从而

起到了无声的宣传作用。通过旅游人们,才能接触处于遥远他乡的人类居民,才能了解别人作为人类的成员是如何生活、如何思想的。通过人民之间的交流和了解,可以消除不同国度的人民之间由于某种原因而造成的偏见和仇视,促进各国人民之间的友好往来,加深人民之间的相互了解和感情,形成一股热爱和平、反对战争的强大力量,从而对维护世界和平起到积极的促进作用。

二、旅游活动对社会文化的消极影响

1. 旅游地历史文化遗产遭受不同程度的破坏

游客对旅游目的地历史文化遗产的损害,一方面是由他们不检点的行为造成的;另一方面则是旅游发展的必然结果。前者如一些旅游者常常毁坏那些他们不顾路途遥远、特地去观赏的宝物,还有一些游人乱刻乱画、随意丢弃废物,直接或间接导致文物古迹的破坏。后者则是指因旅游接待所导致的客观上的损害。此外,旅游目的地的历史文化遗产还有可能由于开发和保护不当而被当地人借发展旅游的幌子所损坏。比如,因规划不当、管理不利或者片面追求短期经济效益,一些古都、古城的历史风貌被削弱,一些古建筑被毁坏或者被改造得面目全非。又如,大批旅游者在旅游旺季涌入某些景区,造成交通拥挤,人们摩肩接踵,导致生活空间缩小;游客触摸攀爬名胜建筑,影响其原始风貌和寿命;不适当的狩猎、采集、露营、野炊等,也会损坏旅游地历史文化遗产。

2. 道德感退化,犯罪率上升

发展中国家或地区在发展旅游过程中,难免会受到西方社会生活方式和思想意识的影响,旅游者会把其民族中积极的和消极的文化因素一并带入接待地,从而使当地的传统道德观念发生裂变和扭曲。在西方旅游者"现代化"消费样板的诱惑下,在主客之间生活水平差异悬殊这一客观事实的刺激下,接待地的部分居民极易失去纯朴的美德,坠落到罪恶的泥沼之中,使当地的社会风气恶化,色情、赌博趋于严重,犯罪率、离婚率趋于上升,进而影响社会安定。赌博不是旅游业特有的,但一些旅游地却因赌博而闻名,有的国家或地方,就以赌博招揽游客或作为当地复苏旅游业的手段。由于赌博活动吸引了大量游客,因此当地人民极有可能将旅游和赌博直接联系起来,形成因果关系的认知。此外,据世界上一些旅游地的调查,在旅游旺季犯罪率也有明显上升的趋势。

3. 对旅游目的地造成文化冲击

一般而言,当地居民与来自其他国家或地区的游客之间有着明显的文化差异,因而当大量外来游客涌入时,一方面促使当地居民用自己的文化或风俗去满足和愉悦游客,传统文化被淡化、冲击,甚至被扭曲;另一方面也打乱了他们原有的生活方式和节奏。原有的生活环境改变了,他们中有些人或多或少会显得无所适从,他们或去简单地模仿外地人的行为方式,以期抹杀两者之间的差异;或采取完全的抵触,引起主客冲突。加上一些开发商在处理与当地居民关系的问题时并不妥当,更加引起当地居民对游客的仇视或敌对情绪,造成了当地社会的不稳定。

4. 传统文化发展环境受到不良影响

传统文化最明显的特征是多姿多彩,地理单元的独特性与相对封闭性,造就了一方天地的文化品格;历史的延续性与连贯性,又延伸着本区域生生不息的文化传统。现代旅游的发展有改善环境的一面,也有污染、破坏环境的一面,如交通条件的改善带来了大量的车辆和外来人员,排出了废气、制造了垃圾,对当地的环境造成了不良影响。旅游业的发展在创造就业机会带来可观收入的同时,也使当地物价升高,居民心态失衡,文化环境改变。

5. 地方文化被任意改头换面,成为赚钱的商品

传统的民族习俗与节庆活动,都是在特定的时间、特定的地点,按照规定的内容和方式举行的。在旅游发展过程中,为了迎合游客的兴趣,活动的内容往往被压缩,节奏加快,在很大程度上失去了原有的意义与价值。代表民族文化的礼教风俗、表演艺术、宗教仪式等被歪曲成庸俗文化的杂耍。此外,旅游商品也不按照传统工艺生产,不能表现出传统风格和制作技艺。盲目的仿古导致假古代建筑、假古董泛滥,旅游者买到的也都是质量伪劣的旅游纪念品。

现在旅游活动是一种大众旅游活动,具有娱乐性和商品性。只是部分旅游者并不真正关心接待地文化特色的真实含义,而是为了猎奇。旅游接待地为了追求经济效益而积极迎合旅游者的口味,就使这些接待地文化在发展旅游的过程中有被不正当舞台化、商品化、庸俗化的可能。一些代表地方特色的东西被任意改头换面或大肆效仿;一些落后的文化如鬼文化、占卜文化等被恶意渲染。为了满足游人购买纪念品的需要,地方特色工艺品制作转向面对大众市场,即所谓的商品化,难免也使工艺品逐渐走向粗制滥造、失去传统工艺形象和价值。受旅游活动影响,接待地的宗教文化也极易失去本来的神圣和象征意义。寺庙教堂等信仰圣地人头攒动,如同喧闹的市场;众目睽睽之下,宗教礼仪似乎失去了本应该有的严肃性和神秘性;宗教圣物成为世俗物品。所有这一切不但使得旅游者无法全面有效地接触和发现接待地活生生的文化,仅能接受一种经过包装的伪文化,而且接待地固有的文化也会逐渐失去特色。

三、社会文化发展对旅游活动的促进作用

旅游不仅是经济活动,更是一种文化活动。旅游作为一种特定的社会实践活动,与社会文化具有不可分割的联系。在旅游者所进行的一切活动中,无论是物质的还是精神的,都是一定社会文化的体现。

首先,社会文化的发展促成了更多的旅游者。作为旅游活动的主体,旅游者必然产生于一定文化背景之中。只有当一个人具备了一定的文化素质,具备了对文化的更广泛的需求,向往异地文化,倾向于美的感受,才能产生外出旅游的动机。

其次,作为旅游活动客体的旅游资源也是一定社会文化的产物。旅游资源分为自然旅游资源和人文旅游资源,就人文旅游资源来说,主要包括社会、政治、经济、法律、道德、宗教、历史、科学、艺术、风情民俗等因素,这些都是社会文化发展的必然结果。自然旅游资源也必须由人类开发才可以成为可供游客欣赏的客体,如修筑铁路、增添食宿等基础设施和服务设施,具备接待能力。在开发过程中,建设者的主观社会意识必然会给自然旅游资源烙上深刻的社会文化印记。

最后，旅游业是旅游活动的介体，同样也是社会文化发展到一定阶段的产物。从旅游设施上来看，不论是直接还是间接为旅游服务的公共基础设施，还是专门为旅游活动服务的设施、设备的建设，都是当代社会科学文化的结晶。同时，不同国家、民族和地区的旅游设施，必然具有当地文化特色，尤其是旅游接待国或地区所提供的旅游服务是最具个性化的产品，服务人员在服务过程中所表现出来的个人文化素质和素养，也会对旅游者产生吸引力。

综上所述，可以看出，不论是旅游者的产生，旅游资源的开发，还是旅游设施的建设，旅游者所享受到的各种事物都是一种社会文化的实践。因此，社会文化的不断发展必然会使旅游的文化内涵更加丰富。

任务三　旅游活动对生态环境的影响

一、旅游活动对生态环境的积极影响

1. 促进生态环境的保存与复原

生态环境的构成因素主要包括水、大气、土壤、植被、野生动物等。没有高质量的生态环境，是不可能很好地发展旅游的。对旅游业来说，生态环境是吸引旅游者尤其是来自发达国家和繁华都市的旅游者的重要因素。他们为了暂时避开都市的喧闹和紧张节奏，更希望到清新优美、鸟语花香的大自然中去，领略大自然的风光，探索大自然的奥妙，体验大自然的伟大，享受大自然带来的轻松、愉快。投身于大自然中，会使他们深切认识到大自然与人类自身的密切关系，深刻体会到人类对大自然的依赖。

大多数旅游资源，无论是自然资源还是历史遗留下来的或是当代新建的人造旅游资源，它们都是当地生态环境的重要组成部分，是构成当地旅游产品的最基本要素，是吸引旅游者来访的决定因素。所以，对于旅游接待地（国）来说，最重要的就是有由各种自然风光或建筑构成的旅游资源及其生存环境。为了增加对旅游者的吸引力，旅游接待地（国）必须注重对其自身旅游资源的开发和保护，并对自身的地理环境加以整理、修缮和管理。保护环境已成为各国各地区的旅游开发决策时首先要考虑的问题。当然，并非所有的生态环境都能适应旅游者的需要，有些必须加以整治，才能使它成为可供旅游者身临其境地进行游览观赏的旅游环境。因此，发展旅游业，在客观上必然会对自然环境起到一种保护作用。

同时，旅游业的发展也为生态环境的保护工作提供了资金保证。因为环境保护需要大量资金，而旅游业收入丰厚，其收入的一部分可用来进行环境保护。在一些国家和地区，环境保护工作的资金很大一部分来源于旅游业的收入。

2. 促进旅游地自然生态景观格局的良性循环

优美的生态环境吸引着旅游者，而开展旅游活动还必须有接待服务设施，这些设施与建筑等构成的旅游接待地的生活环境，与原来的生态环境相协调才能增强吸引力。虽然在主观上，这些建筑可能都是出于单纯发展旅游业的需要，造就良好的游览环境以达到吸引旅游者来访的目的,但是在客观上却都可以起到改善旅游接待地生态环境的作用,如广泛植树养花、搞好园林建筑、实施环保措施、强化秩序管理、美化生活环境,在满足旅游需要的同时方便当地居民生活,也是对环境的重大贡献。而协调的旅游建筑不仅可以美化环境,有的甚至成了旅游资源的组成部分。一些名山的古代寺庙和古代道观等,体现了人与建筑物的巧妙契合,为大好河山增添色彩。

二、旅游活动对生态环境的消极影响

1. 增加环境污染

旅游过程中所造成的环境污染是旅游活动最大的负面影响之一。旅游是一种高层次的消费活动,支出的金额及日常消耗的各种能源比平常多得多,因此,旅游活动中丢弃的废弃物也特别多,造成的污染也就比较严重,包括交通工具(特别是汽车)、人体分泌物、排泄物、饭店的废水、煤烟和垃圾等造成的空气污染;景区的各种流出物及垃圾造成的水质污染。此外,一些旅游者乱丢废弃物以及乱刻乱画的行为也使当地的环境和景观受到污染;旅游者在自然界中收集“纪念品”的行为以及对某些区域的过度踩踏,则可能会损害这些地区的环境质量。

2. 破坏生态平衡

虽然各地区都在强调旅游开发中要注重生态环境的规划与保护,但由于大部分生态系统的生态承受力目前还不清楚,利益驱动带来的短期行为很容易危及旅游生态环境,有的地方打着开展生态旅游的幌子,实际经营中却在破坏生态环境,最明显的表现如下。

(1)植被的破坏。首先,旅游离不开车辆,而机动车辆驶入旅游区,尾气形成的烟雾会使森林、植被受害;其次,随着旅游业的发展,许多树木植被因筑路、建宾馆、造停车场、修娱乐设施而被盲目砍伐、清除;最后,因旅游者的攀爬、践踏而枯萎死亡。此外,游人的任意刻画、采摘,不适当的狩猎行为、野营活动等也严重地破坏了植被。

(2)土壤的破坏。这类破坏除了旅游活动造成的空气污染、水体污染、景观污染、森林破坏、植被损毁所产生的连带效应外,更多的来源于旅游业的建设性破坏。旅游业进行旅游开发,难免要大兴土木,如削高填低、挖石取土、奠基筑路、叠坝蓄水,由此使土壤质量大大降低。另外,大量游人的登踏,也会直接改变长期形成的稳定落叶层和腐殖层,造成水土流失。

3. 造成景观不协调

在一些旅游区特别是一些重点景区,盲目地、过多地兴建各种旅游服务设施,明显改变了原有的自然景观或人文景观,导致景区严重城市化。一些景点的服务设施、建筑与景观很不协调,由此给自然、文化遗产的保护造成了很大损失。目前,在开展旅游的自然保护区内,有相当部分存在建筑设施与景观环境不协调或不完全协调的现象。同时,一些旅游者乱丢废弃物,随意损害当地自然资源的行为也会形成“景观污染”。

明年去意大利威尼斯不要拖硬轮的拉杆箱了

据《都市快报》2014 年 11 月报道,除了占地方的大型游轮、无礼的游客、到处便溺的鸽子外,意大利"水城"威尼斯最近又拉黑了一样东西——带有轮子的拉杆箱,理由是它们发出噪声,扰人清梦。

据英国《每日电讯报》21 日报道,威尼斯市政府已决定禁止游客携带这种拉杆箱,违者最高可能被罚 500 欧元(约合人民币 3 800 元)。

新规于 2015 年 5 月开始实施。

威尼斯市议会认为,拉杆箱发出的声音,已日渐成为一种"噪声污染"。这种带轮子的拉杆箱,每天与威尼斯路面发出的声响,给威尼斯人造成了"严重不适"。路边摊贩、咖啡馆老板和沿街居民不堪其扰,政府曾接到他们的多次投诉。当地人甚至还有专门的词汇"马西尼",来描述这种打扰他们休息的噪声。

此外,拉杆箱可能会破坏威尼斯有着数百年历史的道路。与拉杆箱一起被拉黑的,还有各个酒店用来运送行李、货物的拖车。市议会还说,违反规定的游客可能会被处以最高500 欧元的罚款。不过,威尼斯本地人将不受限制。

三、旅游与生态环境协调发展

旅游活动对生态环境能够产生积极和消极的影响,反过来,由于旅游对环境的依赖性,环境的变化也对旅游业的发展起着重要作用。对游客而言,旅游资源本身蕴含的各种美学特征及其历史、文化、科学价值是旅游行为的直接激发因素,旅游资源的破坏将直接影响旅游者的满意程度。试想,在一个空气污浊、水体污染、四周嘈杂的环境中,游客是根本无法去领略、欣赏、体会具体游览对象的各种美学特征的。这种环境对游客不会产生什么吸引力,发展旅游业也无从谈起。

保证人体健康,是人体对环境最基本的要求,而旅游的环境质量则应该明显高于一般生活环境,不仅可以满足旅游者更高的生理要求,还应该满足其更高的心理要求和审美要求。因此,旅游目的地的生态环境不仅要保证空气清新、山体清洁、卫生良好等,还应该保证风光优美、景观协调、气氛融洽等。这样的环境才有持久的吸引力。

因此,旅游区生态环境的好坏对旅游者旅游效果的影响是不可忽略的,游客旅游的满足程度与旅游区环境条件息息相关,直接影响旅游业持续发展。

研究旅游业环境效应的最终目的在于使旅游业发展目标和环境保护目标结合起来,即实现旅游业的可持续发展,使旅游业的发展避免盲目,提高旅游业的综合效应。也就是说,既不能为保护环境而放弃旅游业,也不能为发展旅游业而牺牲环境。客观上,发展旅游业与环境保护既存在矛盾的一面,也存在统一的一面。一方面,旅游业的发展规模和速度应以追求最佳效益为目标;另一方面,在发展旅游业过程中,旅游建设应与环境保护同步规划、同步发展,在努力使旅游业在实现良好经济效益的同时,又不至于因游客太多造成对生态环境的威胁和破坏。为了促进旅游与生态环境协调发展,可以采取以下几个方面的措施。

（1）大力开展宣传活动,在旅游地形成环境保护的社会风气,特别要加强旅游开发经营者、旅游者以及旅游地居民的环境保护意识。

（2）在旅游活动项目安排上,有意识地增加与环境保护有关的内容,如种植纪念树等。

（3）采取适当的经济措施加强环境保护。其一,在旅游开发时必须进行环境投资;其二,征收旅游排污费和资源税。这样做一方面为环保事业提供了资金来源;另一方面也使旅游经营者和旅游者对有关问题给予足够重视。

（4）采取多种措施解决旅游超载问题。旅游超载是旅游污染环境的一个主要原因,解决这一问题,可从两方面进行:一方面,通过控制门票数量、调整价格、旅游预约等适当的市场策略控制旅游者数量及其流向;另一方面,通过增大旅游供给、扩大旅游容量加以解决,旅游区规划中旅游交通设施的修建应能够将人流分流到不同的风景点。

（5）对自然保护区的旅游开发应该更为慎重。旅游开发中的设施建设应以不破坏当地生态环境为原则,不宜大规模进行旅游建设,宜开展动态观赏旅游。

（6）控制旅游对环境的影响还应在科研、监测、计划和技术管理等各个环节上采取切实有力的措施,强化环境管理机构及其职能,建立和健全有关环境管理的条例与法规,人力普及节能、节源的先进技术,提高能源、资源的利用率,减少污染,达到经济效益和环境效益的同步提高。

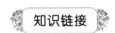 知识链接

中国旅游购物市场发展六大趋势

2014年8月,国务院31号文件将扩大旅游购物消费列为旅游业发展改革的一项重要工作,中国的旅游商品走进了快速发展时期。

趋势一:向大旅游商品发展

近年来,在国内的旅游商品销售中,生活类工业品在高速增加,在旅游购物中所占的比重也在逐年上升。事实上,在大旅游商品做得好的地区,旅游购物在旅游收入中的比重和旅游购物绝对值都是巨大的。为了满足游客的需求,向全品类的大旅游商品发展成为旅游商品发展的必然趋势。

趋势二:向生活化方向发展

为提高生活品质而开发旅游商品是一个必然的趋势,也是中国旅游商品能够实现快速发展的必然趋势,甚至是中国原创商品能够"走出去"的必然趋势。

趋势三:各类旅游商品同步发展并相互促进

目前,旅游纪念品、旅游工艺品的开发在向实用化、生活化方向发展。与此同时,那些冷冰冰的工业品也借鉴了很多传统工艺品的图案、纹饰、造型等,使工业品在保留实用性的同时,更有艺术性、观赏性,也易于受到游客的喜爱。

趋势四:旅游商品销售与"游"深度结合

现在很多商店已经开始与旅游结合来销售旅游商品,包括商店位置的选择,建设特色商业街、特色购物街,针对游客宣传促销等。这些都有力地促进了旅游商品的销售,使人们在旅游时得到方便、轻松的购物享受。

趋势五:旅游商品与旅游目的地的建设同步发展

现在旅游目的地的建设逐渐被人们重视,突出旅游目的地特色的旅游商品也大量出现。旅游目的地也越来越重视旅游商品的销售,旅游商品与旅游目的地的建设同步发展的趋势也越来越明显。

趋势六:旅游购物店与互联网融合

线上与线下融合的模式出现。人们在线上浏览选择商品,并在旅游中寻着途径到线下的实体店里确认选择,并在线上付费。这种新的模式对旅游商品的销售将起到很大的促进作用。

(资料来源:《中国青年报》)

课后习题

一、思考题

1.简述旅游活动对经济的积极影响。试举例说明。

2.简述旅游活动对经济的消极影响。试举例说明。

3.旅游活动对社会文化有哪些消极影响?

4.简述旅游活动对生态环境的影响。试举例说明。

二、分析题

1.案例

景区"蜘蛛人",攀爬险地美环境

在很多景区里都有这么一群人,他们化身为飞檐走壁的"蜘蛛侠",依靠几根保命绳索滑到悬崖下,捡拾峭壁上的垃圾。

国庆长假,华山游客量出现井喷,垃圾量也大幅增多。这几天,华山景区的环卫工人们如同蜘蛛一般,身系保险绳,在悬崖峭壁间捡拾垃圾,净化景区环境。

国庆节期间,"蜘蛛人"每两人一组,轮流在北峰犁沟约50度斜坡半崖处放绳40米,下去捡拾游客随手丢弃的塑料袋、矿泉水瓶等垃圾杂物。

10月2日,"蜘蛛人"吴先生告诉澎湃新闻记者,在外人看来,这是拿命在捡垃圾,但他觉得这份工作并不算累,能为家乡景区的美化环境出一份力是值得的。

有的游客说:"看到这里的工作人员都很辛苦,为了保护这山里的环境,去非常危险的地方把垃圾捡上来,我们作为游客也应该更注意保护这里的环境,不要随意乱扔杂物。"

景区景色优美,游客随手丢到悬崖下的垃圾不但破坏了景区环境,而且会让"蜘蛛人"耗费数小时冒着生命危险去清理,希望每一位游客们能尊重"蜘蛛人"的劳动成果,爱护景区卫生。

2. 讨论

（1）如今的中国景区，越来越多的环卫工成为"蜘蛛人"。这种现象说明旅游的哪些影响？

（2）试比较旅游对当地经济、社会文化及生态环境的消极影响，并分析造成这些消极影响的原因。

3. 要求

收集发展旅游业对我国某地的影响。要求：旅游地要具有代表性、内容全面。时间：每次 10 分钟，每周 1 组展示，按顺序进行。

项目八

旅游行业管理

学习目标

知识目标

了解我国旅游行业管理体制的构成、内容和方法；了解旅游行业组织的职能、标准化、信息化发展历程及应用。

能力目标

能够运用本项目所学知识分析旅游企业标准化、旅游信息化建设的具体实践，掌握信息技术的不断变革和创新给旅游业带来的变化，及时更新知识结构。

引导案例

2014年8月，国务院下发《关于促进旅游业改革发展的若干意见》（以下简称《意见》），从树立科学旅游观、增强旅游发展动力、拓展旅游发展空间、优化旅游发展环境和完善旅游发展政策五个方面提出了促进我国旅游业改革发展的若干意见。《意见》对深化旅游改革、推动区域旅游一体化、拓展入境旅游市场作出系统部署，是指导我们深刻认识并准确把握国内外形势新变化、新特点，科学制定旅游业"十三五"规划的战略依据。

思考：什么是旅游管理体制？旅游业"十三五"规划的编制属于旅游行业管理的哪方面内容？

任务一 旅游管理体制

政府是旅游行业管理的主体，在旅游规划、旅游资源开发、旅游政策以及旅游目的地形象建设和旅游目的地市场营销中发挥主导作用。

一、国家旅游管理体制

国家对于旅游业的管理是通过设立旅游行政管理机构进行的。国家旅游行政管理机构代表国家实施全国旅游业的管理,地方旅游行政管理机构代表地方政府对当地旅游业进行管理。各国具体情况不同,旅游业在国民经济中的作用和地位不同,旅游行政管理体制及其级别也有所差异。有的国家设立旅游部,有的国家设立旅游局。

国家旅游行政管理机构,通常有以下几种模式。

1. 单独设立旅游局的模式

这种模式的特点是单一行使旅游管理职能,直属内阁或国务院,规格低于“部级”。我国采取这种模式。在我国,国家旅游局是国务院主管全国旅游业行政管理的直属机构,各省、市、县成立地方旅游行政管理机构,即地方旅游局,管理旅游行业。

2. 旅游部模式

这种模式有两个基本特点:第一是管理职能单一,只负责旅游;第二是机构为部级规格。采取这种模式的国家多为发展中国家。

3. 混合职能模式

这种模式中,旅游管理部门并不是单独设立的,而是与一个或几个相关部门合在一起发挥职能。混合职能模式通常有以下类型。

(1) 旅游部与交通部共同构成一个部或在交通部下设旅游局,如马尔代夫共和国旅游和民航部、斯里兰卡航空旅游部。

(2) 旅游部与商业部相结合的模式,如西班牙王国工业、商业和旅游部。

(3) 文化、体育、遗产部门与旅游部门构成一个部,如英国旅游与遗产部、印度共和国文化与旅游部。

(4) 旅游与环境资源部门相结合的模式,如刚果共和国旅游和环境部,赞比亚共和国旅游、环境和自然资源部。

(5) 旅游局下设在其他部门的管理模式,如美国商务部下设旅游局、芬兰在工商部下设旅游局。

4. 旅游委员会模式

这种模式等同于一个部或比部高出半级,主要是适应旅游业综合性的特点,对旅游业的发展起到协调作用。在很多国家属于协调部门,不是权力机构。例如,墨西哥成立部际旅游执行委员会,各州成立旅游促进委员会。

5. 其他模式

有的国家和地区没有设立独立的旅游行政管理机构,而是通过旅游行业协会指导、协调和管理旅游业。

一些国家的行业组织除了维护本行业利益、交流相关信息外,也具有一定的管理协调职能。

中华人民共和国文化和旅游部正式挂牌

2018年4月8日,中华人民共和国文化和旅游部正式挂牌。文化和旅游部是国务院组成部门,为正部级,下设办公厅、政策法规司、人事司、财务司、艺术司等15个部机关,拥有文化和旅游部机关服务中心、文化和旅游部信息中心、中国艺术研究院、国家图书馆、故宫博物院等20家直属单位。

根据《深化党和国家机构改革方案》,文化部、国家旅游局进行了职责整合,组建文化和旅游部统筹文化事业、文化产业发展和旅游资源开发,提高国家文化软实力和中华文化影响力。

(资料来源:搜狐新闻)

二、我国旅游管理体制的发展过程

我国原国家旅游局成立于1964年,当时名为"中国旅行游览事业管理局",是外交部的行政管理部门。改革开放以来,我国旅游管理体制一直在不断变革和完善,经历了以下几个阶段。

1. 起步阶段

1978年之前,我国的旅游管理机构的主要任务是从事从中央到地方的外事和政治接待工作。1978年,"中国旅行游览事业管理局"更名为"中国旅行游览事业管理总局",之后我国开始对原有的旅游管理体制进行改革。1981年10月,国务院发布了《关于加强旅游工作的决定》,明确提出了国务院关于旅游管理体制改革的基本思路是"统一领导、分散经营、政企分开、分级管理、统一对外",具体规定了非旅游部门不得经营对外旅游业务,不允许外商以任何形式在我国国内经营旅游业,旅游外联工作统一由中国国际旅行社和中国旅行社对外进行,各省不搞外联,不直接对外招徕游客。1982年8月,"中国旅行游览事业管理总局"正式更名为"中华人民共和国国家旅游局",作为国务院主管全国旅游行业的直属行政机构,统一管理全国旅游工作。全国许多地方政府的旅游行业主管部门陆续建立,逐步实现政企分开,为旅游业的发展奠定了组织基础。

2. 发展阶段

1984年7月,中共中央办公厅和国务院办公厅转发了原国家旅游局《关于开创旅游工作新局面几个问题的报告》,提出"加快旅游基础设施建设,要采取国家、地方、部门、集体、个人一起上,自力更生和利用外资一起上的方针"。在外联工作上,要打破独家垄断的思想,允许中旅、国旅、青旅等单位开展竞争,积极扩大各自的活动领域和服务对象。在旅游管理体制上,要实行政企分开、统一领导、分散经营的原则。原国家旅游局要减政放权,给地方更多的权限,各级旅游行政管理部门对于束缚所属旅游企业正常发展的规章制度要进行改革,所有旅游企业都要办成独立经营、自负盈亏的经济实体。在旅游管理职能的转变方面,原国家旅游局的主要职责是"拟定发展旅游业的方针、政策和主要规章制度,根据国家经济计划制定发展旅游业的长远规划和年度计划,协调各有关部门、地区、企业之间的经济关系,组织对外宣传和旅游信息的传播,发展对外旅游事务,监督检查政策、计划和法令执行情况,及时处理旅游工作的问题等"。通过下放外联权,推行政企分开和各种责任制,调动了国内外发展建设旅游业的积极性,使我国旅游业进入快速发展阶段。

3. 深化改革阶段

从 1985 年开始,我国各级旅游行政管理部门开始在实践中探索旅游全行业管理的内容和方法。1985 年,国务院出台了《旅行社管理暂行条例》和《旅行社管理暂行条例实施细则》,对旅行社进行规范管理。1987 年,国务院批准发布了《导游人员管理暂行条例》。1988 年 6 月,原国家旅游局发布《旅行社管理暂行条例施行办法》,8 月发布《中华人民共和国评定旅游涉外饭店星级的规定》,决定在全国旅游涉外饭店中施行星级评定制度。1988 年 12 月 21 日,国务院办公厅以转发《国家旅游局关于加强旅游工作意见的通知》的方式下发旅游管理体制改革的总体方案,对旅游业管理的各个方面提出了改革的意见,明确界定了旅游行业管理的范围和权限:全国所有的旅游企事业单位,包括旅游院校和科研单位,经营国际、国内旅游业务的旅行社,各类旅游涉外宾馆、饭店、餐馆及旅游车船公司,对外开放的重点旅游风景区、游览点,旅游商品经销店,以及派驻国外的旅游办事机构,国外在华开设的旅游办事机构等。上述企业和单位其行政隶属关系不变,但是各级旅游局要按照国家的有关规定,对所有的旅游企事业单位进行旅游行业管理和监督。此后不久,推行旅游全行业管理的改革在全国范围内展开,取得了很大的成效,标志着我国旅游业开始向传统管理体制告别,正在步入一个新的发展阶段。

4. 我国旅游管理体制现状

2018 年 2 月 28 日,中国共产党第十九届中央委员会第三次全体会议通过了《深化党和国家机构改革方案》。其中规定,要满足人民过上美好生活新期待,必须提供丰富的精神食粮。为增强和彰显文化自信,坚持中国特色社会主义文化发展道路,统筹文化事业、文化产业发展和旅游资源开发,提高国家文化软实力和中华文化影响力,将文化部、原国家旅游局的职责整合,组建文化和旅游部,作为国务院组成部门。

文化和旅游部的主要职责如下。

(1) 贯彻落实党的文化工作方针政策,研究拟定文化和旅游政策措施,起草文化和旅游法律法规草案。

(2) 统筹规划文化事业、文化产业和旅游业发展,拟定发展规划并组织实施,推进文化和旅游融合发展及其体制机制改革。

(3) 管理全国性重大文化活动,指导国家重点文化设施建设,组织国家旅游整体形象推广,促进文化产业和旅游产业对外合作与国际市场推广,制定旅游市场开发战略并组织实施,指导、推进全域旅游。

(4) 指导、管理文艺事业,指导艺术创作生产,扶持体现社会主义核心价值观、具有导向性、代表性、示范性的文艺作品,推动各门类艺术、各艺术品种发展。

(5) 负责公共文化事业发展,推进国家公共文化服务体系建设和旅游公共服务建设,深入实施文化惠民工程,统筹推进基本公共文化服务标准化、均等化。

(6) 指导、推进文化和旅游科技创新发展,推进文化和旅游行业信息化、标准化建设。

(7) 负责非物质文化遗产保护,推动非物质文化遗产的保护、传承、普及、弘扬和振兴。

（8）统筹规划文化产业和旅游产业，组织实施文化和旅游资源普查、挖掘、保护和利用工作，促进文化产业和旅游产业发展。

（9）指导文化和旅游市场发展，对文化和旅游市场经营进行行业监管，推进文化和旅游行业信用体系建设，依法规范文化和旅游市场。

（10）指导全国文化市场综合执法，组织查处全国性、跨区域文化、文物、出版、广播电视、电影、旅游等市场的违法行为，督查督办大案要案，维护市场秩序。

（11）指导、管理文化和旅游对外及对港澳台交流、合作和宣传、推广工作，指导驻外及驻港澳台文化和旅游机构工作，代表国家签订中外文化和旅游合作协定，组织大型文化和旅游对外及对港澳台交流活动，推动中华文化"走出去"。

（12）管理国家文物局。

（13）完成党中央、国务院交办的其他任务。

三、旅游行业管理的内容和方法

旅游行业管理是指政府主管部门通过法规、政策等引导旅游市场发展，建立旅游市场规则，协调、监督和维护旅游市场秩序，规范旅游行业企业的管理行为。

（一）行业管理主体

旅游行业管理主体一般包含两个方面，即政府管理机构和行业管理组织。完善的行业管理主体是政府管理机构与市场自发形成的行业管理组织的有机结合。

政府管理机构主要包括中央旅游管理部门和地方旅游管理部门。中央旅游管理部门的主要职能是运用法律、经济和行政手段，对旅游经济活动及其组织者进行控制、指挥、监督和管理，保证国家关于旅游业发展的方针、政策、战略及规划能够实现。地方旅游管理部门是各省、自治区、地、市、县的旅游业主管机构，其主要职能是运用法律、经济和行政手段，对本地区的旅游经济活动以及组织者进行控制、指挥、监督和管理，保证本地区旅游业的健康发展。

> **知识链接**
>
> **文化和旅游部印发《旅游市场黑名单管理办法（试行）》**
>
> 2018年12月21日，文化和旅游部印发《旅游市场黑名单管理办法（试行）》（以下简称《办法》）。《办法》针对旅游市场秩序出现的新情况、新问题和市场监管的新要求，立足文化和旅游行业管理职能，明确了适用范围、分级管理和联合惩戒等相关事项，建立了列入、告知、发布、惩戒、信用修复、移出等一整套管理流程。
>
> 《办法》适用主体既包括传统的旅行社、景区、旅游住宿等从事旅游经营服务的企业、个体工商户及导游等从业人员，也包括新兴的，通过互联网等信息网络从事提供在线旅游服务或者产品的经营者（即在线旅游企业和平台）及从业人员，上述市场主体和从业人员具有《办法》规定七类严重违法失信情形之一的，就要被列入旅游市场黑名单实施惩戒。

同时,还将人民法院认定的失信被执行人纳入黑名单管理,实施联合惩戒。

《办法》还对不同层级的黑名单明确了实施惩戒的区域范围,对失信引起严重社会影响、需要在更大范围内实施惩戒的,明确了申请、复核、确认等相关程序。同时,明确信用修复的适用范围、组织机构、修复方式等事项,为各地开展信用修复工作提供了依据。

《办法》明确了六大惩戒措施。其中,对被纳入黑名单的旅游市场主体和从业人员,将在参与评比表彰、政府采购、财政资金扶持、政策试点等方面予以限制,向相关部门通告其严重违法失信信息,实施联合惩戒。对被纳入黑名单的失信被执行人,将实行限制高消费旅游惩戒,即限制失信被执行人及其法定代表人等四类人员参加旅行社组织的团队出境旅游。

《办法》的公布实施将进一步推进文化和旅游领域信用体系建设,加强失信联合惩戒,为加快建立以信用监管为核心的新型监管制度夯实基础,有利于旅游行业提高管理水平,提升旅游品质,不断满足广大人民群众的美好生活需要。

（资料来源：中国网）

旅游行业组织是政府和企业之间的市场中介组织,是为加强行业间及旅游行业内部的沟通与协作,实现行业自律,保护消费者权益,促进旅游行业发展而形成的各类组织。旅游行业组织作为行业管理主体之一,既是政府管理职能的延伸,又是行业整体利益的代表,在旅游行业管理中发挥着重要作用。旅游行业组织通常是一种非官方组织,各成员采取自愿加入的原则,行业组织所制定的规章、制度和章程对于非会员单位不具有约束力。

（二）行业管理的对象和内容

旅游业行业管理的对象有狭义和广义之分。狭义的旅游业行业管理的对象是从事旅游经营活动的所有企业,或者说是旅游市场;广义的旅游业行业管理的对象不仅包括从事旅游经营活动的企业,还包括为旅游经营活动服务的社会机构。

旅游业行业管理的内容是培育市场机制,建立市场规则,维护市场秩序,规范市场行为,为企业的发展创造良好的外部环境。具体而言,就是通过长远规划和短期计划引导旅游业的投资与经营方向;通过产业政策和经济手段调节市场规则;建立执法队伍进行市场监督;进行市场促销,提高旅游业的整体形象;协调行业、部门之间的关系,形成有利于行业发展的市场体系;开展行业性的国际交流,建立旅游业国际合作体系。

（三）行业管理的手段

1. 法律规范

旅游法规是国家权力机关根据宪法法律、行政法规和法定职权制定或起草的,调整旅游经营活动和管理工作中产生的各种社会关系的,具有普遍约束力的法律、行政法规、地方法规、部门规章等规范性文件的总称。目前,我国已颁布并实行的旅游法规有《国家全域旅游示范区验收、认定和管理实施办法（试行）》《国家级文化生态保护区管理办法》《中华人民共和国旅游法》《旅游安全管理办法》《导游管理办法》《世界文化遗产保护管理办法》《旅游投诉管理办法》《中国公民出国旅游管理办法》《导游人员管理条例》和《旅行社条例》以及其他与旅游业相关的法规。

2. 计划审批

我国政府部门负责制订旅游年度计划,鼓励制定旅游规划引导行业发展,严格执行旅行社设立许可、经营许可、导游人员资格证书及导游人员证书的颁发、旅行社经营管理人员资格证书的颁发、旅游涉外饭店的审批及其星级评定和其他旅游企业定点管理制度等。

3. 监督手段

监督检查的管理手段主要是通过市场联合整治、旅游投诉处理和旅行社年检等方式对各类旅游经营活动违规违纪行为的查处,目的是维护市场秩序。

4. 奖励手段

1990年开始,我国每年开展创优评先表彰活动,评选全国旅游行业先进集体、个人、全国十佳星级饭店、全国十强国际旅行社和国内旅行社,在旅游行业中广泛开展"青年文明号"和"文明示范窗口"等精神文明建设先进评选等活动,推动旅游企业走上良性发展道路。

5. 引导协调

除了行政管理手段外,我国政府还制定出台了各级各类旅游规划、开展旅游标准化工作、旅游市场推广和旅游信息服务等。旅游市场引导和服务手段体现了政府职能与行业管理方式的转变,更加适应我国市场经济体制的发展状况。

任务二　旅游标准化管理

知识链接

中国旅行社协会发布两项研学旅行标准

2019年2月26日,中国旅行社协会研学旅行分会一届二次会员代表大会暨中国(齐齐哈尔)首届研学旅行峰会期间,中国旅行社协会与高校毕业生就业协会联合发布《研学旅行指导师(中小学)专业标准》《研学旅行基地(营地)设施与服务规范》,两项标准自2019年3月1日起实施。

《研学旅行指导师(中小学)专业标准》对研学旅行指导师专业素养提出了基本要求,使研学旅行指导师在实施研学旅行教育活动时有了基本的准则。

《研学旅行基地(营地)设施与服务规范》规范和提升了研学旅行基地(营地)服务质量,使研学旅行基地(营地)有相对科学、规范的准入条件,引导旅行社正确选用合格研学旅行基地(营地)供应商,保证研学旅行线路产品的服务质量,推动研学旅行服务市场的健康发展。

中国旅行社协会相关负责人表示,作为旅行业的行业协会,中国旅行社协会从产品与服务质量提升的角度出发,规范和引领研学旅行发展。在此基础上,希望并将积极参与教育领域相关方面出台研学课程等方面的标准,结合文化和旅游部的相关政策制定研学旅行产品标准,尽早搭建完善的研学旅行标准体系。

(资料来源:中国旅游新闻网)

旅游标准化是旅游业发展的重要技术支撑,是提高旅游产品和服务质量、规范旅游秩序、强化行业监督管理、提升旅游产业总体素质和国际竞争力的重要手段。

一、旅游标准化工作

1. 旅游标准化的概念

旅游标准化是指对旅游行业的生产、经营、服务、管理等活动中重复性使用的事物和概念,通过标准的制定、贯彻实施和监督反馈,从整体上提升旅游发展质量的动态过程。

旅游标准化是旅游行业管理的重要内容,是行业管理部门开拓管理范围的基本途径。旅游标准化是服务标准化的重要组织部分,它的发展推动了服务标准化的进程,是旅游企业参与市场竞争的有效战略手段。

2. 旅游标准化在旅游行业管理中的作用

(1)旅游标准化属于服务标准化范畴,主要是服务质量的标准化,其根本目的在于规范市场秩序和经营服务行为。

(2)世界经济一体化进程加速,人们对产品质量、服务质量提出了更高的要求,旅游标准化追求行业进步,能够提高我国旅游行业的整体水平,与国际标准接轨。

(3)管理标准是旅游行业标准的主题,旅游标准化能够指导旅游企业提高经营管理水平,满足旅游者的要求,维护旅游者的合法权益。

3. 开展旅游标准化工作的意义

标准化是旅游业行业管理的主要手段和重大创新,不仅使旅游业的各项标准与国际接轨,还提高了旅游行业管理水平,树立了行业管理权威,拓展了行业管理范围。

(1)市场经济条件下,旅游企业的竞争主要是服务质量的竞争,提高服务质量的关键之一在于服务质量的标准化,即建立企业服务质量等级标准,确立企业服务等级形象,依照服务质量标准建立相应的质量管理、质量评价和质量监控体系。

(2)培育和完善旅游市场体系的需要。市场秩序更多地需要依靠市场规则来维护,服务质量标准就是一种市场规则。

(3)旅游标准化工作的重要功能之一是通过标准的制定,把国际标准吸收到我国旅游标准体系中,通过标准的实施,促进旅游业与国际接轨。

(4)旅游标准化是旅游服务质量管理的重要内容,旅游服务质量标准是处理旅游投诉的根本依据,开展旅游标准化工作也是保护旅游消费者合法权益的重要内容。

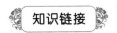

海南推动旅游标准化建设

海南旅游与国际标准论坛 2019 年 10 月 14 日在海南省海口市举办,来自国内外的专家以"世界标准日"为契机,全方位、多角度、深层次地探讨海南旅游与国际标准相关议题,推动海南旅游行业广泛开展标准化及认证活动,提高涉旅企业管理水平,助力海南建设自由贸易试验区、中国特色自由贸易港,打造国际旅游消费中心。

中国标准化研究院专家邹传瑜以"国际化的导向系统支撑全域化的旅游"为题,建议海南充分挖掘自身旅游资源,大力推广乡村旅游、美食旅游、婚庆旅游等,打造全域旅游品牌。

论坛现场,海南省旅游和文化广电体育厅、中国标准化研究院、方圆标志认证集团三方签署了国际化管理能力提升合作备忘录,共同推动海南旅游行业提升国际化管理能力,加强旅游管理模式研究。创建旅游服务标准创新基地,并探索打造国内首个覆盖全区域、各行业、全产业链的旅游产品区域公用品牌,提升海南旅游服务水平和知名度。

据了解,海南还将开展 ISO 管理体系认证 3 年行动计划,推动更多涉旅企业开展 ISO 管理体系认证工作。

(资料来源:中国旅游新闻网)

二、我国旅游标准化建设

旅游标准化的对象是旅游服务和管理领域中的具有重复特性的事物与概念,它应当包括旅游业食、住、行、游、购、娱六大要素各个环节中带有普遍性和重复性的事物与概念。我国旅游标准化工作的根本目的就是通过制定标准、实施标准和对标准实施情况的监督检查,加强管理,规范市场,提高质量,增进效益,促进旅游业全面发展。

1. 我国旅游标准化建设历程

我国旅游标准化建设起步较早。1987 年,我国首次制定并于 1993 年颁布实施《旅游涉外饭店的星级划分和评定》,经过 1997 年、2010 年两次修订为《旅游饭店星级的划分与评定》。这一标准的出台,对我国旅游业及全国服务业行业标准化工作起到示范引领作用。

1995 年,经国务院标准化主管部门批复,原国家旅游局成立了旅游标准化专业机构——全国旅游标准化技术委员会,负责旅游标准化技术归口工作及标准化编制的组织工作。

1998 年,国务院赋予原国家旅游局拟定各类旅游景区景点、度假区及旅游住宿、旅行社、旅游车船和特种旅游项目的设施标准与服务标准并组织实施,制定旅游从业人员的职业资格标准和等级标准并指导实施的职能。

1999 年,原国家旅游局起草制定了《全国旅游标准化技术委员会章程》和《全国旅游标准化技术委员会秘书处工作细则》。

2000 年,原国家旅游局颁布施行了《旅游标准化工作管理暂行办法》,对旅游标准化工作的宗旨、范围、任务、管理和旅游标准的制定、审查、发布、实施、监督等方面作了具体规定。同年发布实施了《旅游业标准体系表》,首次建立了以旅游业六要素(食、住、行、游、购、娱)为基础的标准体系框架,为旅游业进一步发展提供了科学、规范的技术支撑,是旅游标准化工作发展的一个重要里程碑。

2005 年,原国家旅游局起草制定了《全国旅游标准化 2006—2010 年发展规划》,提出了此后 5 年全国旅游标准化发展的指导思想、主要目标、任务和措施,推动我国旅游标准化工作不断深入,促进我国旅游业的快速发展。

2009 年,原国家旅游局编制了《全国旅游标准化发展规划(2009—2015)》,提出要建立适应我国旅游业发展的旅游标准化管理体制和工作机制,提出了建立健全旅游业基础标准、旅游业要素系统标准、旅游业支持系统标准和旅游业工作标准四大体系,又对该框架进行了全面的修订完善。同年12月,国家标准化管理委员会与原国家旅游局共同签署《国家旅游局和国家标准化管理委员会关于推动旅游标准化工作的战略合作协议》,这一协议的签署标志着我国旅游标准化工作进入一个新的阶段。

2010年、2011年,原国家旅游局连续两年将旅游标准化试点工作列为年度工作重点,全面推进旅游标准化试点工作,贯彻和实施旅游业各项标准。原国家旅游局2012年推进首批全国旅游标准化示范工作,并安排第二批全国旅游标准化试点工作,包括试点城市20个、试点县(区)10个、试点企业20个。

2016年,原国家旅游局发布了《全国旅游标准发展规划(2016—2020)》,在全面总结"十二五"旅游标准发展经验和问题的基础上,确定了"十三五"旅游标准发展的方向,进一步明确了旅游标准发展总体目标和工作任务。

2. 我国旅游标准化建设的主要内容

(1) 贯彻执行国家关于标准化工作的方针、政策,研究制定标准在旅游行业中的具体实施办法。

(2) 组织制定、适时修订旅游业国家标准和行业标准,建立健全旅游行业标准体系。

(3) 组织标准的宣传贯彻和对标准实施情况进行监督检查。

(4) 指导地方和旅游企业开展标准化工作。

3. 现阶段我国旅游标准化建设存在的问题

(1) 部分旅游标准的编写和制定缺乏深入的专项调研,不符合编制标准的规范,一些标准质量参差不齐,有些标准缺乏实际操作性。

(2) 旅游标准的贯彻和实施是由政府作为第三方来推行的,缺乏相关利益方的参与,尤其是旅游企业、旅游组织和消费者的参与程度不高。

(3) 旅游标准化工作是旅游行业管理的一部分,标准化项目的确立和制定标准的过程中需要与许多旅游相关部门沟通协调,相互配合,沟通协调的难度大是旅游标准化工作的难点。

(4) 我国已发布的旅游标准数量比较多,但是大多数标准缺乏广泛宣传,在旅游行业内的影响不大,更无法与国际标准接轨。

4. 我国旅游标准的四个层面

(1) 旅游国家标准,由国家质量监督检验检疫总局批准发布,特定代码为GB。

(2) 旅游行业标准,由原国家旅游局批准发布,特定代码为LB。旅游行业标准以管理标准为主体,也有基础性标准和工作性标准。

(3) 旅游地方标准,由地方省级标准化行政主管部门批准发布,特定代码为DB。

(4) 旅游企业标准,由旅游企业主管领导批准发布,特定代码为QB。

知识链接

泰安通过全国首个旅游服务综合标准化示范市项目验收

2018年8月3日至4日,泰安市国家级旅游服务综合标准化示范市项目顺利通过了国家标准委员会专家组的终期验收,泰安市正式成为全国首个旅游服务综合标准化示范市。此次国家级旅游服务综合标准化示范市项目验收工作涵盖"食、住、行、游、购、娱"旅游六要素,在全国尚属首例。

近年来,在国家标准委、省质监局的指导下,泰安将标准化建设与旅游发展实际相结合,探索出了一条具有泰安特色的标准化之路,即"文化奠基,品牌支撑,导向引领"。以在游客满意度调查中存在的问题为出发点,全面梳理旅游产业链条,确定了以游客满意为目标、以涉旅部门和旅游企业为载体、形成覆盖全市旅游服务领域的旅游服务综合标准体系构建思路,科学搭建出"泰安市旅游服务综合标准体系",全市各试点旅游企业在标准体系框架内,分别建立了满足自身需要的服务标准体系,标准富有泰安特色且实施率高,最终顺利通过了终期验收。

旅游服务综合标准化示范市项目验收成功后,将推动泰安市旅游基础配套建设,完善城市旅游功能,使游客更加"舒心";促进泰安旅游服务软环境的大幅提升,使游客更加"安心";推进产业转型升级,丰富旅游业态,使游客"开心";促进全域旅游发展、增强旅游综合竞争力、提高泰安旅游知名度,将极大地推动泰安旅游实现经济效益和社会效益双丰收。

(资料来源:中国旅游新闻网)

5. 我国现有的旅游标准概况

截至2018年12月,原国家旅游局主持和归口的现行旅游业国家标准32项、旅游行业相关国家标准4项、行业标准70项,以及全国休闲标准技术委员会主持的休闲国家标准25项,共计131项。

(1) 关于旅游区(点)的国家标准和行业标准有《旅游景区质量等级的划分与评定》《旅游规划通则》《旅游景区服务指南》《旅游度假区等级划分》《国家生态旅游示范区建设与运营规范》《民族民俗文化旅游示范区认定》《旅游景区数字化应用规范》《旅游景区游客中心设置与服务规范》《旅游景区公共信息导向系统设置规范》《旅游资源分类、调查与评价》《旅游景区讲解服务规范》《绿色旅游景区管理与服务规范》《景区最大承载量核定导则》《红色旅游经典景区服务规范》《景区游客高峰时段应对规范》等。

(2) 关于旅游饭店的国家标准和行业标准有《旅游饭店管理信息系统建设规范》《旅游饭店星级的划分与评定》《绿色旅游饭店》《星级饭店访查规范》《星级饭店客房客用品质量与配备要求》《公共信息导向系统设置原则与要求第8部分:宾馆和饭店》《旅游饭店节能减排指引》《文化主题旅游饭店基本要求与评价》《会议服务机构经营与服务规范》《饭店智能化建设与服务指南》《旅游民宿基本要求与原则》《精品旅游饭店》等。

(3) 关于旅行社的国家标准和行业标准有《旅行社等级的划分与评定》《旅行社服务通则》《旅行社出境旅游服务规范》《旅行社产品通用规范》《旅行社服务网点服务要求》《导游等级划分与评定》《旅行社国内旅游服务规范》《旅行社入境旅游服务规范》《旅行社安全服务规范》《旅行社产品第三方网络交易平台经营与服务要求》《导游领队引导文明旅游规范》《旅行社行前说明服务规范》《旅行社老年旅游服务规范》《研学旅行服务规范》《旅行社在线经营与服务规范》等。

(4) 关于旅游交通的国家标准和行业标准有《旅游客车设施与服务规范》《游览船服务质量要求》《内河旅游船星级的划分与评定》《旅游汽车服务质量》《国际游轮口岸旅游服务规范》《自行车骑行游服务规范》《自驾游管理服务规范》等。

（5）关于其他方面的国家标准和行业标准有《旅游娱乐场所基础设施管理及服务规范》《游乐园(场)服务质量》《旅游购物场所服务质量要求》《旅游餐馆设施与服务等级划分》《城市旅游公共信息导向系统设置原则与要求》《旅游厕所质量等级的划分与评定》《旅游业基础术语》《温泉企业服务质量等级划分与评定》《旅游特色街区服务质量要求》《高尔夫管理服务规范》《国家康养旅游示范基地》等。

6. 促进我国旅游标准化工作的对策

（1）旅游各项标准的制定、修订应适应我国旅游业的发展和市场需求，突出特色。我国政府首先对旅游标准体系进行规划，对地方标准体系起到引导和规范作用。地方旅游标准在制定过程中应该注意在统一的标准体系下突出地方特色，体现传统民俗和文化。

（2）加强政府总体规划功能，实现区域性旅游标准的共享。2007年，长三角地区发布《旅游景区(点)道路交通指引标志设置规范》，成为区域旅游标准一体化建设的典范。2012年，泛珠三角地区提出加快建成区域旅游服务标准化体系的合作项目建设目标。区域旅游标准一体化是塑造和提升区域整体旅游形象、培育区域性旅游市场的重要途径。

（3）探索旅游标准化实施监督、效果评价、信息反馈机制。旅游标准化工作需要开展试点，通过示范和推广，探索实施监督和效果评价机制，同时落实好宣传、贯彻和培训，建立完善的信息反馈机制，才能找到每项标准的成功与不足，完善旅游标准体系。

（4）加强人才培养，形成标准化工作学习和讨论氛围。旅游标准化人才培养需要结合政府、行业、企业、研究机构的需求，开展培训与学习。需要发挥现有标准化研究机构和高校的优势，努力把旅游标准化教学纳入旅游相关专业，培养懂得标准化工作的技术技能人才，推动旅游标准化工作的开展。

知识链接

积极推进实施红色旅游标准化

习近平总书记指出，"标准是人类文明进步的成果""标准助推创新发展，标准引领时代进步"。如何通过标准化促使红色旅游优化升级，积极实施红色旅游标准化战略是关键。

中央办公厅、国务院办公厅印发的《2016—2020年全国红色旅游发展规划纲要》明确提出，"提升红色旅游服务标准化水平，指导各地建立红色旅游景区服务标准、讲解员和导游员上岗标准与工作规范，提高红色旅游服务管理能力和综合监管水平"。国务院办公厅印发的《国家标准化体系建设发展规划(2016—2020年)》提出"修订旅行社、旅游住宿、旅游目的地和旅游安全、红色旅游、文明旅游、景区环境保护和旅游公共服务标准，提高旅游业服务水平"。《全国旅游标准化发展规划(2016—2020)》提出"到2020年，我国旅游国家标准将达45项以上，行业标准达60项以上，地方标准达300项以上，新建200个以上全国旅游标准化试点示范单位。旅游标准覆盖领域进一步拓宽，标准体系结构明显优化，标准之间协调性有效增强，适应和支撑现代旅游业发展的标准体系更加健全"。上述政策法规性文件是实施红色旅游标准化战略的基本依据。

2016 年,《红色旅游经典景区服务规范》的颁布为红色旅游发展提供了统一的评估标准,使不同地区之间的发展状况和水平能够进行相互比较、借鉴。

加强红色旅游标准化人才培养,打造红色旅游标准化人才队伍。围绕标准化知识的教育、培训和宣传,完善红色旅游标准化人才培养模式,构建红色旅游标准化人才培育平台。支持有条件的高等院校开设红色旅游相关课程、讲座;充分发挥"全国红色旅游创新发展研究基地"的作用,建好红色旅游服务标准化专家库。开展面向红色旅游景区管理层和员工的标准化专业知识培训,开展面向标准化专业技术人员的红色旅游知识培训,满足不同层次、不同领域的标准化人才需求。着力培养一批懂标准、懂红色旅游、懂外语的国际标准化人才,组织开展红色旅游服务标准化教材的编写,在标准化领域更多发出红色旅游声音。

(资料来源:《中国旅游报》)

三、旅游企业标准化

1. 旅游企业标准化的含义

旅游企业标准化就是以在企业的生产、经营、管理范围内获得最佳秩序和最佳效益为目标,以旅游活动中大量重复性事物为研究对象,以先进的科学技术和生产实践经验为基础,以制定企业及贯彻实施各级有关标准为主要工作内容的一种有组织的科学活动。

旅游企业标准化是企业工作的基础,又是整个旅游标准化工程的基本系统。

2. 旅游企业标准体系

旅游企业标准体系是企业内的标准按其内在联系形成的相互作用的有机整体。企业标准体系中的标准不但是企业标准,而且是企业实施的国际标准、国家标准、行业标准和地方标准,甚至还是企业采用的国内外其他企业的先进标准。

企业标准体系首先要有科学性,能依据该体系科学地开展企业标准化工作;其次是要有适应性,即能够随着企业生产经营过程动态发展变化的标准体系,不能一成不变;最后是要有整体性或全局性,即整个标准体系是整体优化的。

3. 旅游企业标准化管理

标准化管理是旅游企业的一项重要的基础管理工作,是旅游企业各项管理中最基本、最科学的管理手段,也是旅游企业参与市场竞争的必然结果。

旅游企业标准化管理工作包括以下几个方面。

(1) 设立标准化工作机构。

(2) 建立符合旅游企业发展特点的旅游标准化体系。

(3) 编制本企业的各项标准。

(4) 标准的实施、监督、评价和改进。

(5) 员工的标准化知识培训。

(6) 服务标兵岗位评定、劳动竞赛、服务竞赛、应急标准演练等。

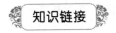 **知识链接**

皇城相府景区启动国家级旅游服务业标准化试点工作

2019年4月,山西省晋城市皇城相府景区启动国家级旅游服务业标准化试点工作。试点期间,景区将进一步完善旅游服务标准体系,提升景区服务质量和管理水平;建立服务业标准化效果评价模式,持续改进服务标准,不断完善服务标准体系;完善设施、提升服务,为区域旅游业的标准化和发展起到示范、带动作用;在提升旅游服务软实力的同时,不断完善和改进旅游基础设施建设,力求满足游客对高品质旅游的需求。

2018年12月,皇城相府景区被确立为年度国家级服务业标准化试点项目,标准化试点项目建设时间为2018年12月至2020年12月,为期2年。皇城相府景区2001年通过了ISO 9002质量体系认证,2003年通过了ISO 9000/14000环境质量体系双认证,2010年被评定为国家5A级景区。自2014年起,景区与西安曲江文旅服务咨询公司联手,开展服务标准化工作流程和工作规范制定工作,目前共制定制度、规范、管理手册80余项,初步建立起了景区管理服务标准体系。

自2015年起,景区收集整理旅游景区服务规范以及确保达到5A级旅游景区软硬件服务要求的所有标准60余项,由各部门经理负责制定流程、服务规范、操作规范、工作标准130余项。尤其是在阳城县创建全国旅游标准化示范县工作中,皇城相府景区建立了内容涵盖景区和酒店管理、游客接待、游客投诉、环境卫生、安全保卫、文化演艺、质量监督等方面的整套服务标准体系,使景区的管理更加科学,景区的品质和游客满意度大幅度提升。

(资料来源:《太行日报》)

4. 旅游企业标准体系表

旅游企业标准体系表就是企业标准体系内的各项标准按一定形式排列起来的图表。旅游企业标准体系表包括以下内容。

(1)标准体系结构图,分为三个基本单元,即基础标准、服务提供标准、服务保障标准三个子体系。

(2)各类标准明细表,包括企业内各类标准的标准号、标准名称、标准水平或采标程度、检索号等。

(3)标准统计汇总表,从企业标准化管理的需要出发,设计和填写各类标准的汇总。

(4)编制说明,有关编制依据、原则、方式及相关内容的解释性说明。

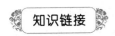 **知识链接**

"我们的标准是让人感动"
——上海波特曼丽思卡尔顿酒店服务质量二三事

上海波特曼丽思卡尔顿酒店是一家拥有610间客房的五星级酒店,曾荣获"上海市市长质量金奖",无论是服务质量还是房价,都是上海高级酒店中响当当的标杆企业。

"我们是沪上较早引进第三方暗访品牌标准审计(BSA)的酒店,而且在此基础上配套建立了服务标准操作流程（SOP）和全面实施岗位首问责任制（JD）。"波特曼的总经理私人助理、政府事务关系总监张晶影介绍道。

"现代服务业都讲标准，但服务标准的内核不一定一样，我们的标准不仅仅是'惊喜'，而是要求让客人感动。"市场传讯经理黄珏补充道。

张晶影从上海旅游饭店业分会组织的"美丽酒店人"故事中，道出了这样一个"感动宾客"的故事。

客房服务员 Yumi 打扫客房时发现垃圾桶内有一件衬衣，拿起来一看，竟然是全新的。"哦，肩膀处有些脱线脚。"Yumi 找到了客人丢弃全新衬衣的原因。她很自然地拿出针线，三两下就缝补好了。原想给客人照样叠好，放在床上，再写个说明纸条即可。但她转念之间，觉得不妥。客人既然扔进了垃圾箱，尽管没有脏，但总会有一些顾虑。于是，她将衣服拿到洗衣房，洗净熨烫之后，再送进了房间，并留下了解释。

第二天一早，一位一脸严肃的 40 多岁的宾客坚持要找值班经理，前台员工被弄得非常紧张，担心这桩投诉很严重。值班经理赶到后，这位宾客紧握经理的手说："你们一定要代我深深感谢 Yumi，她的服务使我想起了妈妈，在她过世的 5 年中，从来没有人替我缝补过衣物。"在真情诉说时，这位客人的眼泪扑簌簌地掉了下来。

全球的丽思卡尔顿酒店，有一个非常著名的条规，就是为了让客人满意，一线员工每人每天可以有 2 000 美元的处置权，不需要任何人批准。"2 000 美元的员工处置权，并没有什么特别条文规定，而是要求员工用心换来客人满意，用行动感动客人。"张晶影接着说起了另一个故事。

行李员小李送一位外国客人到房间，了解到住店期间正逢客人的生日。小李记在心头，下班后去城隍庙买了一个很漂亮的中国生肖剪纸艺术品。他还到网上下载了一个有关"生肖狗"的英文故事，做成一个漂亮的生日套装，送到了客人的房间。客人回房见到这件与众不同的生日礼物后，非常激动，直接写信给酒店总经理，感谢收到了"一生中最具特色的生日礼物"。

（资料来源：《中国旅游报》）

任务三　旅游信息化管理

旅游信息化已经成为促进我国旅游业向国民经济产业发展的重要手段，也是我国旅游业与国际接轨、参与国际竞争的需要。从目前旅游信息化的发展形势来看，一方面，以电子商务为代表的网络经济极大地扩展了旅游产品消费的需求，改变了旅游业的运作方式，电子商务已成为信息时代旅游交易的新方式，出现了一大批具有相当实力的旅游信息网络企业；另一方面，以办公自动化为标志的现代化、信息化、网络化、数字化管理手段，对旅游部门提高行政管理效率，具有不可替代的作用。

一、旅游信息化

（一）信息化与旅游信息化的定义

信息技术（information technology，IT）是主要用于管理和处理信息所采用的各种技术的总称。它主要是应用计算机科学和通信技术来设计、开发、安装和实施信息系统及应用软件，也常被称为信息和通信技术（information and communications technology，ICT）。

信息化是指充分利用信息技术，开发利用信息资源，促进信息交流和知识共享，提高经济增长质量，推动经济社会发展转型的历史进程。信息化的内涵至少包括信息意识和信息观念、信息资源、信息系统建设、信息技术等方面。

旅游信息化是数字旅游的基础阶段，它通过对信息技术的运用来改变传统的旅游生产、分配和消费机制，以信息化的发展来优化旅游经济的运作，促进传统旅游业向现代旅游业转化，实现旅游经济的快速增长。

（二）旅游信息化的表现形式

旅游信息化的表现形式主要是旅游网站、旅游呼叫系统、数字化管理以及支持信息化的基础设施建设。

1. 旅游网站

旅游网站是最广泛、最直接、最有效的旅游信息化手段，通过旅游网站可以使旅游目的地形象以多种表现形式（如文字、图片、视频、动画等）、多样传递手段（如新闻、论坛、博客、电子杂志、IM、WIKI、圈群等），在最短的时间内传送到全球范围的潜在游客的面前；通过旅游网站，可以实行旅游六要素的快速预订，为游客提供便捷、安全的环境。

2. 旅游呼叫系统

旅游呼叫系统是旅游服务业与游客沟通的桥梁。旅游呼叫系统采用一个特别易记的特别服务号码，向社会公布，游客打入此电话进行旅游线路等信息资料查询、自动语音应答、商务代订、散客或团体旅游业务受理、建议与投诉、特种旅游推荐、满意度调查、语音信箱留言服务等。

3. 数字化管理

数字化管理是指利用计算机、通信、网络等技术，通过统计技术量化管理对象与管理行为，实现旅游目的地的管理活动和方法。常见的旅游目的地数字化管理手段有景区电子门禁系统、景区电子售票系统、景区监管信息系统、文物数字化管理系统、环境监测系统和卫星遥感系统、GPS 车辆调度系统、森林防火监控网络系统、LED 信息发布系统、背景音乐智能广播系统、公用信息总监控中心等。

4. 基础设施建设

基础设施建设主要是指支持信息化必需的硬件设施，如电力设施、电信设施、手机无线信号覆盖等。

（三）国内外旅游信息化的发展历程

1. 国外旅游信息化的发展历程

20 世纪 60 年代初,美国航空公司与美国国际商用机器公司联合推出了世界上第一个计算机订座系统(Sabre),标志着世界旅游信息化的开端。1976 年,美国航空公司将这个系统推向美国的旅行社,后来世界各地的旅行社、旅行代理都安装了系统终端,通过局域网访问这个系统。1986 年,Sabre 又推出了第一个收入管理系统,能够计算出售的每张机票的获利情况。2000 年,Sabre 从美国航空公司脱离,成立控股公司。Sabre 由最初的计算机订座系统发展成为能够提供交通、住宿、娱乐、支付等旅游相关服务的全球分销系统,接入企业由最初的旅行社、旅游代理发展至饭店集团、旅游相关企业,标志着旅游服务综合系统的开端。20 世纪 90 年代,随着个人计算机与互联网的普及,旅游电子商务开始迅速发展。

20 世纪 70 年代,世界部分旅游目的地营销组织开始应用信息技术,旅游目的地信息化进程开始。20 世纪 80 年代,信息技术被用于存储、处理、查询复杂的旅游产品数据。20 世纪 90 年代,荷兰、丹麦、英国等国开始建立旅游目的地信息系统,标志着旅游目的地开始大规模应用信息技术提高目的地管理能力与水平。之后,旅游目的地信息系统被越来越多的国家和地区采用,逐渐发展成为旅游目的地营销系统。

2. 我国旅游信息化的发展历程

我国旅游信息化的进程始于 20 世纪 80 年代初期,中国国际旅行社、上海锦江饭店分别于 1981 年和 1984 年先后引进美国的计算机系统用于日常业务数据处理。20 世纪90 年代,在国家信息化工作的总体要求和旅游业发展需求下,标志着我国旅游信息化整体提速的"金旅工程"开始建设。"金旅工程"的建设目标是利用信息技术提高政府办公效率、加强旅游行业管理以及发展旅游电子商务。2000 年 4 月,全国旅游行业管理工作会议把发展旅游信息化作为提高中国旅游业国际竞争力的手段。2000 年,中青旅股份有限公司成立中青旅电子商务有限公司,推出"青旅在线"网站。2001 年,旅游预订网"携程旅行网"开始赢利,2003 年在美国纳斯达克上市。2006 年,南京金陵集团联合软件科技公司推出我国第一套饭店集团中央预订系统。

我国景区的信息化建设也随着旅游业整体信息化水平的发展不断提升,由早期的办公自动化发展到电子门票系统、网络营销系统等。从 2002 年开始,原建设部针对国家级风景名胜区开展信息系统建设和数字化试点工作,利用信息化技术对景区进行综合管理。2007 年,开始将试点成功经验向各个省级主管部门和国家级风景名胜区推广。2015 年,全国旅游大会提出了"515 战略",即紧紧围绕"文明、有序、安全、便利、富民强国"五大目标,推出旅游十大行动,开展 52 项举措,加快旅游业现代化、信息化、国际化进程。2017 年3 月 7 日,原国家旅游局发布了《"十三五"全国旅游信息化规划》,提出在"十三五"时期,加快推进新一代信息技术在旅游业中的应用,着力在满足游客需求、提升旅游品质、引领全面创新上取得突破。一些信息化水平较高的地区,目前正在建设数字景区、智慧景区,对景区内的管理信息化、数字化工程,以及语音导游电子监控系统、游客服务中心进行不断建设和完善,建立网上预订及支付系统,信息化建设走在行业前沿。

（四）信息化对于我国旅游业发展的意义

1. 保证旅游业可持续发展的重要支持力量

现代信息技术的发展和广泛运用给旅游业带来了新的机遇，使旅游业的深度、广度和高度获得长足发展。科学技术的不断进步可以为可持续发展的决策提供依据和手段，促进可持续发展管理水平的提高，开拓新的可利用的旅游资源领域，提高资源综合利用效率和经济效率，提供保护旅游资源和生态环境的有效手段，这些对于提高旅游质量、保护旅游目的地生态环境、实现旅游业可持续发展的战略尤为重要。因此，建立健全规范、高效、有序的旅游信息化结构，充分发挥信息引导作用，对于实现旅游可持续发展具有重要意义。

2. 实现旅游经营管理现代化的重要途径

科技进步特别是信息技术和网络技术的发展，使旅游管理的思维和方式都发生了巨大变化。旅游信息化为旅游业适应时代变革、转变增长方式、寻求新的发展模式提供了强有力的工具。旅游信息化的一个重要内容就是要构建旅游管理信息系统，提高劳动效率，节省资源，使管理工作迅速、准确，尽可能满足旅游业快速发展的需要。旅游业的发展将以信息技术为核心，重构行业管理体系，实现旅游经营管理现代化。

3. 提升旅游目的地营销能力的重要手段

信息技术，特别是互联网、通信、虚拟现实技术，能够缩小旅游者与旅游目的地形象感知的时间、空间距离，使旅游目的地在旅游者头脑中形成生动的形象，对旅游者产生吸引力。信息技术业能够满足旅游全程的旅游信息服务需求。信息技术能够使旅游目的地的营销与旅游者满意度两个方面相互促进并进入良性循环，提高旅游目的地的形象，促进我国旅游目的地的营销能力、服务水平的提高。

二、信息技术在旅游业中的应用

信息技术在旅游业中的应用渗透到了旅游业的各个环节，信息技术在旅游管理部门中的应用包括旅游电子政务、旅游目的地营销系统、旅游资源管理和旅游规划信息系统以及旅游应急平台等。各个系统以政府为主导进行各种信息资源的有效整合，实现提升政府管理效率、提高旅游企业服务质量、保证旅游可持续发展的目标。信息技术使旅游者行为不仅包含传统意义的旅游活动，还包含网络在线行为。一方面，旅游者可以选择和购买旅游产品；另一方面，这种网络在线行为也构成了旅游供给的一部分，向旅游者提供旅游信息、传递旅游目的地形象、构建网络旅游社区。

1. 旅游管理信息系统

管理信息系统是指能够进行信息采集、存储、加工、传输、维护和使用的系统。旅游管理信息系统是管理信息系统在旅游业中的具体应用，即应用于旅游企业、旅游管理部门、旅游公共服务部门以及其他旅游组织的管理信息系统。

目前，我国旅游企业信息化的发展呈现出从传统的内部管理型向面向客户的服务型转化的趋势。企业内部的管理信息系统需要与外部电子商务服务系统无缝融合，实现企业信息化的改造、深化和升级。

2. 旅游电子政务

旅游电子政务是指各级旅游管理机关通过构建旅游管理网络和业务数据库,建立一个旅游系统内部信息上传下达的渠道和功能完善的业务管理平台,实现各项旅游管理业务处理的自动化,其主要功能包括旅游行业统计、旅游行业管理、旅游行业监控、旅游信息管理。

旅游电子政务系统的业务内容非常广泛,从服务对象来看,旅游电子政务系统的业务可以分为政府部门内部、政府之间、政府对企业、政府对公众四个部分。

3. 旅游电子商务

电子商务是通过包括互联网在内的计算机网络实现商品、服务、信息的购买、销售与交换。旅游电子商务是电子商务在旅游业中的应用,是指以网络为主体,以旅游信息库、电子化商务银行为基础,利用先进的电子手段运作旅游业及其分销系统的商务体系。随着电子商务的发展,旅游电子商务也逐步向多元化方向发展,不再是单一的订购门票和旅游线路,逐渐开始走向出行"一站式"服务,例如,酒店订房、租车服务、旅游商品购买,甚至是电影院、KTV等娱乐产品的优惠预订等。

旅游电子商务必须具备有交互功能的信息终端,使信息资源被人们利用,同时接收用户向电子商务体系反馈的信息。按信息终端形式划分的旅游电子商务包括网站电子商务(w-commerce)、语音电子商务(v-commerce)、移动电子商务(mobile-commerce)和多媒体电子商务(multimedia-commerce)。

(1) 网站电子商务是指用户通过与网络相连的个人计算机访问网站实现电子商务,是目前最通用的一种形式。

(2) 语音电子商务是指人们利用声音识别和语音合成软件,通过固定或移动电话来获取信息和进行交易。语音电子商务速度较快,电话用户可以享受互联网的低廉费用服务。

(3) 移动电子商务是指利用移动通信网和互联网的有机结合进行的一种电子商务活动。网站电子商务以个人计算机为主要界面,而移动电子商务是通过手机等终端来完成商务活动的。

(4) 多媒体电子商务一般由网络中心、呼叫处理中心、运营中心和多媒体终端组成,将多媒体终端通过高速数据通道与网络信息中心和呼叫处理中心相接,通过具备声音、图像、文字功能的电子触摸屏计算机、票据打印机、POS机、电话及网络通信模块等,向用户群提供动态和信息,通过POS机实现电子交易,提供交易后票据打印工作,还可以连接自动售货机、大型广告显示屏等。

知识链接

携程上线"供应商微店"招揽万家中小旅行社

携程是国内著名旅游集团与在线旅游公司,据第三方数据显示,携程在跟团游、自由行、出境游、国内游等细分领域,位居在线旅游行业第一。近年来,移动化、平台化、内部创业成为携程战略转型的主旋律。目前,携程移动客户端下载量超过8亿,并吸引数以万计的旅游供应商与合作伙伴加入平台。

2015年5月,携程旅行网推出旅游微商,陆续有超过3万的个人微店注册,进一步靠近携程旅游微商10万"个人微店"的计划目标。近日上线针对旅行社的"供应商微店"系统,招揽1万家旅行社和旅游零售门店加盟。

"供应商微店"首批将向携程平台上的代理供应商旅行社和零售合作伙伴开放,可以免费使用全套微店工具,店内将展示供应商旗下的商品,为供应商打造其手机端的品牌旗舰店,并提供专业且个性化的功能支持。成为携程的代理或零售合作伙伴,即可拥有供应商微店资格。这是携程针对旅行社行业的平台开放政策的一部分,支持传统旅游企业发展电子商务。

个人通过"携程旅游微商"微信公众号即可免费注册携程微商,代理携程官网的海量旅游产品,只要通过微店成交的商品,都可以获得不同比例的返佣。个人微店不设门槛,任何人都可以注册。携程微商的统计显示,具备旅行经验和人脉的人成单会更容易,微店带来的收入也会更高,所以目前80%的活跃店主都是旅游行业人员。携程的旅游零售平台也整合了全国各地大量的旅游零售供应商家。

互联网和手机端已经成为旅游者的主要信息来源与预订渠道,拥有旅行资源的中小供应商往往因为承担不起开发后台的巨大成本,而放弃进军移动端,依附于大的旅游移动平台,但在海量的平台商品中,又往往得不到突出和个性化的展现。目前,市场上的旅游微店以针对个人用户打造为主,缺少对供应商移动端个性化工具的支持。即使有提供给供应商使用的移动端工具,其功能也并不完善,仅仅是旅行商品简单的上下架管理和转发功能。

有旅游业内人士分析,携程供应商微店招揽中小型旅行社,打造旅游行业的"手机淘宝",全面整合线下旅行资源,投入旅游移动市场,势头不可小觑。"携程通过供应商微店将吸引更多的供应商入驻,而供应商也可以利用供应商微店获得更多的自有流量,突破移动端的流量瓶颈,建立自有品牌,从传统旅行社无成本跨入移动旅游电商时代,可谓是双赢之举。"

(资料来源:赛迪网)

4.虚拟旅游

虚拟旅游(virtual tourism)的概念最早由国外翻译而来,目前国内虚拟旅游的发展还不成熟,对其研究时间还比较短。虚拟旅游是指在现实旅游景观基础上,利用虚拟现实技术,通过模拟或超现实景,构建一个虚拟的、形象的、生动的三维立体旅游环境。虚拟旅游以现存景观的虚拟旅游、再现景观的虚拟旅游、未建成景观的虚拟旅游等方式向旅游者提供虚拟体验。虚拟旅游虽不能完全代替实地旅游,但是随着技术的提高、研究的深入,会越来越接近实地旅游。

三、旅游企业信息化的具体实践

在现代旅游业中,无论是旅游者,还是旅游供应商,或是连接两者的旅游交通,都离不开旅游信息化。

1. 信息技术在旅游饭店的应用

旅游饭店是旅游行业中使用信息技术较多的企业类型,利用信息技术可以高效、准确地协调饭店各部门的工作,减少员工的工作量。

饭店网络预订系统广泛应用于旅游饭店经营管理过程,有效地解决了传统预订方式的种种弊端。中央预订系统是饭店集团为控制客源而采用的集团内部计算机客房预订网络。最早的中央预订系统由假日集团在 1965 年创立,称为假日电讯网。随后,希尔顿、雅高、喜来登等国际饭店集团都建立了自己的中央预订系统,实现集团内部客源的相互介绍和集团整体在客源市场上的领先地位。

如今,中央预订系统的范围不断扩大,包括订票、行程安排、房间预订、租用汽车、设计线路、航空保险等信息。随着信息技术的发展,全球分销系统应运而生,它将饭店与客源市场连为一体。散客可以在家中、办公室或附近的服务点利用互联网了解任何一家饭店的设施水平、客房价格等相关信息,完成饭店客房的预订。

2. 信息技术在旅行社的应用

信息技术提高了旅行社的工作效率和管理水平,无论线路设计、计调还是旅游包价产品的分销,都离不开信息技术。

旅游消费模式的散客化,自助游和休闲性因素对传统旅行社的运营模式提出了挑战,利用信息技术,旅行社能够在网上分发电子宣传册和预订表给旅游者,实现多媒体展示旅游目的地和包价产品的情况。新型旅游代理商的出现推动了信息技术在传统旅行社的普及,从现代商务运通、携程、艺龙,到同程、快乐 E 行、去哪儿,无不证明了市场、技术与资本之间的创新对旅行社发展的持续推动。

3. 信息技术在航空公司的应用

信息技术在航空公司的应用很广泛,航空公司利用信息技术实施产出管理,监测市场竞争情况,预测市场需求,设计产品和线路。从经营层面看,信息技术在预订管理和票务管理方面的作用非常关键,电子票务促进了无纸化交易,节省了航空公司的成本。信息技术帮助航空公司实现包括登记手续、座位安排以及处理各种报表和订单等很多经营管理方面的功能。航空公司一般在全球各地都设有办事机构、分销商。因此,利用信息技术还可以加强运营站点、分支机构、分销商和顾客的联系与沟通,实现运营效率的最大化。

4. 信息技术在旅游景区的应用

通过信息技术在旅游景区门票管理、信息咨询、客流引导、事故救援、视频监控等方面的应用,可以提升游客的旅游体验,保证游览质量。黄山、峨眉山等风景区试点成功的"数字化指挥调度中心"是景区内部管理的信息化中心,可以对景区内各个景点、游客动态进行实时监控,协助管理人员管理车辆、客流及具体事务。

知识链接

鄂尔多斯市智慧文化旅游公共服务平台项目顺利通过验收

2019 年 7 月 12 日,由鄂尔多斯市文化和旅游局组织的鄂尔多斯市智慧文化旅游公共服务平台项目验收会在康巴什举办。来自北京高校、自治区高校、自治区旅游智库、鄂尔多斯市评标专家库、鄂尔多斯市大数据发展局等七位专家组成的验收组,对鄂尔多斯市智慧文化旅游公共服务平台项目进行了评审验收,专家组一致认为该项目工程质量符合国家验收标准,工程质量评为合格。

为创建国家智慧城市和全域旅游示范区,加快鄂尔多斯市文化旅游信息化建设,弥补全市文旅产业发展短板,满足文化和旅游管理部门、文旅企业、游客的旅游需求,不断增强游客的旅游体验,2018年2月,鄂尔多斯市智慧文化旅游公共服务平台经鄂尔多斯市人民政府批准进行全面建设。项目依托信息技术,围绕鄂尔多斯市文旅行业发展实际,通过打造集数据分析、智慧营销、服务提升、智慧管理、品牌宣传推广、旅游集散服务等于一体的信息化平台,为游客提供"一站式"综合信息服务,最终实现决策智慧、服务智慧、管理智慧、营销智慧、办公智慧五位一体的文旅信息化全链条体系。

平台建成后,为游客行前、行中和行后的服务提供优质保障,为文旅企业宣传营销提供数据支持,为行业管理部门决策提供重要依据,对于整合鄂尔多斯文旅资源、提升鄂尔多斯城市品牌知名度和影响力、提高全市文旅产业的整体竞争力、推进全域旅游建设具有重要意义。

(资料来源:中国旅游新闻网)

课后习题

一、思考题

1. 简述我国旅游管理体制的构成。
2. 什么是旅游标准化? 有何作用?
3. 什么是旅游信息化? 举例说明其应用实践。

二、分析题

1. 旅游管理信息系统与旅游电子商务有什么关系?
2. 信息技术对旅行社、旅游饭店、旅游交通、旅游景区产生哪些影响?
3. 简要分析电子商务广泛运用于旅游业的原因。

三、案例分析题

随着经济的发展,煤炭被大量开采。2008年,河南省焦作市被确定为我国首批资源枯竭型城市。为解决经济结构失衡,走可持续发展的道路,焦作市委、市政府围绕转型发展,整合优势旅游资源,提出了"努力把焦作打造成为国际知名旅游城市和多元化、复合型的国际旅游目的地"的目标。2012年12月,焦作市申请创建国家级旅游服务综合标准化示范市,并得到了国家标准委的批复,从此正式踏上了旅游发展的新征程。

为强力实施旅游标准化带动战略,焦作市成立了由27个市直相关部门和11个县、市、区政府有关负责人组成的创建工作领导小组,并将创建工作纳入2014年政府目标考核体系,成为焦作市工作的重点。市直相关部门、各县市区、各试点企业分别成立了相应的组织领导机构,制定了工作实施方案;组织标准化技术人员多次深入试点企业,对全市364家旅游服务综合标准化创建试点单位进行技术指导和现场检查;邀请联合国世界旅游组织及国内旅游知名专家，对建设国际知名旅游城市进行指导；编制《焦作旅游业发展总体规划》《焦作市旅游标准化发展规划》《焦作市旅游业标准体系表》等，明确了旅游标准化发展的指导思想、战略目标和保障措施，着力构建旅游标准化发展的大格局。此外，为使旅游标准化工作常态化、持续化，焦作市制定了《焦作市旅游标准化工作管理办法》，以此来提升旅游服务质量和行业管理水平。

据统计，在创建国家级旅游服务综合标准化示范市过程中，焦作市共制定各类企业标准5 300多项，极大地推进了旅游服务综合标准化工作的开展。

通过创建国家级旅游服务综合标准化示范市，焦作市的旅游服务质量及旅游整体形象不断提升，全市旅游经济呈现出良好的发展态势，旅游市场秩序进一步优化，游客满意度得到提高，投诉率明显下降，焦作市先后荣获"中国优秀旅游城市""世界杰出旅游服务品牌""中国城市旅游竞争力百强城市"等称号，旅游服务综合标准化正在成为焦作市经济转型发展的强力推进器。

讨论：请结合案例分析，在资源枯竭型城市向优秀旅游城市转型的过程中，焦作市是如何以旅游服务综合标准化为切入点，大力推进旅游服务行业标准化建设的？

项目九

旅 游 组 织

引导案例

联合国世界旅游组织召开第22届全体大会

2017年9月11—16日,在四川省成都市举行了联合国世界旅游组织(UNWTO)第22届全体大会。中国主席习近平向大会致贺词,100多个国家的部长级贵宾和800多位正式代表出席大会。

作为国际旅游界规格最高的会议,世界旅游组织大会每两年召开一次。在成都召开的联合国世界旅游组织第22届全体大会首次走进中国中西部城市。

此次大会的重点之一,就是我国积极响应落实"一带一路"高峰论坛倡议,在UNWTO大会上组织召开"一带一路"国家旅游部长圆桌会议,倡议成立"一带一路"国家和地区旅游合作共同体。据测算,中国与"一带一路"沿线国家和地区双向旅游交流规模超过2 500万人次,中国已成为许多"一带一路"沿线国家和地区的重要客源市场,随着旅游合作的不断深化,旅游交流规模将会进一步增长。预计在整个"十三五"期间,中国将吸引"一带一路"沿线国家和地区8 500万人次国际游客来华旅游,拉动旅游消费约1 100亿美元。

此次成功举办联合国世界旅游组织第22届全体大会,是在更高层次上进一步密切中国与世界的联系,更好地向世界讲述中国故事、传递中国声音、展示中国风采。

(资料来源:中国网)

学习导航

旅游业是一个重要的经济产业，许多国家都将它纳入经济发展的整体计划之中，给予了高度的重视和支持。旅游业涉及的方面相当广泛，政治、经济、文化等无不包含在内。现代的国际旅游不只是人们越过地缘政治分界线的简单空间位移，它与复杂而敏感的国际关系息息相关，如外交承认、议定商务、通航、领事权、签证发放协定等，都是国际旅游的先决条件。这表明，国家在旅游业的发展中有着十分重要的作用，而这种作用则又主要是通过所制定的方针和政策来实现的。

任务一 旅游行业组织简介

旅游组织是指为了加强对旅游行业的引导和管理，适应旅游业的健康、稳定、迅速、持续发展而建立起来的具有行政管理职能或协调发展职能的专门机构。旅游行业组织通常是非官方组织，各成员自愿加入，行业组织制定的规章、制度和章程对非会员单位不具有约束力。

一、旅游行政组织

旅游行政组织是指通过对旅游进行组织、领导、控制、协调和监督等一系列活动，行使旅游管理职能，实现对旅游发展进行宏观管理和调控目的的组织。

（一）旅游行政组织的主要职能

国家旅游行政组织的地位如何确定并没有一个固定的模式，各国的情况不同，因而其组织形式也不同。一般来说，处于旅游业发展初期，或准备高速发展旅游业的国家，政府对旅游业的发展起决定性作用，全国旅游行政组织则作为一个政府部门而存在。旅游行政组织作为旅游业发展的管理机构，具有以下共同职能。

1. 制定旅游业发展战略、政策和法规

拟定旅游业的方针、政策以及法律、法规，制定旅游开发和服务的行业标准，并组织实施。这些内容牵涉面广，关系到全社会层面，任何一个单独的行业或旅游企业，都不可能担当起这样的重任，只有旅游行政组织才能行使这一职能。

2. 组织规划、制订计划

组织和参与旅游规划的制定、审批和实施，组织开展旅游资源调查、开发与保护，组织实施旅游教育，规划旅游发展规模和方向。

3. 实施控制和监督

政府运用行政、法律、经济等手段，对旅游企业的数量、规模、经营活动等进行监督、审核、开放营业执照、颁布质量标准，进行质量监控。

4. 推广国家形象、进行旅游促销

树立国家的整体旅游形象,将国家和区域作为旅游目的地向国际推广,拓展旅游市场。为此,需要进行市场调查,研究营销策略,实施促销措施。

5. 开展国际和国内的多边合作与协调

加强与其他国家政府、有关旅游组织的协作,作为本国旅游业的代言人,开展多边协作与合作、减少国与国之间的旅游限制,促进旅游发展。

6. 调查研究和统计分析旅游业的供需情况

统计旅客的流量和流向,收集数据,分析旅客的兴趣、爱好及消费结构,预测旅游市场动向,帮助制定营销策略。

7. 人员培训和职业教育

研究人力需求,编制人才培训标准和大纲,直接投资或资助开办培训机构或院校。

(二)旅游行政组织的特征

1. 政治性

"政"是指领导,"治"是指管理。"政"是方向和主体,"治"是手段和方法,"治"是围绕着"政"进行的。政治性是人类社会中存在的一种非常重要的社会现象,它影响人类生活的各个方面。旅游行政组织作为国家机构的重要组成部分,体现了国家的意志,并代表国家行使旅游行政权力,保证国家宪法和旅游法律法规全部、正确、有效地实施,是履行国家政治职能的重要主体。因而,旅游行政组织具有鲜明的政治性。

2. 社会性

旅游行政组织的社会性是由旅游行政组织特殊的社会职能所决定的。旅游行政组织是专门管理社会公共旅游事务和为社会提供旅游服务的组织,是为国家和全体公民办事的机构,它要为一定社会公众的利益提供条件和保障。旅游行政组织作为上层建筑的一个实体,要适应和服务于经济基础。例如,各地直属于当地旅游局的旅游咨询机构,为外来旅游者提供关于吃、住、行、游、购、娱的旅游六大要素的信息咨询服务,近几年兴办的旅游投诉中心,主要解决旅游者的投诉事件。旅游业作为我国的一项新兴产业,随着其快速的发展进步,旅游行政组织干预管理和服务于社会事务的程度与范围会不断增强。因此,旅游行政组织必须尽力获得社会公众的认可,被社会大多数人所接受和支持,才能充分发挥自己的社会服务职能。

3. 权威性

旅游行政组织的权威性主要表现在其依法制定的旅游行政措施、办法,旅游行政法规,旅游管理条例,旅游行政决定和命令等,对与旅游事务相关的各社会行为主体具有普遍约束力,适用者必须将其作为合法的规定加以接受;违规者要承担相应的法律责任,由旅游行政机关对其进行处罚。旅游行政组织将采取强制措施,保证具有强制力的旅游行政行为的实现。1996 年 10 月 15 日,国务院发布施行我国旅游行业第一部正式的国家行政法规——《旅行社管理条例》,为加强旅行社行业和整个旅游市场的行业管理奠定了法律基础,创造了有利条件,同时也强化了旅游行政组织的权威性。

4. 系统性

与其他社会组织相比,旅游行政组织更富于系统性。旅游行业是一个综合性产业,不能单独存在和独立运转,它是由吃、住、行、游、购、娱六大要素组成的一条产业链,包括饭店、宾馆、旅行社、康体娱乐、商贸、医疗、信息服务、交通、通信等,缺一不可,尤其是"大旅游、大产业、大联合"观念的深入人心,更加凸显了旅游行政组织的系统性。各产业链之间按照一定的规则相互依存、相互作用、各司其职、各负其责、各得其所,充分发挥各自的系统作用,形成整体效应,推动国家旅游行政组织机构正常运转。

5. 生态性

旅游行政较之一般的公共行政,与经济体制、社会机制、社会沟通网络、政治制度、政治信念、文化背景、意识形态等外部环境存在着更为明显的制约关系,生态性特征尤为突出。例如,社会结构诸如家庭、宗教派别、政党、商业团体或社会各阶层等都会对旅游行政产生各种各样的影响。社会沟通网络、政治制度、认同意识、文化积淀、历史背景等也都是影响旅游行政的重要的生态因素。只有与生态环境相适应的旅游行政组织和那些根据这些生态环境的变化适时地作出调整的旅游行政组织,才可能有健康、持续地发展。

6. 专业性

旅游行政组织是一种特殊的行政组织,是专门管理社会公共旅游事务和为社会提供旅游服务的组织。因而,其行政职能以及行政人员等均具有明显的专业性特征。旅游行政人员的选拔任用,必须具备相应的专业知识与技能背景,随着旅游业的不断发展,旅游行政组织对于旅游专业技能的要求也将日益突出。

二、旅游行业组织

旅游行业组织是指为加强行业间及旅游行业内部的沟通与协作,实现行业自律,保护消费者权益,同时促进旅游行业及行业内部各单位的发展而形成的各类组织。

(一)旅游行业组织的类型

1. 按地域划分

按地域划分,旅游行业组织可分为全球性旅游行业组织、世界区域性旅游行业组织、全国性旅游行业组织和国内区域组织等。

2. 按会员性质划分

按会员性质划分,旅游行业组织可分为旅游交通机构或企业组织、饭店与餐饮业组织、旅行社协会组织,以及由旅游专家和研究人员组成的旅游学会等。

(二)旅游行业组织的主要职能

总的来说,旅游行业组织具有服务和管理两种职能。但是,行业组织的管理职能不同于政府旅游管理机构的职能,它不带有任何行政指令性和法规性,其有效性取决于行业组织本身的权威性和凝聚力。

具体而言,旅游行业组织具有以下基本职能。

(1)作为行业代表,与政府机构或其他行业组织商谈有关事宜。

(2)加强成员间的信息沟通,通过出版刊物等手段,定期发布行业发展的有关统计分析资料。

(3) 开展联合推销和市场开拓活动。

(4) 组织专业研讨会,为行业成员开展培训班和专业咨询业务。

(5) 制定成员共同遵循的经营标准、行规会约,并据此进行仲裁与调解。

(6) 对行业的经营管理和发展问题进行调查研究,并采取相应措施加以解决。

(7) 阻止行业内部的不合理竞争。

任务二　国际旅游组织

国际旅游组织的概念有狭义和广义之分。狭义的国际旅游组织是指成员来自多个国家并为多国利益工作和服务的全面性国际旅游组织。广义的国际旅游组织还包括那些工作范围部分地涉及国际旅游事务的国际组织。

一、国际旅游组织的产生与发展

国际旅游组织是与国际旅游相伴产生和发展的。早在古代社会,就出现了各种各样的旅行行会。从 17 世纪"大旅行"开始,为了满足人们外出旅行的需要,出现了各种各样的旅游俱乐部。19 世纪以后,欧洲一些国家的旅行商、旅游俱乐部相互联合起来,组织旅游者进行旅游活动,如英国 1893 年成立的乡村度假协会。最早的一个专门性的国际旅游组织——国际旅游联盟成立于 1898 年。此后,一些国际性旅游组织纷纷成立。

20 世纪 50 年代后,国际旅游组织的发展步伐加快,并呈现出新的发展特点和趋势,一是国际官方旅游组织的发展,各国政府一方面通过成立旅游行政管理机构,制定有关旅游法规、法律和政策;另一方面,各国政府积极参与全球性旅游组织的建立和合作。二是大量非官方的国际旅游组织发展迅速,区域性旅游组织也发展很快。

二、国际旅游组织的类型

对国际旅游组织可使用多种标准对其进行类型划分。常用的划分标准主要有以下四种。

1. 按组织的成员划分

按组织的成员划分,国际旅游组织可分为以个人为成员的国际性组织、以公司企业为成员的国际性组织、以机构团体为成员的国际性组织、以国家政府代表为成员的国际性组织等。

2. 按组织的地位划分

按组织的地位划分,国际旅游组织可分为政府间组织和非政府间组织。

3. 按组织的范围划分

按组织的范围划分,国际旅游组织可分为全球性组织和地区性组织。

4. 按组织的工作内容划分

按组织的工作内容划分,国际旅游组织可分为部分地涉及旅游事务的一般性国际组织、全面涉及旅游事务的专门性组织以及专门涉及旅游事务某一方面的专业性组织。

三、国际旅游行业组织

国际旅游行业组织是指成员来自多个国家并为多国利益工作和服务的全面性国际旅游组织。随着我国在国际地位中的实力不断增强,越来越多的国际旅游者有意愿来到中国旅游,同时越来越多的国家也对中国旅游者开放,中国也在各类国际旅游行业组织中起着重要的作用。目前,国际旅游行业组织主要有以下几个。

(一)世界旅游组织(World Tourism Organization,WTO)

1. 基本情况

世界旅游组织是目前世界上唯一全面涉及国际旅游事务的全球性政府间国际组织,它的前身是国际官方旅游联盟,其标志如图9-1所示。1925年5月4日至9日,在荷兰海牙召开了国际官方旅游协会大会。1934年,在海牙正式成立国际官方旅游宣传组织联盟,1946年10月1日至4日,在伦敦召开了首届国家旅游组织国际大会。1947年10月,在巴黎举行的第二届国家旅游组织国际大会上决定正式成立官方旅游组织国际联盟,其总部设在伦敦。1951年,迁至日内瓦,现设在西班牙马德里。1969年,联合国大会批准将其改为政府间组织。世界旅游组织成员分为正式成员(主权国家政府旅游部门)、联系成员(无外交实权的领地)和附属成员(直接从事旅游业或与旅游业有关的组织、企业和机构)。联系成员和附属成员对世界旅游组织事务无决策权。

图9-1　世界旅游组织标志

世界旅游组织的组织机构包括全体大会、执行委员会、秘书处及地区委员会。其中,全体大会为最高权力机构,每两年召开一次,审议该组织重大问题。执行委员会每年至少召开两次,执委会下设计划和协调技术委员会、预算和财政委员会、环境保护委员会、简化手续委员会、旅游安全委员会五个委员会。秘书处负责日常工作,秘书长由执委会推荐、大会选举产生。地区委员会系非常设机构,负责协调、组织本地区的研讨会、工作项目和地区性活动,每年召开一次会议,共有非洲、美洲、东亚和太平洋、南亚、欧洲和中东 6 个地区委员会。

世界旅游组织确定每年的 9 月 27 日为世界旅游日。为不断向全世界普及旅游理念,形成良好的旅游发展环境,促进世界旅游业不断发展,该组织每年都推出一个世界旅游日的主题口号。

2. 宗旨

世界旅游组织的宗旨是促进和发展旅游事业,使之有利于经济发展、国际间相互了解、和平与繁荣。世界旅游组织主要负责收集和分析旅游数据,定期向成员国提供统计资料、研究报告,制定国际性旅游公约、宣言、规则、范本,研究全球旅游政策。

3. 中国加入时间

1983 年 10 月 5 日,世界旅游组织第五届全体大会通过决议,接纳中国为正式成员国,成为它的第 106 个正式会员。1987 年 9 月,在第七次全体大会上,中国首次当选为该组织执行委员会委员,并同时当选为统计委员会委员和亚太地区委员会副主席。1991 年,再次当选为该组织执行委员会委员。

4. 出版刊物

世界旅游组织出版的主要刊物有《世界旅游组织消息》《旅游发展报告(政策与趋势)》《旅游统计年鉴》《旅游统计手册》和《旅游及旅游动态》。

知识链接

联合国世界旅游组织第 23 届全体大会在俄罗斯圣彼得堡召开

2019 年 9 月 10 日至 12 日,联合国世界旅游组织(英文简称 UNWTO)第 23 届全体大会(以下简称大会)在俄罗斯圣彼得堡召开,来自 124 个国家和地区的 1 000 余名代表出席会议。

10 日上午,大会在圣彼得堡会展中心开幕,俄罗斯联邦总统普京通过视频致贺词。俄罗斯联邦副总理戈罗杰茨、UNWTO 秘书长祖拉布、俄罗斯联邦旅游署署长扎琳娜、圣彼得堡市市长别格罗夫出席开幕式并致辞。俄罗斯联邦旅游署署长扎琳娜当选为本届大会主席。

本届大会聚焦旅游业对 2030 年可持续发展议程的积极贡献,以及旅游业与教育、就业、气候变化、创新发展等多领域的合作。大会审议了 UNWTO 相关项目、预算及人力资源报告,审议通过《旅游道德框架公约》所有 UNWTO 官方语言文本,选举世界旅游道德委员会成员,审议通过新一届 UNWTO 执行委员会成员提名单。中国成功连任2019—2023 年 UNWTO 执行委员会成员。

中国文化和旅游部副部长张旭在会上积极宣介中国旅游业的最新情况和中国推进文旅深度融合取得的阶段性成果,并表示中国愿继续深化与 UNWTO 及各成员国间的旅游合作,积极参与全球旅游治理体系改革和建设,分享中国旅游业发展机遇,贡献中国智慧和方案。

(资料来源:国际交流与合作局)

（二）太平洋亚洲旅行协会（Pacific Asia Travel Association，PATA）

1. 基本情况

太平洋亚洲旅行协会原名太平洋地区旅行协会,1951年1月成立于美国夏威夷檀香山,协会总部设在美国旧金山。太平洋亚洲旅行协会是个具有广泛代表性和影响力的民间国际旅游组织,在整个亚太地区以至世界的旅游开发、宣传、培训与合作等多方面发挥着重要作用,其标志如图9-2所示。协会促进亚太地区与其他地区之间,及亚太地区内部旅游和旅游业的发展,因此受到亚太地区各国旅游业界的普遍重视。

图9-2 太平洋亚洲旅行协会标志

协会的管理机构为理事会(由49~51名成员组成),其职能是在两届年会之间开展协会的工作。太平洋亚洲旅行协会每年召开一次年会,并举办旅游交易会。

2. 宗旨

该协会的宗旨是发展、促进和便利世界其他地区的游客前来太平洋地区各国旅游以及太平洋地区各国居民在本地区内开展国际旅游。

3. 协会会员

该协会的章程规定,任何全部和部分位于西经110°至东经75°地理区域内所有纬度的国家、地区或政治区域均有权成为该协会会员。该协会会员广泛,不但包括亚太地区,而且包括如欧洲各重要客源国在内的政府旅游部门和空运、海运、陆运、旅行社、饭店、餐饮等与旅游有关的企业。目前,协会有37名正式官方会员,44名联系官方会员,60名航空公司会员以及2 100多名财团、企业等会员。此外,协会除在旧金山设有秘书处外,还分别在新加坡、悉尼、旧金山和摩纳哥设有亚洲、太平洋、美洲和欧洲分部办事机构。另外,遍布世界各地的79个PATA分会还拥有17 000多名分会会员。

4. 中国加入时间

我国于1993年加入太平洋亚洲旅行协会。

5. 出版刊物

太平洋亚洲旅行协会出版的主要刊物有 *PATA Magazine* 和 *PATA Travel News*,提供的资讯还包括会议结果、委员会和展销会工作以及颁奖情况等方面信息的宣传材料。

（三）世界旅行社协会联合会（Universal Federation of Travel Agents Association，UFTAA）

1. 基本情况

世界旅行社协会联合会是较大的民间性国际旅游组织之一,其前身是1919年在巴黎成立的欧洲旅行社和1964年在纽约成立的美洲旅行社,1966年10月由这两个组织合并组成,并于1966年11月22日在罗马正式成立。总部设在比利时布鲁塞尔。

理事会由全体大会选出的18名理事会组成,负责管理该联合会的业务,并行使一切权力。在每次全体大会结束后的第一次理事会成员中,选出主席 1 人、副主席 2 人(其中一人兼任司库)、执行委员会 2 人,组成执行委员会,负责该联合会的日常工作,办理理事会委托的事项,处理那些不能拖延到下次理事会讨论解决的问题。理事会下设总秘书处,由秘书长负责,具体执行理事会和执行委员会的决定。

2. 宗旨

该联合会的宗旨是团结和加强各国全国性旅行社协会和组织,协助解决会员间在业务开展问题上可能发生的纠纷;在国际上代表旅行社行业同有关的各种旅游组织和旅游公营企业(运输业、旅馆业和官方机构等)建立联系和开展合作;确保旅行社业务在经济、法律和社会领域内最大限度地得到协调、赢得信誉、受到保护和得到发展;向会员提供必要的物质上、业务上、技术上的指导和帮助,使其在世界旅游业中占有适当的地位。

3. 会议的通常内容

该联合会每年召开一次世界旅游行业代理人大会。会议的通常内容为交流经验,互通情报,讨论如何改善旅行社企业的经营管理,研究旅行社行业同航空、铁路、旅馆业的关系与合作等问题。会议期间,召开该组织全体大会,它是该联合会的最高权力机构,决定该会的总方针和政策。在全体大会上,通过年度活动报告、下年度活动计划和工作总纲,批准财务预决算,罢免和选举理事会成员。

4. 中国加入时间

自 1974 年以来,该联合会便一直同我国保持着友好联系。中国旅游协会于 1995 年正式加入该联合会。

5. 出版刊物

该联合会出版的主要刊物有《新闻公报》(月刊)等。

(四) 世界旅行社协会(World Association of Travel Agents ,WATA)

1. 基本情况

世界旅行社协会是一个国际性的旅游组织,创建于 1949 年。该协会由 237 家旅行社组成,其中半数以上为私营企业,分布在 86 个国家的 208 个城市。世界旅行社协会设有一个执行委员会,有 9 名委员,现有来自 100 余个国家和地区的 300 多个会员。该协会总部在瑞士的日内瓦,并设常务秘书处,管理协会的行政事务。该协会每两年举行一次大会。该协会把世界分成 15 个区,各区每年举行一次会员社会议,研究本区旅游业务中的问题。该协会的最高权力机构是其会员大会,每两年举行一次,大会下设执行委员会、管理委员会和总裁委员会。

2. 宗旨

该协会的宗旨是通过提供有效的服务和信息,促进和保护会员的经济利益;建立会员间的业务联系,简化手续;建立有保障的收取业务代理费的结构;促进文献和广告活动的协调发展。该协会的主要活动包括帮助会员收集和传播旅游信息,开展联合广告活动等。

3. 具体分工及职责

执行委员会负责实施大会决议;管理委员会主持处理日常工作;总裁委员会由各地选举出来的总裁组成,他们负责各地会员与日内瓦总部之间的联系,讨论地区问题,协调地区活动。世界旅行社协会设在日内瓦的秘书处,向会员提供各种帮助和一些服务项目,如提供旅游情报、文件和统计等。秘书处为要求在他国寻找代理人或进行贸易联系的会员进行安排和介绍。该协会欧洲服务处为旅游团或个人协调旅行日程,并作出必要的安排。它还代表亚洲、澳大利亚、南北美洲的私人旅行社协会组团到欧洲等地旅行,同时收取最少的佣金。对非正式成员,它也提供服务,但要按一定比率收取佣金。任何一家旅行社,只要财务机构完善、稳定,遵守协会的规定,都有资格成为世界旅行社协会的成员。入会者应先向日内瓦常设秘书处递交申请书,经管理委员会审查后,再在会员中传阅,如无反对意见,就能成为其正式会员,协会保证各会员享有一定的优惠权。

4.出版刊物

从1951年开始,该协会每年出版一本综合性的世界旅游指南——《世界旅行社协会万能钥匙》。

(五)国际饭店业协会(International Hotel Association,IHA)

1.基本情况

国际饭店业协会是一个行业性民间组织,于1947年在法国巴黎成立,总部设在巴黎。

该协会的会员分为正式会员和联系会员。正式会员是世界各国的全国性的饭店协会或类似组织;联系会员是各国饭店业的其他组织、旅馆院校、国际饭店集团、旅馆、饭店和个人。

国际饭店业协会每两年举行一次会员大会,商讨旅游业发展中的重大问题,修改和制定有关政策与法规,选举下届主席、副主席和秘书长。该协会设有财务委员会、法律委员会、经济政策研究委员会、出版发行委员会、宣传推销委员会、旅行社事务委员会、旅馆专业培训委员会、季节性旅馆和旅游胜地旅馆事务委员会、会员联系事务委员会9个委员会。

2.宗旨

该协会的宗旨是联络各国饭店业协会,并研究国际饭店业和国际旅游者交往的有关问题;促进会员间的交流和技术合作;协调饭店业和有关行业的关系;维护本行业的利益。

3.主要任务

该协会的主要任务是通过与各国政府对话为促使各国政府实行有利于旅游业发展的政策,并给予饭店业以支持;参与联合国跨国公司委员会有关国际饭店跨国企业方面的工作;通过制定和不断修改来完善有关经济法律文件,协调饭店与其他行业的关系;进行调研、汇集和传播市场信息,提供咨询服务;为各会员提供培训饭店从业人员的条件和机会。

4.中国加入时间

中国旅游饭店协会于1994年3月加入国际饭店业协会,成为该组织的正式会员。

5.出版刊物

该协会出版的主要刊物有《国际饭店和餐馆(月刊)》《国际饭店业评论(季刊)》《国际饭店指南》《旅行杂志》《旅行机构指南(年刊)》等。

知识链接

美国饭店协会

美国饭店协会创建于 1910 年,是一家专门从事提供从教育、运营管理、技术、市场、资讯服务到帮助政府处理酒店领域事务的全球性的行业协会,是一家从事酒店及旅游业人员提供专业领域提升与发展的国际专业机构,并且是美国第一家被授予能够为本国从业人员提供包括酒店及旅游业资格考试的机构,是全球酒店行业的代表和象征,其标志如图 9-3 所示。

图 9-3 美国饭店协会标志

美国饭店业协会教育学院(AH&LA-EI)成立于 1953 年,是美国饭店协会的职业教育、培训和职业资格认证的非营利性教育机构,也是首家提供酒店业教育、培训及满足全球范围内酒店学校及酒店业的职业资格认证的机构。AH&LA-EI 的教材被全球 2 300 多所大学与学院广泛使用,且学分互认互换。全球饭店均使用 EI 培训体系,其中包括圣达特饭店公司、选择国际饭店公司、马里奥特国际公司、雅高集团、喜达屋国际饭店集团,以及著名的饭店品牌里兹-卡尔顿、凯悦、四季、洲际、喜来登、华美达、香格里拉等。EI 能够针对酒店的具体问题提供多种培训方案,因此在酒店行业内一直保持领先地位。

(六)国际餐饮协会(International Food and Beverage Association,IFBA)

1. 基本情况

国际餐饮协会由多家中国内地和香港、澳门餐饮行业相关企业共同联合发起,并由具有从事餐饮业研究资格的组织与个人自愿结成,以便餐饮品牌国际化,在各地区开展更多的商务活动。经第一届常务理事会研究决定,将其总部设在中国香港,秘书处设在北京,是经香港社团和香港警务处依法登记备案成立的非营利性的餐饮业及相关行业自律性社会团体,其标志如图 9-4 所示。

图 9-4 国际餐饮协会标志

该协会现已发展内地和香港、澳门餐饮业相关的企业会员单位 800 余家,协会下设烹饪专业委员会、饮食服务专业委员会、连锁加盟专业委员会,并委托协会网作为运营机构,为餐饮企业和个人提供咨询、管理、培训和联络等服务。

该协会下设秘书处及各专业委员会。秘书处主要负责组织会议、活动,协调、配合各委员会的工作,与新闻媒体、社会各界及食品关联性产业的联络等工作;各专业委员会主要负责新成员加入、专业培训、集体考察、融资促进、同业交流,以及餐饮相关问题的研究等工作。

2. 宗旨

该协会的宗旨是联合全国餐饮行业组织、企业等餐饮领域内的所有人士,进行自律管理;引导从业人员遵守国家的法律、法规,遵守行业行为道德,规范行业行为;促进行业知识及技能专长的发展与深造;尊重和支持中国食品企业的地位、利益;宣传、提升会员在社会中的公信力,促进行业人士间的了解与交流;促进行业产业多方面合作;维护企业和个人在从业方面的权益,为推动中华餐饮行业市场持续稳定、繁荣发展。

3. 主要职责

该协会的主要职责是搞好会员自律,配合行政主管部门落实行业政策、宣传和管理;引导餐饮业规范、良性发展;扩大协会规模,提供会员服务;研究行业市场、技术理论,制定行业指导;促进企业交流,加强产业合作;净化产业环境,拓展市场领域;提升社会影响,联系国际合作;协调政府、企业与同业之间的关系,推动会员、产业市场共同发展。

4. 协会定位

该协会高于企业集团的非政府组织,由参加签约的企业和从事餐饮领域内的个人,本着自愿参加的原则,目的是通过参与,可以提高企业、个人的行业综合竞争力,挖掘商机,建立更为协调的机制,强调"多赢",在竞争的基础上更好地合作,同时也是一些优势地产领袖进行策略联盟的尝试。

(七)国际航空运输协会(International Air Transport Association,IATA)

1. 基本情况

国际航空运输协会成立于 1945 年,是一个以全世界国际航空公司为会员的全球性民间行业组织。该协会的主要工作是规范行业行为,提出客货运率、服务条款和安全标准等,使全球的客运业务制度走向统一;确定国际航空运输标准价格并排定国际航线航空时刻表等,其标志如图 9-5 所示。

图 9-5　国际航空运输协会标志

该协会的最高权力机构是全体大会,常设机构有执行委员会、常务委员会和常设秘书处。

目前,正式加入该协会的我国航空公司有中国国际航空公司、中国东方航空公司、中国南方航空公司。

2. 宗旨

该协会的宗旨是促进安全、正规和经济的航空运输;促进航空运输业的发展;促进同联合国国际民用航空组织(ICAO)的合作。

3. 出版刊物

该协会在全球国际旅游业中发挥着巨大的影响和作用,其主要出版物有《国际航空运输协会评论》(月刊)。

(八)国际民用航空组织(International Civil Aviation Organization,ICAO)

1. 基本情况

国际民用航空组织(以下简称民航组织)是联合国的一个专门机构,1944 年为促进全世界民用航空安全、有序地发展而成立。国际民航组织总部设在加拿大蒙特利尔,制定国际空运标准和条例,是 191 个缔约国(截至 2011 年)在民航领域中开展合作的媒介。

该组织的最高权力机构是全体大会,每三年举行一次会议。其常设机构是理事会,常设执行机构是秘书处。

2. 宗旨

该组织的宗旨是推进国际间的国际航空运输安全与合作。

3. 中国加入时间

我国是国际民航组织的创始国之一,旧中国政府于 1944 年签署了《国际民用航空公约》,并于 1946 年正式成为会员国。1971 年 11 月 19 日,国际民航组织第七十四届理事会第十六次会议通过决议,承认中华人民共和国政府为中国唯一合法代表。1974 年,我国承认《国际民用航空公约》并参加国际民航组织的活动。同年我国当选为二类理事国,至今已八次连选连任二类理事国。2004 年,在国际民航组织第 35 届大会上,我国当选为一类理事国。蒙特利尔设有中国常驻国际民航组织理事会代表处。

2013 年 9 月 28 日,中国在加拿大蒙特利尔召开的国际民航组织第 38 届大会上再次当选为一类理事国。这是自 2004 年以来中国第四次连任一类理事国。当天参加投票选举的国家有 173 个,除中国外,德国、日本、意大利、澳大利亚、俄罗斯、巴西、美国、英国、法国、加拿大也同时继续当选为一类理事国。

中国自 1974 年恢复参加国际民航组织活动以来,连续 10 次当选为国际民航组织二类理事国,并于 2004 年竞选成为一类理事国。

4. 出版刊物

该组织出版的主要刊物有《国际民航组织公报(月刊)》等。

(九)世界旅游城市联合会

世界旅游城市联合会成立于 2012 年 9 月 15 日,是一个旅游领域的非政府、非营利性国际组织,是全球第一个以城市为主体的国际旅游组织。

世界旅游城市联合会以"旅游让城市生活更美好"为主旨,定位为由世界主要旅游城市与旅游有关的机构自愿组成的非营利性的国际非政府组织,是世界旅游城市互利共赢合作发展平台。该联合会致力于推动会员城市间的交流合作,共享旅游业发展经验,探讨城市旅游发展问题,加强旅游市场合作开发,提升旅游业发展水平,促进世界旅游城市经济社会协调发展。

知识链接

国际旅游组织总部首次落户北京

世界旅游城市联合会在北京成立,成为第一个将总部永久落户北京的国际性旅游组织。世界旅游城市联合会为何选择北京? 北京的旅游市场空间有多大? 非法一日游等问题该如何整治?

由北京等城市率先倡导的世界旅游城市联合会在北京成立,这是第一个将总部永久落户北京的国际性旅游组织。去年,北京市旅游总收入创历史新高,达到 3 210 亿元,在旅游规模快速增大的同时,也存在非法一日游等问题,北京市对此将重拳整治。

世界旅游城市联合会是由北京、巴塞罗那、柏林、迪拜、洛杉矶、莫斯科等国内外近50个著名旅游城市和相关机构共同发起成立的。北京市旅游委主任、世界旅游城市联合会筹备组负责人鲁勇说,希望这个联合会能推动各个城市旅游业的发展。

各个城市在发展旅游业方面都有巨大的潜力,但是由于缺乏城市之间的沟通、合作、交流这样一个平台,使得城市间在为旅游者提供服务,推进相互的资源,在更好地展示一个城市旅游产业的相关的成果方面,还缺乏相应的平台。

这个国际性旅游组织之所以将总部永久落户北京,是因为北京是世界上重要的旅游客源地城市,是拥有世界文化遗产最多的城市,有助于推动国际旅游城市之间的合作与交流,更好地为游客出游服务。

北京旅游市场也存在着非法一日游等问题,不知情的游客常常遭遇上车加价、被迫购物等不愉快经历。北京市旅游委副主任于德斌说,下一步还要加强对一些重点景区和商店加强税控机的安装,堵住非法违规经营一日游的行为和漏洞,加强对景区安装闸机,防止漏洞。通过电子文本的设立,把有投诉的、有违法违规经营的商店,在电子合同文本合同中取消。

任务三　我国旅游行业组织

一、旅游行政组织

我国的旅游行政管理机构主要由原国家旅游局以及各省、自治区、直辖市和地方旅游行政组织构成。

1. 原国家旅游局

原国家旅游局是国务院主管全国旅游业的直属机构,是我国最高旅游行政组织。其主要职责包括指导旅游教育、培训工作,制定旅游从业人员的职业资格制度和等级制度并指导实施,管理局属院校的业务工作;负责在京直属单位的党群工作;承办国务院交办的其他事项等。

省、自治区和直辖市旅游局主要负责辖区内旅游业发展的规划工作、旅游开发工作、旅游业管理工作、旅游宣传促销工作等。省级以下的地方旅游行政机构主要负责辖区内的旅游管理工作。

2. 省、自治区和直辖市的旅游局

我国各省、自治区和直辖市均设有旅游局或旅游管理委员会。它们分别主管其所在省、自治区和直辖市的旅游行政工作。这些旅游行政机构在组织上属于地方政府部门编制,在业务工作上接受地方政府的领导和原国家旅游局的指导。其主要职责是负责各省、自治区和直辖市旅游业发展的规划工作、开发工作、旅游业管理工作以及旅游宣传和促销工作。

3. 省级以下的地方旅游行政机构

在省级以下的地方层面上,很多市、县也设立旅游行政管理机构,负责其行政区域范围内的旅游业管理工作。在未设立专职旅游行政机构的县、市，有关旅游方面的事务则在其上级政府旅游行政部门的指导下，由当地政府承担。

二、旅游行业组织

我国旅游业发展速度很快，因此，快速的发展就需要有良好的管理制度和机构来保障旅游业发展的质量与方向。

（一）我国旅游行业组织的主要任务

我国旅游行业组织主要承担以下任务。

（1）参与旅游发展规划和一些政策法规的制定，参与行业重大决策的协商，承担政府委托的部分行业管理职能和任务。

（2）制定行业自律公约，规范行业行为，使行业在统一制度约束下规范经营、健康发展，发挥行业协会自我管理、自我约束的作用。

（3）加大市场调研力度，完善行业协会信息系统，加强企业纵向和横向联系，成为行业的信息交流中心。

（4）维持市场秩序，参与市场管理，保障经营者和游客的合法权益。

（5）经常组织业务培训并出版本行业的刊物，以提高旅游企业素质及从业人员的业务水平。

（二）中国旅游协会（China Tourism Association，CTA）

1. 基本情况

中国旅游协会是由中国旅游行业的有关社团组织和企事业单位在平等、自愿的基础上组成的全国综合性旅游行业协会，具有独立的社团法人资格。它是 1986 年 1 月 30 日经国务院批准正式宣布成立的第一个旅游全行业组织，1999 年 3 月 24 日经民政部核准重新登记。该协会接受原国家旅游局的领导、民政部的业务指导和监督管理，其标志如图 9-6 所示。

中国旅游协会遵照国家的宪法、法律、法规和有关政策，代表和维护全行业的共同利益和会员的合法权益开展活动，为会员服务，为行业服务，为政府服务，在政府和会员之间发挥桥梁纽带作用，促进我国旅游业的持续、快速、健康发展。

图 9-6 中国旅游协会标志

中国旅游协会的最高权力机构是会员代表大会。会员代表大会每四年召开一次。会员代表大会的执行机构是理事会。理事会由会员代表大会选举产生。理事会每届任期四年，每年召开一次会议。在理事会闭会期间，由常务理事会行使其职权。

中国旅游协会现有理事 163 名，各省、自治区、直辖市和计划单列市、重点旅游城市的旅游管理部门、全国性旅游专业协会、大型旅游企业集团、旅游景区（点）、旅游院校、旅游科研与新闻出版单位以及与旅游业紧密相关的行业社团都推选了理事。协会的组成具有广泛代表性。

中国旅游协会根据工作需要设立了 5 个分会和专业委员会,分别进行有关的专业活动,即旅游城市分会、旅游区(点)分会、旅游教育分会、妇女旅游委员会和旅游商品及装备专业委员会。

在中国旅游协会指导下,有 4 个相对独立开展工作的专业协会:中国旅行社协会、中国旅游饭店业协会、中国旅游车船协会和中国旅游报刊协会。

中国旅游协会的直属单位是中国旅游出版社、中国旅游报社、时尚杂志社、旅游信息中心和中国旅游管理干部学院。

2. 主要任务

中国旅游协会主要担负以下主要任务。

(1) 对旅游发展战略、旅游管理体制、国内外旅游市场的发展态势等进行调研,向国家旅游行政主管部门提出意见和建议。

(2) 向业务主管部门反映会员的愿望和要求,向会员宣传政府的有关政策、法律、法规并协助贯彻执行。

(3) 组织会员订立行规行约并监督遵守,维护旅游市场秩序。

(4) 协助业务主管部门建立旅游信息网络,搞好质量管理工作,并接受委托,开展规划咨询、职工培训,组织技术交流,举办展览,进行抽样调查和安全检查,以及对旅游专业协会进行行业务指导。

(5) 开展对外交流与合作。

(6) 编辑出版有关资料、刊物,传播旅游信息和研究成果。

(7) 承办业务主管部门委托的其他工作。

3. 协会会员

中国旅游协会会员为团体会员,凡在旅游行业内具有一定影响的社会团体和企事业单位,以及与旅游业相关的其他行业组织等,均可申请入会。

4. 主要业绩

中国旅游协会成立以来,根据章程规定的任务,积极开展有关旅游体制改革、加强旅游行业管理、提高旅游经济效益和服务质量等方面的调研工作;支持地方建立了旅游行业组织,提供咨询服务;与一些国家和地区的旅游行业机构建立了友好关系,同时还先后加入了世界旅行社协会联合会(UFTAA)及其所属亚太地区联盟(UAPA)、美国旅行商协会(ASTA),发展与国际民间旅游组织的联系与合作,扩大了对外影响;编辑出版多本旅游书刊,及时反映国内外旅游动态和相关理论研究。

5. 经费来源

中国旅游协会的经费来源包括会费、捐赠、政府资助、在核准的业务范围内开展业务服务和劳务的收入、利息及其他合法收入。

(三) 中国旅行社协会(China Association of Travel Services,CATS)

1. 基本情况

中国旅行社协会成立于 1997 年 10 月,是由中国境内的旅行社、各地区性旅行社协会或其他同类协会等单位,按照平等、自愿的原则结成的全国旅行社行业的专业性协会,业经中华人民共和国民政部正式登记注册的全国性社团组织,具有独立的社团法人资格。该协会接受原国家旅游局的领导、民政部的监督管理和中国旅游协会的业务指导。该协会会址设在北京,其标志如图9-7所示。

图 9-7 中国旅行社协会标志

该协会的最高权力机构是会员大会,由各会员单位的法人代表组成。会员大会成员的任期为每届四年,理事会作为会员大会的执行机构,在闭会期间开展协会的日常工作,对会员大会负责。本会设立常务理事会,由理事会选举产生。常务理事会对理事会负责,在理事会闭会期间行使其职权。

2. 宗旨

该协会的宗旨是遵守国家的宪法、法律、法规和有关政策,遵守社会道德风尚,代表和维护旅行社行业的共同利益与会员的合法权益,努力为会员服务,为行业服务,在政府和会员之间发挥桥梁与纽带作用,为中国旅行社行业的健康发展作出积极贡献。

3. 主要任务

中国旅行社协会所承担的主要任务如下。

(1) 宣传、贯彻国家旅游业的发展方针和旅行社行业的政策法规。

(2) 总结交流旅行社的工作经验,开展与旅行社行业相关的调研,为旅行社行业的发展提出积极并切实可行的建议。

(3) 向主管单位及有关单位反映会员的愿望和要求,为会员提供法律咨询服务,保护会员的共同利益,维护会员的合法权益。

(4) 制定行规行约,发挥行业自律作用,督促会员单位提高经营管理水平和接待服务质量,维护旅游行业的市场经营秩序。

(5) 加强会员之间的交流与合作,组织开展各项培训、学习、研讨、交流和考察等活动。

(6) 加强与行业内外的有关组织、社团的联系、协调与合作。

(7) 开展与海外旅行社协会及相关行业组织之间的交流与合作。

(8) 编印会刊和信息资料,为会员提供信息服务。

(9) 协会实行团体会员制,所有在中国境内依法设立、守法经营、无不良信誉的旅行社及与旅行社经营业务密切相关的单位和各地区性旅行社协会或其他同类协会,承认和拥护本会的章程,遵守协会章程,履行应尽义务者均可申请加入协会。

4. 协会会员

凡承认和遵守《中国旅行社协会章程》,经省、自治区、直辖市旅游局和原国家旅游局正式批准的,经工商局注册、合法经营的旅行社(包括国内社、国际社、合资或独资旅行社及各地方旅行社专业协会和旅游院校等)都可申请成为中国旅行社协会会员。

5. 经费来源

该协会的经费来源包括会费、捐赠、政府资助、在核准的业务范围内开展活动或服务的收入、利息及其他合法收入。

（四）中国旅游饭店业协会（China Tourism Hotel Association，CTHA）

1. 基本情况

中国旅游饭店业协会原名中国旅游饭店协会，成立于 1986 年 2 月，经中华人民共和国民政部登记注册，具有独立法人资格。

中国旅游饭店业协会是中国境内的饭店和地方饭店协会、饭店管理公司、饭店用品供应厂商等相关单位，按照平等、自愿的原则结成的全国性的行业协会。该协会下设饭店金钥匙专业委员会。该协会于 1994 年正式加入国际饭店与餐馆协会（IH&RA），成为其国家级协会会员。

2. 宗旨

该协会的宗旨是遵守国家法律法规，遵守社会道德风尚，代表中国旅游饭店业的共同利益，维护会员的合法权益，倡导诚信经营，引导行业自律，规范市场秩序。在主管单位的指导下，为会员服务，为行业服务，在政府与企业之间发挥桥梁和纽带作用，为促进中国旅游饭店业的健康发展作出积极贡献。

3. 协会会员

个人和符合条件的单位（在中国境内经注册批准、依法经营、无不良信誉的旅游饭店、地方饭店协会、饭店管理公司、饭店用品供应厂商等相关单位）都可以申请入会。

4. 会员服务

该协会的会员服务体现在：通过对行业数据进行科学统计和分析；对行业发展现状和趋势作出判断与预测，引导和规范市场；组织饭店专业研讨、培训及考察；开展与海外相关协会的交流与合作；利用中国旅游饭店网和协会会刊《中国旅游饭店》向会员提供快捷资讯，为饭店提供专业咨询服务。

5. 资金来源

该协会的资金来源包括会费、捐赠、政府资助、在核准的业务范围内开展业务服务和劳务的收入、利息及其他合法收入。

知识链接

第三届"中国饭店金星奖"150 家候选饭店揭晓

中国旅游饭店业协会于 2015 年 4 月正式启动了第三届"中国饭店金星奖"评选活动，得到了行业内外的广泛关注。本次评选，本着"优中选优、不搞照顾、不搞平衡、不搞名额分配"的基本原则，由饭店自行向中国旅游饭店业协会申报，通过网络投票、在线顾客点评调查、中国旅游饭店业协会理事会成员单位投票等程序，产生了 150 家候选饭店。第一阶段的各评选环节均严格按照评选方案进行，排名结果也是各阶段评选工作结果的客观、真实体现。

150 家候选饭店呈现出以下特点。

一是入选饭店的地域分布与经济发展水平及饭店业发展现状基本相符，候选饭店最多的六个地区分别为北京（25 家）、山东（21 家）、上海（16 家）、浙江（13 家）、江苏（13 家）、广东(12家);二是星级饭店占比多,其中五星级饭店占比69%、四星级饭店占比14%、未评星饭店占比17%;三是集团饭店较多,候选饭店中的国内品牌饭店占比41%(如开元9家、锦江国际8家、首旅建国7家),国际品牌饭店占比18%(如洲际9家、喜达屋5家、香格里拉5家),自主管理饭店占比41%。

在150家候选饭店基础上,经征询各省、自治区、直辖市旅游星级饭店评定委员会办公室审核意见及专家评审,最终将产生100家获奖饭店。

（五）中国旅游车船协会（China Tourism Automobile and Cruise Association,CTACA）

1. 基本情况

中国旅游车船协会正式成立于1988年1月,会址设在北京,是由中国境内的旅游汽车、游船企业和旅游客车及配件生产企业、汽车租赁、汽车救援等单位,在平等、自愿的基础上组成的全国性的行业专业协会,是非营利性的社会组织,具有独立的社团法人资格。该协会接受国家旅游局的领导、民政部的监督管理和中国旅游协会的业务指导。

该协会的最高权力机构是会员大会,每四年召开一次;理事会是会员大会的执行机构,在闭会期间领导本会开展日常工作,每年召开一次会议;常务理事会由理事会选举产生,对理事会负责,每年召开一次会议;秘书长在常务理事会领导下主持本会日常工作。

1992年,该协会正式加入国际旅游联盟(AIT)。2002年,该协会成立了中国汽车俱乐部协作网(CMCN)。为指导我国汽车俱乐部业健康、有序地发展,该协会成立了中国旅游车船协会汽车俱乐部分会。

2. 宗旨

该协会的宗旨是遵守国家的宪法、法律、法规和有关政策,遵守社会道德风尚,广泛团结联系旅游车船业界人士,代表并维护会员的共同利益和合法权益,努力为会员、为政府、为行业服务,在政府和会员之间发挥桥梁与纽带作用,为把我国建设成为世界旅游强国,促进国民经济和社会发展作出积极贡献。

3. 主要任务

该协会的主要任务如下。

（1）宣传贯彻国家有关旅游业发展的方针政策,向主管单位反映会员的愿望和要求。

（2）总结交流旅游车船企业的工作经验,收集国内外本行业信息,深入进行调查研究,向主管单位提供决策依据和积极建议。

（3）组织会员订立行规行约并监督遵守,维护旅游市场秩序,协助主管单位加强对旅游市场的监督管理。

（4）为会员提供咨询服务,加强会员之间的交流与合作,组织开展培训、研讨、考察和新经验、新技术及科研成果的推广等活动,沟通会员间的横向联合,促进行业间的业务联网。

（5）指导下设的专业委员会开展业务活动。

（6）加强与行业内外的相关组织、社团的联系与合作。

（7）开展与国际旅游联盟组织等海外相关行业组织之间的交流与合作。

（8）编印会刊和信息资料，为会员提供信息服务。

（9）承办业务主管单位委托的其他工作。

4. 协会会员

该协会实行团体会员制，凡在中国境内经注册批准、依法经营、无不良信誉的旅游汽车、游船企业、旅游客车、配件生产企业、汽车租赁、汽车救援等企业，以及与旅游车船行业相关的单位，均可申请入会，现有会员单位 200 多家。

5. 经费来源

该协会的经费来源包括会费、有偿服务的收费（包括咨询费、技术服务费、广告费、汽车零配件国产化的管理费）和资助捐赠。

 知识链接

中国旅游景区协会

中国旅游景区协会是由全国旅游景区行业和与景区相关企事业单位在平等、自愿基础上组成的全国旅游景区行业协会，具有独立的社团法人资格。该协会接受原国家旅游局的领导、民政部的业务指导和监督管理。

2009 年年底，华侨城集团公司等企业作为成立中国旅游景区协会的发起单位向国家民政部申报成立中国旅游景区协会，2010 年 10 月 24 日民政部以民函〔2010〕258 号批复同意成立中国旅游景区协会。

中国旅游景区协会遵照国家的宪法、法律、法规和有关政策，代表和维护景区行业的共同利益与会员的合法权益，按照协会章程的有关规定，积极开展调查研究、沟通协调、业务交流、岗位职务培训和市场开拓等活动，积极推进行业自律，努力提高景区行业服务水平和核心竞争力，竭诚为会员服务、为行业服务、为政府服务，在政府和会员之间发挥桥梁与纽带作用，促进我国旅游景区行业持续、快速、健康发展。

深圳华侨城为中国旅游景区协会会长单位，颐和园等 24 家单位为副会长单位。中国旅游景区协会是顺应我国各类旅游景区发展的必然产物，也顺应了我国深化政治、经济体制改革、进一步强化协会职能、促进旅游产业大发展的必然要求。

国家"一带一路"倡议的实施，为出境旅游市场带来了发展机遇。调研显示，对于"一带一路"给出境旅游带来的影响如何这一问题，有 42% 的旅行社认为，"一带一路"倡议的实施可以增加相关区域人员往来，对于出境旅游有很大的利好。有 49% 的受访旅行社表示，"一带一路"倡议对出境旅游市场有一定的利好作用；只有 9% 的旅行社认为对出境旅游市场利好不明显。"一带一路"互联互通，人员往来的增加、目的地旅游机构和供应商的积极推广，对出境旅游的影响是积极的，但这种利好的释放也是渐进的和长期的。

在针对旅游消费者的问卷调查显示，2015 年下半年最想去的目的地国家中，位列前 15 位的分别是韩国、日本、法国、美国、泰国、新加坡、澳大利亚、英国、新西兰、德国、马尔代夫、意大利、瑞士、马来西亚、加拿大。中国的近邻韩国和日本，成为短线出境旅游的关注热点目的地，而中长线目的地国家以法国和美国为代表成为向往的出境旅游

目的地国家。

（六）中国烹饪协会（China Cuisine Association, CCA）

中国烹饪协会是由从事餐饮业经营管理与烹饪技艺、餐厅服务、饮食文化、餐饮教育、烹饪理论、食品营养研究的企事业单位、各级行业组织、社会团体和餐饮经营管理者、专家、学者、厨师、服务人员等自愿组成的餐饮业全国性的跨部门、跨所有制的行业组织，是非营利性的社会组织，具有独立的法人资格。中国烹饪协会正式成立于 1987 年，该协会的主要出版物有《餐饮世界》和《中国烹饪信息》，其标志如图 9-8 所示。

图 9-8　中国烹饪协会标志

中国乡村旅游协会

中国乡村旅游协会原名中国农民旅游业协会，于 1987 年 12 月成立。1990 年 10 月 29 日，该协会第六次常务理事扩大会议更名为"中国乡村旅游协会"。中国乡村旅游协会是国内从事乡村旅游研究、设计、开发、经营的企业和相关经济组织（旅游小镇、乡村旅游综合体、旅游景区、旅行社、荣获命名的旅游强乡镇、特色村、农业旅游示范点、特色旅游景观名镇名村、休闲农业和乡村旅游示范县／示范点、生态农业园区、休闲度假山庄、乡村旅游专业合作社）、高等院校、科研机构等在平等、自愿基础上组成的全国性、行业性、非营利性社会团体。

中国乡村旅游协会挂靠原国家旅游局，受原国家旅游局领导，具有社会团体法人资格。

其主要职责是整合资源，策划和组织乡村旅游活动；组织制定行业标准和相关评审，开展行业自律和业务培训，提升全行业服务水平；反映会员单位合理诉求，依法维护会员权益，协调政府和企业的关系；协助相关部门做好产业规划等。

课后习题

一、思考题

1. 什么是旅游组织？
2. 旅游行政组织有哪几种模式？
3. 旅游行政组织主要有哪些职能？
4. 旅游行政组织具有哪些特点？
5. 旅游行业组织有哪几种类型？
6. 旅游行业组织有哪些职能？
7. 什么是国际旅游组织？

8. 列举几个主要的国际旅游行业组织的名称及其英文缩写。

9. 列举几个我国主要的旅游行业组织的名称及其英文缩写。

二、分析题

1. 小组同学合作,调研所在省份有哪些旅游行业组织。

2. 分组合作,收集国际和国内各旅游行业组织的最新资讯与相关图片,介绍旅游行业组织标志的含义,并将结果用电子杂志软件设计成一期电子杂志,将成果上传至课程网站或者交流群,小组间互相交流学习。

项目十

旅游的可持续发展

学习目标

知识目标

了解可持续发展理论的基本内容;认识实现旅游业可持续发展的重要意义;掌握旅游可持续发展的内涵及实现旅游可持续发展的途径。

能力目标

运用可持续发展相关理论,指导旅游实践;能够树立正确的旅游可持续发展观,培养良好的旅游行为习惯,做一位生态旅游的倡导者、示范者。

 引导案例

天山冰川消融加剧　过度发展旅游将导致环境毁灭

新疆天山一号冰川被誉为"冰川活化石"和"冰川博物馆",是联合国气象署和世界气象组织联合选定的中国唯一的参照冰川与世界十条重点监测的冰川之一,在国际上享有盛誉。

经科学论证,天山一号冰川消融加剧的根本原因是全球气候变暖,人类活动因素在一定程度上进一步加剧了其退缩趋势。旅游者的不断增加、本地的放牧和采矿行为,都加剧了冰川的消融。

就像生命在一天天流逝一样,随着冰川逐年消融,乌鲁木齐这座城市的水资源也在慢慢流失。如果周边冰川消融殆尽,这座城市也将走向末路,保护冰川这个"固体水库"已经刻不容缓。

任务一　可持续发展理论

一、可持续发展问题的提出

20世纪80年代，人类开始用理性的思维冷却追求经济高速增长的热情，重新审视经济增长与环境保护的关系。

1962年，美国海洋生物学家雷切尔·卡尔逊(Rachel Carson)所著的《寂静的春天》(Silent Spring)一书出版，其中包含着可持续发展的思想萌芽，被称为"一本20世纪里程碑式的著作"。

1972年，罗马俱乐部出版《增长的极限》一书，警示性地罗列了经济增长引发的环境和资源问题。

1972年，联合国第一次人类环境会议在瑞典首都斯德哥尔摩举行，发布了《人类环境宣言》，第一次提出了环境与发展这一主题。

1980年，国际自然与资源保护同盟在其制定的世界自然保护大纲中首次提出"可持续发展概念"。

1983年11月，世界环境与发展委员会(WCED)成立，发表了著名的《共同的危机》《共同的安全》《共同的未来》三个纲领性文件，三个文件都提出了"可持续发展战略"。

1987年，世界环境与发展委员会发表了题为《我们共同的未来》的研究报告，首次指出了以可持续发展原则来迎接人类面临的环境与发展问题的挑战，掀起世界各国研究可持续发展的热潮。不久世界资源研究所(WRI)、国际环境与发展研究所联合提出"以可持续发展为我们的指导原则"。世界银行也在其指南中强调，将可持续发展作为开发资助的首选目标。

1992年，在里约热内卢召开的联合国环境与发展大会上，包括中国在内的全球100多个国家的政府首脑通过了《里约宣言》，共同签署了《生物多样性公约》《21世纪议程》等重要文件，宣布遵循可持续发展的模式，标志着全世界人民为遵循可持续发展而采取一致行动。会后，各国政府相继发表宣言和行动计划，可持续发展成为20世纪和21世纪人类经济、社会发展的重大课题。

二、可持续发展思想的基本含义

可持续发展概念的提出，引起了全球范围的关注和探讨，各个学科从不同角度对可持续发展进行了不同的阐述，可持续发展作为全新的理论体系，正在逐步形成和完善。尽管阐述各不相同，但是都包含了"协调经济、社会、环境三者关系"的思想。根据1987年世界环境与发展委员会发表的《我们共同的未来》的研究报告，可持续发展(sustainable development)是指"既满足当代人的需要，又不损害子孙后代满足其自身需要的能力；既要实现经济发展的目的，又要保护人类赖以生存的自然资源和环境，使子孙后代能够安居乐业,永续发展"。"可持续发展"既要以满足当代人的需要为目的,同时也要以不损害后代人为满足其自身需要而进行发展的能力为原则。

可持续发展通常包括生态、经济、社会三方面的内容。

(1) 生态可持续性。维持健康的自然过程,保护生态系统的生产力和功能,维护自然资源基础和环境。

(2) 经济可持续性。保证经济稳定增长,尤其是迅速提高发展中国家的人均收入,用经济手段管理资源和环境,使作为经济外在因素的环境与资源内在化。

(3) 社会可持续性。长期满足社会的基本需要,保证资源与收入的公平(包括代间和代内)分配。

三、实现社会经济可持续发展的意义

人类社会经过全球工业化的实践,在物质文明辉煌与自然环境黯淡的强烈反差中反思,意识到不能再走改造自然、征服自然的老路,不能任由资源枯竭、生态被破坏、环境被污染。可持续发展思想就是在这种背景下提出的。可持续发展作为21世纪的目标依据和行动纲领,不仅对传统的发展观提出挑战,也从价值观念、思维方式和行为模式等方面对人类产生深刻的影响,指引人类走向更加美好的未来。

任务二　旅游可持续发展的内涵

第二次世界大战后,世界旅游业蓬勃发展。在几十年的时间内,很多国家、地区和旅游企业的决策者将旅游业的发展简单化为数量型增长和外延的扩大再生产,对旅游资源进行掠夺性开发,对旅游景区实施粗放式管理,旅游设施盲目扩张,导致旅游环境遭到破坏,某些地区出现了"旅游摧毁旅游"的现象。人们逐渐意识到这些现象正在损害人类赖以生存的环境,严重影响旅游业的稳定持续发展。

知识链接

被人海逐渐摧毁的全球九大旅游胜地

每逢节假日,世界上著名的自然景区或历史景区总是会吸引成千上万的游客,但这是一把双刃剑:一方面是摆在眼前的旅游业增收;另一方面却是不堪重负的人流冲击。正如世界遗产基金会的董事长史蒂芬·波特曼(Stephen Portman)所言,世界上最美的景点因为过度的旅游开发正处于崩溃边缘。我们一起来看看全球九大正在消逝的旅游胜地。

1. 印加帝国的马丘比丘

马丘比丘古城建于15世纪,是印加文化遗址,被考古学家喻为"天空之城""失落之城"。由于其处于地质断层带,加上近年来大规模旅游者的访问和间接破坏,古城的基础日益不堪重负,如果不采取有效的保护措施,未来50年内神秘古城就会从秘鲁的版图上

消失!

2. 中国的长城

长城又称万里长城,是我国古代的军事性工程。现如今的长城正面临着汹涌的人流和自然腐蚀的双重破坏。据调查,长城已有30%因人为损害和自然侵蚀而消失在历史之中。

3. 澳大利亚的大堡礁

美景如画的大堡礁一直是澳大利亚人的骄傲。然而科学家们称,由于气候变化和过度开发,30年之后,这处享誉全球的美景可能要跟我们永远告别了。

4. 柬埔寨的吴哥窟

2013年,超过200万的游客造访了这处世界文化遗产,而且这个数据正以每年20%的速度增加。面对如此庞大的旅游人次,史蒂芬·波特曼说:"许多景点真的应该衡量它的文化价值和环境承载能力,从而考虑它们能接受的游客数量。"

5. 文艺复兴瑰宝:西斯廷教堂

西斯廷教堂始建于1445年,由罗马教皇西斯都四世发起,教堂的名字"西斯廷"便是来源于教皇之名"西斯都"。教堂内天花板上的壁画都出自文艺复兴巨匠米开朗琪罗之手。到访的游客所产生的二氧化碳以及湿气,直接毁坏了壁画的油彩。

6. 阿尔塔米拉洞穴

西班牙北部的阿尔塔米拉洞穴,有着来自约2万年前的旧石器时代的壁画。2002年,西班牙当局为了保护这处遗产而将其关闭,2014年部分开放,一周只允许五个游客进入。即使这样,游客也必须穿上特殊的衣物以防止对壁画的破坏。

7. 马赛马拉国家公园

马赛马拉国家公园在肯尼亚众多的野生动物保护区中,可以称得上是"园中之冠"。东非的肯尼亚是狩猎者的天堂,每年大批迁徙的动物自然成了他们的目标。慕名参观的游客给自然环境造成了巨大压力。

8. 图坦卡蒙之墓

2014年4月,埃及政府迫于保护的压力,直接关闭了这处世界闻名的法老陵墓,作为替代在附近修建了几乎一模一样的仿制品。然而不管仿制团队如何用心,游客们几乎只认真迹。

9. 印度的泰姬陵

泰姬陵是17世纪莫卧儿帝国皇帝沙·贾汗为纪念其爱妃阿姬曼·芭奴而修建的。如今每年400万人次的游客数量远远超过了泰姬陵的承载量。相关专家表示,附近河水连年下降的水位线大大影响了泰姬陵的木质基础。

一、旅游业可持续发展的含义

旅游业是依靠自然禀赋和社会遗赠的产业,保持优良的生态环境和人文环境是旅游业赖以生存与发展的基础。然而由于旅游业发展速度过快,很多国家、地区和旅游企业的决策者沉浸于旅游带来的经济效益的喜悦中,对旅游资源的掠夺式开发,对旅游景区的粗放式管理,使旅游业赖以存在和发展的环境遭到严重破坏。旅游者流动在时空上相对集中的特点(表现为旅游旺季和旅游热点、热线)使旅游环境破坏加剧,出现了"旅游摧毁旅游"的现象。如果发展与环境失去协调,旅游业必然受到致命打击。响应可持续发展的号召,实施旅游可持续发展战略是旅游业发展的必然趋势。

旅游业可持续发展就是在满足当代旅游者和旅游地居民的各种需要的同时,保持和增进未来发展机会,其实质是要求旅游与自然、社会、文化和人类的生存环境成为一个整体,协调和平衡彼此之间的关系,实现经济发展目标和社会发展目标的统一。

二、旅游业可持续发展思想的基本内涵

1. 满足需要

发展旅游业首先要满足旅游者对更高生活质量的渴望,满足其发展与享乐等高层次需要。通过开发旅游资源,满足东道国和社区基本需要,改善居民生活水平。

2. 环境限制

资源满足人类目前和未来需要的能力是有限的,这种限制体现在旅游业中就是旅游环境的承载能力。

3. 协调发展

旅游开发必须在环境承载能力的范围内进行,必须与环境相协调,这是旅游可持续发展的首要标志。只有找到承载能力的最优阈值,将旅游开发控制在这一范围内,才能保证环境系统自我调节功能的正常发挥,进而实现旅游可持续发展。对于可再生资源,必须保证其利用与该资源的"可持续生产"一致,否则会使资源濒临灭绝。对于不可再生资源,可持续发展旅游业与其他产业一样,强调资源的节约利用、再利用和再循环。

4. 平等享用

一是同代人之间的平等,避免东道主在其旅游业发展中,使一部分居民受益,另一部分居民只能承担旅游业的大量外部非经济效应(如环境污染、拥挤和物价上涨);二是不同代人之间的平等,既要满足当代人的旅游需要,为当代人创造旅游收入,又要满足未来各代人的旅游需要。

鉴于可持续发展思想与旅游业的密切关系,国际社会对于旅游业的可持续发展也特别关注。1990年,在加拿大召开的全球可持续发展大会旅游组行动策划委员会会议提出《旅游可持续发展行动战略》草案;1995年4月,联合国教科文组织、环境规划署和世界旅游组织等又在西班牙专门召开了"可持续旅游发展世界会议",制定了《可持续旅游发展宪章》和《可持续旅游发展行动计划》两个文件,提出"可持续旅游发展的实质,就是要求旅游与自然、文化和人类生存环境成为一体"。《中国21世纪议程》明确要求"加强旅游资源的保护,发展不污染、不破坏环境的绿色旅游,加强旅游与交通、机场建设以及其他一些服务行业的合作,解决旅游景区污水排放处理及垃圾收集、运输、处理、处置问题,解决旅游景区有危害的污染源的治理与控制"。

三、旅游业可持续发展的目标

1990 年,在加拿大温哥华召开的全球可持续发展大会旅游组行动策划委员会会议上,提出了以下旅游业可持续发展目标。

(1) 增进人们对旅游产生的环境效应和经济效应的理解,强化其生态意识。

(2) 促进旅游的公平发展。

(3) 改善旅游接待地的生活质量。

(4) 向旅游者提供高质量的旅游经历。

(5) 保护上述目标所依赖的环境质量。

四、旅游可持续发展的意义

旅游可持续发展有助于改变人们长期以来对旅游资源可再生性的片面理解,有利于重构旅游开发的理论和政策导向,对新出现的旅游形式加以引导,促进经济与社会、环境协调发展。旅游可持续发展理念对于发展中国家加强旅游资源开发的宏观管理、保护旅游生态系统的完整性和永续性具有深远意义。

任务三　我国旅游的可持续发展

1996 年 7 月 29 日,我国国务院办公厅以国办发〔1996〕31 号文转发国家计委、国家科委《关于进一步推动实施〈中国 21 世纪议程〉的意见》。在这个文件中,对可持续发展给出了一个更加明确、完整的定义:"可持续发展就是既要考虑当前发展的需要,又要考虑未来发展的需要,不以牺牲后代人的利益为代价来满足当代人利益的发展;可持续发展就是人口、经济、社会、资源和环境的协调发展,既要达到发展经济的目的,又要保护人类赖以生存的自然资源和环境,使我们的子孙后代能够永续发展和安居乐业。"

一、我国旅游业可持续发展面临的主要问题

1. 旅游资源的脆弱性和不可再生性

旅游环境是一种特殊的环境,是指以旅游资源为中心,集审美、休闲、娱乐和观赏等于一体的资源空间环境。旅游资源又具有与其他资源不同的特性,尤其是自然旅游资源,具有脆弱性和不可再生性。脆弱性是指其很容易遭受毁坏,导致旅游环境的退化、恶化和毁灭;不可再生性是指某些自然旅游资源本身是由大自然雕塑造就而成的,如泰山、黄山,经历了百万年甚至上亿年才孕育成现在的形态面貌。一旦遭到破坏,将会从地球上消失而不复存在,尽管可以复制一个造型,但毕竟不是自然形成的,从而失去其观赏的真正价值。

2. 旅游目的地整体生态环境恶化、污染加剧

旅游目的地生态环境恶化分为自然因素和人为因素两个方面,风吹、日晒、雨淋等引

起表层剥落、褪色、崩裂、垮塌等,地震、火山喷发、洪水、泥石流和滑坡等自然灾害和突发事件,对生态环境产生极大破坏的同时还会产生污染。旅游者大量涌入旅游目的地,不仅加重当地基础设施的负担,也使旅游景区污染严重,景观受损,整体生态环境遭到破坏。旅游业的快速发展使旅游目的地的流动人口急剧增加,交通工具尾气排放量增多,旅游目的地空气污染、噪声污染、水质污染加剧,危及生态环境。

3. 旅游企业的掠夺性开发破坏旅游资源

旅游目的地的自然资源和生态系统的要素有些是不可再生的,是自然的馈赠,是发展旅游业的基本条件。部分旅游企业经营者为追求经济利益最大化,盲目开发旅游资源,特别是自然旅游资源,造成了自然环境的破坏和景观功能的丧失。在风景名胜区兴建星级饭店、疗养所、培训中心,以及索道、滑道和娱乐设施等,不仅容易破坏自然环境,也使旅游者无法与大自然融为一体。

4. 环保意识缺乏制约我国旅游业可持续发展

旅游者是旅游活动的主体,有的旅游者缺乏环境保护意识,肆意破坏旅游资源,如攀爬名胜古迹、乱刻乱画,使名胜古迹的本来风貌受到严重威胁;在旅游景区攀折花木、踩踏贵重植物、追逐和投喂动物、随意乱丢垃圾、狩猎、露营、野炊等活动既加重了旅游景区的生态负担,又可能使物种濒临灭绝,破坏旅游景区的生态平衡,制约我国旅游业的可持续发展。

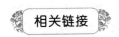

生活漫步:实现冰雪景区可持续发展

进入寒冬,北方不少地区千里冰封、万里雪飘的美景吸引了大量游客前往,带火了不少地方的冰雪旅游市场。但也有一些游客心里犯嘀咕:冰雪旅游季节性强,去冰雪景区,会不会掉进一些商家"猛挣一把钱"的消费陷阱?

这种担忧也许并非主流,但却揭示了冰雪旅游的一大痛点:时令性强,季节性消费特征明显,普遍面临着"一季养三季"的现实问题。为了解决这个难题,有的景区走上了一味图钱、图快的歧途,只想当季"狠赚"一笔,结果不仅造成来年门庭冷落,还连累了整个行业的声誉与形象。如何实现冰雪景区可持续发展,成为一个亟待解决的问题。

想要提升冰雪景区旅游体验,就要打造更长、更全的产业链条。目前,我国冰雪旅游整体上形成了冰雪休闲、温泉养生、冰雪观光、冰雪民俗等产品体系,但无论是质量还是数量上,产业链条还不够完整,产品供给和需求之间还有较大的差距。

一方面,可就地取材、因势利导,丰富"冰雪"内涵,做足"体育+旅游""文化+旅游"文章,做大做强冰雪装备制造产品、冰雪关联商品,提高冰雪旅游的综合效益。另一方面,可结合季节变化延伸产品内容,将冬季的冰雪产品与其他季节的湖泊湿地草原等不同自然景观打造成整体名片,让春、夏、秋、冬四季皆有景、处处可流连。

当前,我国冰雪旅游业态正从以观光型为主向休闲度假型转变,这就要求在旅游服务上下更多绣花功夫,建立全流程、高质量的服务链,让交通设施更通达、信息提示更温馨、市场秩序更规范、接待水平更给力、"店小二"的服务观念更深入、维权渠道更通畅,唯其如此,才能真正增强对游客的吸引力。

一句话,只有做好供给侧结构性改革,在产品和服务上做精做优、做长做深,冰雪旅游才能告别"淡季旺季,泾渭分明"的困境,走上可持续发展的健康轨道。

(资料来源:《人民日报》)

二、实现旅游业可持续发展的具体途径

要实现旅游业可持续发展,只有通过以下具体途径。

1. 加强宣传教育,培养旅游业可持续发展意识

要实现旅游业可持续发展,必须对旅游者、旅游从业人员、旅游地居民进行环境保护和可持续发展的宣传教育,培养和造就具有生态保护意识与责任感的旅游从业人员,利用可持续发展思想正确引导旅游者的行为,提高公民的环保意识和可持续发展的意识,使他们在旅游相关活动中自觉遵守旅游业可持续发展准则。

2. 加强立法工作,加大执法力度,以法律手段保证旅游业可持续发展

旅游业可持续发展的重要性得到我国政府的大力支持,发布了各项政策、规定并推动贯彻落实。国务院发布了《建设项目环境保护管理办法》,指出"对未经批准环境影响报告书或环境影响报告表的建设项目,计划部门不办理征地设计任务书的审批手续,银行不予贷款……凡没有取得环境保护设施验收合格证的建设项目,工商行政部门不办理营业执照"。2013年实施的《中华人民共和国旅游法》旨在"规范旅游市场秩序,保护和合理利用旅游资源,促进旅游业持续健康发展",要求"对自然资源和文物等人文资源进行旅游利用,必须严格遵守有关法律、法规的规定,符合资源、生态保护和文物安全的要求,尊重和维护当地传统文化和习俗,维护资源的区域整体性、文化代表性和地域特殊性"。

3. 对旅游资源进行合理、有效的规划与管理,统一规划,有序开发

旅游资源是旅游业赖以生存的基础,是发展旅游业的基本条件。旅游资源的开发要有计划、有步骤、循序渐进。旅游资源的开发要遵循适度有序、分层次开发的原则,采取积极措施进行有效管理,减少或取消对环境造成严重破坏的项目投资,避免环境污染和资金浪费。旅游资源的开发要认真做好可行性分析,引进环境影响评估,将旅游业发展对自然环境、社会文化的影响进行准确的评价。

4. 提倡和发展生态旅游

生态旅游是一种新兴的旅游方式,起源于人们对旅游资源可持续利用的思考,是由世界自然保护联盟生态旅游特别顾问谢贝洛斯·拉斯喀瑞(Ceballos Lascurain)于1983年首先提出的。生态旅游是以自然、生态资源为依托,以生态保护为核心的旅游活动。通过生态旅游不仅可以发挥我国旅游资源的优势,使旅游者游出快乐,同时也利用生态和环保知识对旅游者进行科普教育与可持续发展教育,提高旅游者的环境保护意识,使旅游者游出责任,加强对生态环境的保护。生态旅游是实现旅游业可持续发展的途径之一,其核心是对自然环境负责任的旅行。

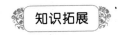

依托国家森林步道　建设旅游精品线路

2019年10月,国家林业和草原局森林旅游工作领导小组公布了第三批国家森林步道名单,小兴安岭等3条线路入选,合计全长3 466千米。至此,我国已有12条国家森林步道,全长超过2.2万千米。

旅游发展实践表明,生态旅游是旅游市场中吸引力大、重游率高、旅游生命周期长的产品类型。森林步道旅游是以森林生态为环境、以步道为核心的旅行方式,步道的选线、布局、连通性和配套设施是充分发挥其生态优势的前提。森林步道规划建设需要努力保持森林生态系统的完整性和原真性,步道主要由土路和砂石路组成,保留自然、荒野风貌,可以使游客暂时避开城市公园内的水泥、石材步道等生硬材质步道,尽情享受回归大自然的愉悦。国家森林步道的推出是我国实施生态文明建设的有机组成部分,是践行"两山"理论的重要载体,也是国家绿色基础设施建设的重要组成部分。

随着生活水平的提高,人们对身心健康的关注日益提升,在城乡都出现了与日俱增、老少咸宜的"暴走族"。这表明大众对户外游憩有旺盛需求,而长距离徒步穿越生态优美、负氧离子浓度高的森林步道自然受到青睐,国家森林步道就是要提供这样一个全新的徒步场地和线路。因此,推动国家森林步道建设成为满足人民美好生活需要的重要组成部分。

按照我国近年颁布的《国家森林步道建设规范》行业标准,国家森林步道需要穿越著名山脉和典型森林,邻近具有国家代表性的自然风景、历史文化区域,是长跨度、高品质的以徒步旅行为主的带状休闲空间。以小兴安岭国家森林步道为例,步道全线森林占比82%,穿越我国东北地区典型的温带针阔混交林和寒温带针叶林,是体验"穿林海、跨雪原"意境的最佳路径。因此,森林步道旅游本质上也是一种复合型旅游产品,是我国自然生态与历史文化、民族风情交相辉映的旅游精品线路。

依托森林步道规划建设精品旅游线路,可以逐步引导大众由"快餐式"的景点旅游向"快行漫游"的深度旅游、体验旅游模式转化,这也是推进全域旅游发展的一个重要延伸方向。

尽管我国推出森林步道旅游产品只有短短几年时间,但由于其发展适应市场需求,对接了各地增强可持续发展能力、打造地方品牌的愿望,因此,国家森林步道作为高品质生态旅游产品,已经在生态教育、遗产保护、文化传承、生态休闲、改善民生等方面发挥了积极作用。

（资料来源:《中国旅游报》）

5.建立可持续旅游发展评估指标体系、统计指标体系,确定评价和测定方法

构建可持续发展指标体系是实施可持续发展战略的重要组成部分,对实施可持续发展具有重要作用。近几年来,我国学者在开展对可持续发展理论探讨的同时,也对可持续发展评估指标体系进行了初步研究。我国可持续发展评估指标体系应该以《中国21世纪议程》为依据,既要跟踪和反映我国政府制定的可持续发展方面的政策,也要为可持续发展政策的完善提供导向性信息。对于环境,要建立质量监测和效应评估体系,定期公布,

及时分析,发布预警,及时控制旅游污染。

 知识链接

"唤醒"古代文化 实现价值平衡
——中外专家研讨遗产保护与旅游可持续发展

2019年9月,世界文化遗产保护与旅游可持续发展国际论坛在甘肃省敦煌市举办。该论坛邀请了8个国家200名专家学者,共同探讨在做好世界文化遗产保护的基础上,科学、可持续发展旅游产业的理念与方法。

随着浙江省良渚古城遗址获准列入《世界遗产名录》,截至2019年7月,我国已有55处世界遗产。

联合国教科文组织驻华代表处主任欧敏行认为,要理解好文化与可持续发展的关系。一方面,我们对遗产的持续关注应从遗产自身考虑,世界遗产的环境或文化资源应该被保护并传承给后代,并保证可持续发展;另一方面,作为文化的载体和具体表现,世界遗产应同非物质遗产、文化创意产业相结合,形成协同作用,从而促进其可持续发展。

故宫博物院院长王旭东表示,在文化遗产预防性保护过程中,应将监测贯穿始终。系统、科学、有效的监测是实现预防性保护的前提和基础,而风险管理的理论和模型可为监测对象和内容的选择以及监测方案的确定提供引导与支持。

华侨城创新研究院研究员任珏建议,应建立新的"意义共同体",实现遗产地旅游多个参与主体价值平衡、遗产与文旅价值互构,进而推动遗产地平衡发展,以遗产丰富、提升文旅价值,以文旅促进遗产地发展和公众参与遗产保护。

意大利罗马大学副教授马里奥·米凯利认为,在加强文化遗产领域国际合作项目中,确定利益相关者是项目可持续性的基础,将对遗产和当地社区产生积极与持久的影响。

(资料来源:新华社)

课后习题

一、思考题

1.简述旅游可持续发展的内涵和目标。
2.简述我国旅游可持续发展存在的问题和解决途径。

二、分析题

1.生态旅游和一般观光旅游比较,有哪些特点?
2.为什么说"旅游业是无烟产业"的观点是错误的?
3.我国的黄金周旅游是可持续旅游吗?试从旅游可持续发展的内涵角度加以分析。

参 考 文 献

1. 王忠林.旅游学概论[M].上海:华东师范大学出版社,2015.

2. 朱华.旅游学概论[M].北京:北京大学出版社,2014.

3. 张凌云,时少华,李白,等.旅游学概论[M].北京:旅游教育出版社,2013.

4. 吴必虎,黄潇婷.旅游学概论[M].北京:中国人民大学出版社,2013.

5. 刘伟.旅游概论[M].3版.北京:高等教育出版社,2012.

6. 卢丽蓉,李敏.旅游学概论[M].天津:天津大学出版社,2011.

7. 洪帅.旅游学概论[M].上海:上海交通大学出版社,2010.

8. 李天元.旅游学概论[M].6版.天津:南开大学出版社,2009.

9. 金守郡.旅游学概论[M].上海:上海交通大学出版社,2010.

10. 姜德源,韩燕平.旅游学概论[M].北京:北京理工大学出版社,2010.